Abrir en caso de...

DRA. JULIE SMITH

Abrir en caso de...

Una guía para las idas y vueltas que da la vida

Traducción de Montserrat Asensio

DIANA

Obra editada en colaboración con Editorial Planeta – España

Título original: *Open When*

Bajo el sello editorial DIANA M.R.
Avenida Presidente Masaryk núm. 111,
Piso 2, Polanco V Sección, Miguel Hidalgo
C.P. 11560, Ciudad de México
www.planetadelibros.us

Primera edición impresa en esta presentación: agosto de 2026
ISBN: 978-607-39-4185-3

Impreso en los talleres de Impregráfica Digital, S.A. de C.V.
Avenida 11 # 463, interior bodega 2, Colonia San Nicolas Tolentino
Iztapalapa , CDMX, C.P. 09850
Impreso en México - *Printed in Mexico*

Para Sienna, Luke y Leon.
Ojalá no necesiten nunca este libro, pero lo escribí por si acaso

ÍNDICE

Parte II. Te cuesta estar contigo

Parte III. Te cuesta estar con tus emociones

INTRODUCCIÓN

Ocúpate del propósito de tu vida, desecha las esperanzas vanas, sé activo en tu propio rescate —si es que te importas algo— y hazlo mientras puedas.

MARCO AURELIO, *Meditaciones*, III, 14

Una carta de mí para ti

A pesar de lo que pudiera parecer, dadas todas las palabras que ves delante de ti, nunca he sido una persona habladora. Desde niña, veía y callaba, pero casi nunca acudía a nadie cuando necesitaba algo. En esos casos, hacía lo que hacen tantas niñas y niños callados: acudir a los libros. Ahora, cuando echo la vista atrás, entiendo mi ansia de lectura como una especie de búsqueda. Pedía a las páginas lo que no podía pedir a personas de carne y hueso. Leía libro tras libro; unas veces encontraba lo que necesitaba, y otras no. Sabiendo esto y que ahora soy psicóloga clínica, no sería descabellado pensar que mi propósito es promover la introspección y la reflexión. Sin embargo, no es así. El mundo interior es como una sauna: estar allí es beneficioso... siempre que no nos quedemos encerrados durante demasiado tiempo. Por eso, si pasas por un momento difícil, te insto encarecidamente a que conectes con otros seres humanos en el mundo real siempre que te sea posible. Es ahí donde aguardan la mayoría de las respuestas a las fluctuaciones naturales de la salud mental que se producen ante los altibajos de la vida. Por otro lado, también soy lo bastante realista como para reconocer que no todo el mundo cuenta con una persona sólida y de confianza a la que acudir en momentos cruciales. Así pues, si te encuentras intentando salir del atolladero sin ayuda y eres incapaz de decirte lo que necesitas escuchar, este libro es para ti.

Supe que debía escribir este libro cuando me enteré de que había personas que llevaban siempre encima el anterior, *¿Por qué nadie me lo dijo antes?*, para poder consultarlo en momentos difíciles. Aunque en la mayoría de las ocasiones me lo decían como un cumplido, no podía evitar pensar que ese no era el objetivo con el que lo había escrito, pues no es adecuado para ese trabajo. Está lleno de conceptos y habilidades que ayudan a las personas a trabajar en su salud mental y que, con frecuencia, llaman a recordar momentos difíciles del pasado, pero no dedica ni una sola página a las palabras que dirijo a las personas que se sientan delante de mí en esos momentos vulnerables y de emoción descarnada. En los días previos al huracán, lo que necesitamos es un martillo y clavos con los que prepararnos para cuando llegue la tormenta. Sin embargo, una vez que nos azota, una vez que la tenemos ya encima, lo último que necesitamos oír es que nos podríamos haber preparado mejor. En esos momentos, lo que nos hace falta es que alguien nos mire a los ojos y nos diga algo como «Estoy aquí. Avancemos juntos, conozco el camino». Se podría decir que mi libro anterior es el martillo y los clavos, mientras que este es mi mano tendida hacia la tuya, en el fragor de la tormenta, diciéndote: «Ven conmigo y pongámonos manos a la obra».

A la mayoría de nosotros nos cuesta decirnos lo que necesitamos oír en momentos de dolor y confusión. Y no es porque tengamos alguna carencia, sino porque aprendemos sobre la marcha. Así pues, este es un libro para todos: para los hijos cuando vuelan del nido, para los amigos que viven lejos, para la familia cuando no encontramos palabras y para nosotros mismos cuando necesitamos hallar un modo de seguir adelante.

Por mi propia experiencia, como lectora y terapeuta clínica, sé que las palabras pueden alumbrar el camino en momentos de oscuridad y revelar sendas que permanecían ocultas. Mientras te escribía las cartas que encontrarás al comienzo de cada capítulo, hubo momentos en los que deseé ser capaz de leerte la mente y saber con exactitud a qué te enfrentas y qué necesitas oír, pero es imposible. No puedo conocer a qué dificultades te enfrentas. Lo que sí puedo hacer es compartir contigo las gemas de conocimiento que he ido descubriendo a lo largo de mi propio camino para que puedas recurrir a ellas cuando las necesites. Este libro solo puede hacer de faro. No te puede sacar del agua, pero sí mostrarte una luz para que sepas hacia dónde nadar cuando reine la confusión. Úsalo como quieras, sabiendo que el trabajo de navegar hacia aguas más tranquilas te corresponde solo a ti. Espero mucho de ti respecto a los desafíos que tengas por delante, porque estoy segura de dos cosas. En primer lugar, sé que tu potencial va mucho más allá de lo que percibes en la situación en la que te encuentras ahora. Y, en segundo lugar, sé que da igual de dónde partas: el camino a un estado mejor siempre pasa por el esfuerzo y la voluntad de aprender. Hay algo que es igual para todos: no sabemos lo que no sabemos. Así pues, te ruego que confíes en mí cuando te digo que no tienes ni idea de lo mucho mejor que te pueden ir las cosas. Lo sabrás una vez que lo compruebes.

Con afecto,

Julie
Dra. Julie Smith
Doctora en Psicología Clínica
Psicóloga colegiada

SI QUIERES SABER MÁS

Si deseas saber más acerca de los temas que abordo en el libro, visita mi canal de YouTube y mis cuentas en Instagram y en otras redes sociales, donde encontrarás videos basados en muchas de las ideas y temas que trato aquí.

@DrJulie

@drjulie

@drjulie

@DrJulieSmith

PARTE I

Te cuesta estar con los demás

CAPÍTULO 1

Te comparas y no estás a la altura

> No hay nada de noble en ser superior a tus semejantes. La verdadera nobleza reside en ser superior a quien fuiste en el pasado.
>
> Ernest Hemingway

Una carta de mí para ti

Compararte con los demás y concluir que no estás a la altura te puede llevar a uno de estos dos sitios: por un lado, quizá sientas inspiración, mucha energía y motivación para aprender de lo que has visto que es posible; por el otro, puedes caer en una espiral incontrolada. Has de saber que, si tu experiencia es la segunda, el problema no eres tú ni tus carencias percibidas. El problema es la comparación.

Si albergas creencias autodestructivas subyacentes acerca de si eres lo bastante buena persona, no elegirás comparaciones que te ayuden a progresar. Por el contrario, elegirás comparaciones que confirmen tus creencias básicas, por perjudiciales que sean. Te sentarás a la vista de tus propias debilidades y contemplarás la demostración de fuerza del otro como si estuvieran en igualdad de condiciones. No verás a esa persona de un modo completo y real que incluya las partes de su vida que no muestra. E incluso si ves sus imperfecciones, lo más probable es que las desestimes. Subirás a esa persona a un pedestal, de modo que solo te podrás sentir mejor si la echas por tierra y te conviertes, así, en la clase de persona que nunca has querido ser.

Si las personas con las que te comparas son amigos o miembros de tu familia, la dinámica se puede convertir en una fuerza destructiva para la relación. La comparación debilita el vínculo, porque sugiere que el éxito del otro es tu fracaso, lo que traza un camino de resentimiento y amargura que se interpone entre los dos. Cuanto más te aísles de las personas en tu vida, más alimentarás esa comparación. Por el contrario, conocer en mayor profundidad a esas personas contrapesa las comparaciones que deterioran el vínculo. Cuanto más se conoce a alguien, menor es la inclinación a hacer comparaciones superficiales y engañosas. Podrán forjar una amistad en la que reconozcan su humanidad común y se vean como un equipo en el que se apoyan mutuamente en sus distintos empeños. Entonces, te podrás alegrar de sus victorias y compadecerte de verdad cuando sufra reveses. Cuando conocemos en profundidad al otro, nos damos cuenta de que no compartimos la misma situación vital, por lo que es un espejo terrible para medir lo que valemos. Habrá quien te diga que es muy fácil: deja de compararte con los demás y punto. Sin embargo, al intentarlo, enseguida te darás cuenta de que no es tan sencillo. La tendencia a compararnos es innata y resulta tan peligrosa como útil. Si la usamos bien, puede orientarnos, inspirarnos y ayudarnos a superar nuestros límites. Cuando se usa mal, puede causar daños profundos y duraderos.

Compararnos y ver que quedamos por debajo no tiene por qué ser malo. No significa que no debiéramos haberlo hecho. Si la comparación y el resultado de esta conducen a un avance constructivo y a que reforcemos la creencia de que podemos ser más de lo que somos hoy, la comparación nos ha resultado útil. Si, por el contrario, nos conduce a la envidia, el resentimiento o la amargura y la pérdida de autoestima, la comparación nos ha perjudicado y desviado nuestro esfuerzo y atención, lo que nos puede salir muy caro. Lo que necesitamos es aprender a usar la comparación en nuestro beneficio y darnos cuenta de cuándo resulta autodestructiva.

Herramientas para usar sobre la marcha

Estas herramientas van más allá del habitual y desdeñoso «pues deja de compararte». El impulso humano de intentar entender el lugar que ocupamos en el mundo observando a los demás forma parte de nuestra naturaleza tanto como el respirar. Por lo tanto, en el mejor de los casos, dejar de compararnos con los demás hará que nos sintamos mejor durante unos minutos, pero esa sensación se desvanecerá rápidamente en cuanto entremos en nuestra red social preferida. A los pocos segundos de estar en una estancia ocupada por nuestros iguales, percibimos cuál es nuestro estatus social o profesional en ese espacio. La comparación no siempre es una sucesión de pensamientos. El cerebro trabaja más rápido que el pensamiento, porque ha de determinar cómo hemos de abordar la situación en que nos encontramos. Dicho esto, no hay necesidad de quedar a merced de la espiral descendente a la que nos catapulta la comparación social. Hay varias cosas que podemos hacer para darnos cuenta de las formas destructivas en las que nos comparamos y, entonces, hacer un esfuerzo consciente para reorientarnos hacia comparaciones que nos sean útiles de verdad.

Comparaciones destructivas

Redes sociales

Como no vivimos aislados, nos resulta muy difícil evaluarnos sin compararnos con nadie. Vivimos en comunidades que nos imponen normas y tienen expectativas respecto a nosotros. La comparación nos ayuda a evitar el ridículo, el rechazo y la pérdida de estatus social que se podrían producir si las incumpliéramos. También nos guía en las interacciones sociales a lo largo de la vida, porque nos ayuda a determinar si aportamos lo suficiente y si actuamos de un modo aceptable, así como a saber a quién queremos emular y a quién no. Conocer el lugar que ocupamos en la sociedad es importante si nos queremos desenvolver con éxito en ella. Por lo tanto, la capacidad para la comparación social no siempre es nuestra enemiga. Es una habilidad vital esencial cuya ausencia nos complicaría mucho las cosas.

Sin embargo, y a pesar de la utilidad de tener en cuenta el entorno como parte de la autocrítica, hemos de recordar que, cuando navegamos por las redes sociales, lo que vemos no es nuestra comunidad real. De hecho, gran parte de lo que vemos no es real en absoluto. Es una colección de imágenes cuidadosamente ideadas y editadas para que veamos lo que alguien, ya sea una persona o una empresa, quiere que veamos.

Y, al cabo de tan solo unos minutos sumiéndonos en unas comparaciones increíblemente injustas y nada constructivas, el algoritmo ha calculado con precisión qué nos ha de mostrar para mantener nuestra atención y nos alimenta con un flujo constante de contenidos que nos hacen sentir mal. Así pues, en lugar de hacer comparaciones sociales que nos ayuden a vivir mejor, quedamos atrapados en un bucle de comparaciones destructivas que nos dejan insatisfechos con quienes somos y con la vida que podríamos estar disfrutando. Todo este proceso da lugar a una toxicidad psicológica que o bien se vuelve en contra de nosotros en forma de autodesprecio y depresión, o bien se proyecta hacia el exterior en forma de sabotaje dirigido hacia todas esas personas por las que acabamos sintiendo muchísima amargura y resentimiento.[1] No hace falta navegar durante mucho tiempo para toparnos con hordas de guerreros del teclado vomitando su rabia contra otros seres humanos y escarbando en sus imperfecciones, como hienas atacando a un animal herido, con la intención de bajarles los humos y modificar la percepción del grupo, a fin de que dejen de admirar a esas personas que han tenido el atrevimiento de hacer las cosas tan bien.

El intento de hundir a otros en internet ocurre más de lo que nadie quiere admitir, pero, si percibes que te lo están haciendo a ti o te das cuenta de que cada vez te satisface menos tu vida, ha llegado el momento de alejarte de las redes sociales y de pasar más tiempo en la vida real, con personas y relaciones reales.

Compararse con seres queridos

La comparación más peligrosa de todas las que podamos hacer es la que establecemos entre nosotros y las personas que más nos importan, porque estas son las relaciones en las que más tenemos que perder. Si nos comparamos con nuestros hermanos, pareja o amigos, el deterioro que eso genera supone un riesgo para la relación.

Si vemos las victorias personales de nuestros seres queridos como una amenaza para nuestra autoestima o estatus, los celos y el resentimiento nos embargarán e infligirán un daño irreparable a relaciones que podrían ser muy positivas en nuestra vida. Es imposible sentir que somos un equipo si organizamos el juego de modo que, cuando uno gana, el otro pierde. En palabras de Alain de Botton: «Hay pocos éxitos más insoportables que los de nuestros amigos íntimos».[2] En un abrir y cerrar de ojos, pasamos de ser alguien que pensaba que siempre se alegraría al ver triunfar a sus amigos a no soportar estar cerca de ellos. Tanto si los evitamos como si los empezamos a excluir de un grupo más amplio, o somos nosotros quienes nos aislamos, el resultado es desalentador para todos. Este es el lado oscuro de las comparaciones descuidadas y no constructivas.

Cuando evitamos a un amigo en concreto, lo que hacemos en realidad es evitar las emociones que su éxito despierta en nosotros. Si somos lo bastante valientes como para afrontarlas con curiosidad en lugar de intentar reprimirlas criticando a nuestro amigo o evitándolo, nos damos la oportunidad de adoptar una perspectiva clara y salvar la relación. Es posible alegrarse de verdad de que a un amigo le vayan bien las cosas. Sin embargo, si nuestra autoestima depende de que nos sintamos superiores de algún modo a nuestros amigos y familiares, lo hemos de ver como una señal de que necesitamos reevaluar nuestra vida, no de que son personas a las que debemos evitar. Si tenemos claros nuestros valores y vivimos de acuerdo con ellos, los signos superficiales de éxito o fracaso son menos impactantes de lo que serían de otro modo. Así pues, si un amigo encuentra el modo de mejorar en la vida o, por el contrario, se ve superado al combatir con sus propios demonios, y eso despierta en ti emociones incómodas (que lo hará), no las reprimas impulsivamente. Escúchalas y pregúntate con curiosidad sincera qué te enseñan acerca de ti. Unas veces, no serán más que emociones efímeras que pasarán y te permitirán volver a sentirte a gusto con tu vida. Otras, quizá desencadenen cambios positivos. Sin embargo, para que esto suceda, la comparación ha de ser constructiva. Por eso, a continuación encontrarás algunas ideas para que las comparaciones te resulten útiles.

Comparaciones constructivas

Transformar la envidia en inspiración

Cuando usamos la comparación como es debido, podemos aprovechar su poder para que influya en cómo nos sentimos y nos comportamos. Imagina que estás entrenando para mejorar tus habilidades en tu deporte preferido y sabes que tienes un punto débil que te frena. En este caso, una comparación ascendente con un jugador que ha conseguido dominar esa habilidad te ofrecería la oportunidad de aprender de él y mejorar. Para que eso ocurra, la comparación que establezcas ha de cumplir estos tres requisitos:

1. Concéntrate en la habilidad específica que envidias de su desempeño. Céntrate en lo concreto y evita la tentación de comparar todo tu ser y el suyo. No quieres ser

esa persona; lo que quieres es aprender esa forma de hacer las cosas para aprovecharla.

2. Adopta una mentalidad de crecimiento. Es decir, recuerda que llevas las riendas de tu vida y que, con esfuerzo, puedes aprender y mejorar en la mayoría de las cosas. Esta mentalidad te conducirá a que actúes para lograr tus objetivos personales, a diferencia de una mentalidad más fija, que asume que las capacidades con que contamos son inmutables y que hay personas más afortunadas que otras, lo que conduce a comparaciones más destructivas, amargura y relaciones rotas.
3. Tu autoestima nunca es negociable, nunca ha de estar en juego. Esto es algo esencial. Si tu autoestima depende de cómo te evalúen los demás, se estropeará todo. Transformar la envidia en admiración no es un problema siempre que no midas tu autoestima por el rasero de lo que parece que otros consiguen. Siempre hay alguien que hace algo mejor que nosotros, pero eso no dice nada acerca de nuestra valía en cuanto que seres humanos. Si tienes esto claro, conseguirás una estabilidad emocional que te otorgará la fuerza que necesitas para que la comparación te beneficie. Cuando la mente usa el menor indicio de que no somos los mejores en algo para alimentar la creencia de que no valemos nada y estamos condenados a ser unos inútiles, trabajar en nosotros mismos es imposible, porque la idea de mirarnos en el espejo y ver nuestras imperfecciones nos resulta demasiado amenazadora y dolorosa. Por lo tanto, el desempeño siempre puede mejorar, pero la valía es una constante. Por cierto, no lo confundas con la autocomplacencia; de hecho, es justo lo contrario. La tendencia a suponer que los demás

son más afortunados por obra y gracia del universo y que el mundo nos debe lo mismo porque nosotros también lo valemos acostumbra a ocasionar más amargura y resentimiento que emprender las acciones necesarias para lograr lo que ansiamos.

Para que este trabajo sea constructivo y no se transforme en una crítica global al yo, nos tenemos que formular preguntas como las siguientes:

- ¿De qué siento envidia concretamente?
- ¿Qué habilidades específicas me gustaría tener?
- ¿Adquirir esas habilidades me ayudará a conseguir mis objetivos?
- ¿Cómo lo han logrado otros?
- ¿Puedo imitar parte de ese proceso para acercarme a mis objetivos personales?

Este proceso transforma en inspiración la envidia, que de otro modo se convertiría en algo con lo que machacarte. Así, la comparación se vuelve una parte valiosa del proceso de aprendizaje.

Elegir bien con quién compararse

La comparación ascendente más útil y la que nos inspira a actuar para alcanzar nuestros objetivos es la que establecemos con personas cuyo nivel de habilidad en la disciplina que queremos dominar es similar al nuestro, en lugar de con aquellas que están muy por encima de nosotros.[3] Este es otro motivo para evitar las redes sociales. Incluso en las ocasiones en que el contenido es real, casi nunca vemos a nadie en proceso de desarrollar sus habilidades, pues el algoritmo nos lanza directamente a los extremos y nos catapulta a compararnos con los mejores del mundo, es decir, con quienes van muy por delante de nosotros en el camino.

Por muy inspirador o curioso que nos resulte en el momento, lo más probable es que someternos a un bombardeo de tales extremos nos provoque sentimientos de inferioridad y depresión en lugar de ser un aprendizaje inspirador que nos motive a dar el siguiente paso.[4] También puede justificar el autosabotaje:[5] nos fijamos en extremos que nos parecen inalcanzables y, así, nos ahorramos la incomodidad de intentar ser los mejores y fracasar.

Por lo tanto, si te das cuenta de que te comparas con los extremos y de que solo consigues desanimarte, hazte el firme propósito de buscar inspiración en alguien que solo esté un par o tres de pasos por delante de ti. El estímulo que experimentarás al conseguir emularlo alimentará tu motivación para seguir trabajando y mejorando.

Del resentimiento a la gratitud

Si le damos un caramelo a un niño, veremos cómo se le ilumina el rostro. Si, acto seguido, le damos dos caramelos al niño de al lado, veremos que su felicidad se torna en insatisfacción por lo mismo que hace un momento le hacía tanta ilusión. Centrarnos en lo que los demás tienen y a nosotros nos falta entraña el riesgo de que sintamos una profunda insatisfacción con una vida con la que, en realidad, podríamos estar encantados. Lo que tenemos deja de tener importancia porque hay alguien que tiene más. Está bien querer más en la vida, pero, si ese anhelo nace del resentimiento, nada de lo que consigamos o tengamos nos parecerá suficiente. Nunca llegaremos a nuestro objetivo, ya que cada vez lo alejaremos más y cada vez nos compararemos con personas distintas. El resentimiento no es un reflejo de lo que el mundo nos debe, sino una señal que nos indica en qué debemos trabajar. Para darnos cuenta de ello, basta con mirar alrededor y ver cómo personas que tienen más que la mayoría por lo que estar agradecidas viven amargadas y resentidas. Es algo que ocurre con facilidad cuando hacemos comparaciones que no nos son útiles. Cuando hacemos esto, el césped del vecino siempre nos parece más verde.

Por tanto, presta atención al resentimiento. Es posible que signifique que has de empezar a esforzarte para desarrollarte y hacerte valer. O quizá signifique que has de empezar a practicar la gratitud y a enfocar tu atención de manera más útil.

Es habitual desdeñar la práctica de la gratitud por considerarla demasiado simple o insignificante. Sin embargo, si fuera tan fácil como parece, habría mucha menos amargura y resentimiento a nuestro alrededor. Así pues, refuerza tu capacidad de centrarte en la gratitud convirtiéndola en parte de tu vida cotidiana. Dos minutos diarios para reflexionar acerca de lo que tienes que agradecer bastan para que logres un efecto transformador que remedie parte del daño causado por comparaciones dañinas. ¿Por qué no das las gracias por haber sido testigo de un logro extraordinario y por vivir en una época en la que eres libre de esforzarte para conseguir algo parecido si así lo deseas? Da las gracias por haber tenido la oportunidad de intentarlo y de experimentar esa felicidad que se siente al hacerlo. De este modo, no tendrás la necesidad de estar a la altura de aquel con quien te comparas para sentirte a gusto con la vida. En todo caso, como nos comparamos con personas que van por delante en el camino, medir el éxito con base en nuestra capacidad para alcanzarlas no es la mejor estrategia: como nunca llegamos a esa meta ilusoria, la posibilidad de que nuestra vida nos satisfaga siempre está en el futuro, siempre está un poco más allá.

Las comparaciones descendentes son muy útiles a la hora de practicar la gratitud. Incluso en las horas bajas, siempre hay algo que agradecer. Lo que sucede es que encontrarlo resulta muy difícil. Por lo tanto, comparar nuestra situación con la de las innumerables personas cuya situación es aún peor que la nuestra nos ayudará a detener la espiral descendente y adoptar la perspectiva adecuada (siempre que no nos sirva para invalidar nuestras emociones, lo que no nos ayudará en absoluto. Que a otras personas les vaya peor no significa que no nos debamos ayudar a nosotros mismos).

Reconectar con los valores personales

Siempre que nos vemos atrapados en un patrón de comparaciones destructivas, podemos estar seguros de que no estamos teniendo en cuenta algunas de las cosas que más nos importan. Y, cuando eso ocurre, nos evaluamos de un modo inadecuado. Miramos hacia fuera, hacia un mundo que nos intenta vender la fantasía de que nos sentiríamos suficiente si tuviéramos más cosas, si fuéramos extremadamente ricos y famosos y tuviéramos un aspecto que solo se puede conseguir a base de dinero y a golpe de bisturí. Esto solo da lugar a más comparaciones negativas, ya que la única manera de saber si estamos a la altura del vecino es observarlo y ver cómo quedamos respecto a él. Adoptar esas herramientas de marketing como valores personales nos expone a un mayor riesgo de desarrollar depresión, ansiedad, adicciones, narcisismo y demás.[6] Así pues, no esperes a que nadie te diga lo que te importa. No necesitas mucho tiempo para retomar las cosas que te garantizan una experiencia más significativa en tu vida.

He incluido los ejercicios que ayudan a ello en el apéndice (pág. 333), porque lo considero relevante para cualquiera de los problemas que tengamos en la vida. Saber quiénes queremos ser antes de fijarnos demasiado en los demás nos da una brújula con la que orientar nuestra vida en la dirección que más nos conviene.

La comparación más útil de todas

No hay mejor comparación que la que hacemos con nosotros mismos. Pregúntate qué has hecho hoy que sea un poquitito mejor que ayer, así serás testigo de tus avances. Pero no te detengas ahí: piensa en dónde estás ahora y dónde quieres estar mañana, el mes próximo y el año que viene. ¿Qué estás haciendo que te ayude a ir en esa dirección? ¿Qué te dice eso acerca de las acciones que has de emprender ahora?

Si aprendieras a darte cuenta de cuándo haces comparaciones autodestructivas y las sustituyeras por otras centradas exclusivamente en tus objetivos, ¿qué podrías haber conseguido en solo un año? Imagina lo diferente que te sentirías respecto a ti y tu vida. Solo hay una forma de averiguarlo.

Resumen del capítulo

- Si te comparas con otra persona y concluyes que no estás a la altura, o bien eso te inspirará y motivará para aprender, o bien te hará caer en una espiral descendente de insatisfacción con tu vida y contigo. Si te sucede lo segundo, el problema no eres tú ni tus carencias percibidas, sino las comparaciones que haces.
- Nada es tan fácil como decidir dejar de compararse. La capacidad para hacerlo es innata y puede resultar tan útil como peligrosa. Si se hace bien, nos orienta en la dirección adecuada, nos inspira y nos impulsa a superar nuestros límites. Cuando se hace mal, puede causar daños duraderos y de gran alcance.
- Compararnos con gente que encontramos en las redes sociales o en nuestro círculo social más íntimo nos daña a nosotros y a nuestras relaciones. Si te das cuenta de que haces esto, recuerda los elementos esenciales de las comparaciones útiles.
- Cuando te compares, hazlo teniendo en cuenta un objetivo concreto y orientándote a la mejora personal y a la manera de lograrla.
- Deja al margen la valía. No es autocomplacencia, es vital para el aprendizaje.
- Elige a alguien cuyo nivel de habilidad actual te suponga un reto asumible con esfuerzo.
- Si la comparación te produce resentimiento, ponle fin y céntrate en ti. Invierte la energía en practicar la gratitud por todo lo que te importa en la vida.

- No te compares con personas cuyos valores difieren de los tuyos.
- Fíjate en dónde estabas ayer para sentir la emoción del avance con la mirada puesta en donde quieres estar mañana para mantener el rumbo.

«El resentimiento no es un reflejo
de lo que el mundo nos debe,
sino una señal que nos indica en
qué debemos trabajar».

Abrir en caso de...

Dra. Julie Smith

CAPÍTULO 2

Tus amigos no son tus amigos

Es preferible tener enemigos sinceros que amigos falsos.

PROVERBIO ALEMÁN

Una carta de mí para ti

Hay momentos en la vida en los que nos damos cuenta de que lo que sentíamos por determinada gente empieza a cambiar. Es posible que se trate incluso de personas a quienes consideramos amigas desde hace años. Quizá no haya pasado nada drástico ni significativo, pero hay algo que nos dice que ya no encajamos. Si te da la impresión de que estoy hablando de ti, te quiero aclarar varias cosas.

La primera es que tenemos una tendencia increíble a hacer caso omiso de lo que nos dice la intuición. Tal vez no recuerdes los detalles de todas las ocasiones en las que esa persona te miró de soslayo ni todos esos elogios que más bien parecían dardos envenenados. Lo único que sabes es que, cuando estás con ella, sientes tensión e incomodidad, como si no pudieras ser quien eres. Tal vez te des cuenta de que, cada vez que la ves, vuelves a casa sin energía y preguntándote si realmente le caes bien o no. La impronta emocional que dejan las interacciones de este tipo puede durar más que el recuerdo de los detalles, así que no ignores lo que esas personas te hacen sentir. Aunque eso no responda a todas tus preguntas, es información valiosa que has de tener en cuenta.

En segundo lugar, si una amistad depende de que aportes algo más allá de lo que eres para que la otra persona te acepte, no es tal cosa. Quizá te des cuenta de que, si quieres que se te siga incluyendo en su círculo, has de mantener la boca cerrada acerca de las cosas buenas que te ocurren, pues parece que las percibe como una amenaza, que te tienes que encoger hasta ser tan insignificante como para que te tolere. Asumir la responsabilidad del ego de otra persona es muy arriesgado. Básicamente, juegas a su juego y pierdes todas las partidas, y esto continuará sucediendo.

En tercer lugar, no está bien que alguien que supuestamente es tu amigo te trate mal. No tienes por qué soportarlo, ni siquiera si hace años que son amigos. No tienes la menor obligación de mantener una relación que no te hace bien. Esto es algo contra lo que muchos de nosotros luchamos durante años hasta que por fin reunimos el valor suficiente para decir «Hasta aquí hemos llegado». Nos quedamos bloqueados por habernos pasado la vida viendo tarjetas que nos dicen que «la amistad es para siempre». Sin embargo, no es solo que seamos libres de elegir a nuestros amigos, sino que, además, tenemos la obligación de hacer lo mejor para nosotros, lo que incluye decidir cuidadosamente con quién pasamos el tiempo. Lo que necesitamos para una vida sana y plena no es amistad sin más, sino que esta sea de buena calidad. En cuarto lugar, cuando un amigo te muestre algo remotamente parecido a los celos, el desprecio o el engaño, observa y aprende. Si cuando compartes una victoria personal, la respuesta son ojos que echan chispas o una buena dosis de evasivas, observa y aprende.[1] Si cuando compartes una mala noticia, la minimiza enseguida o intenta superarla con algo mucho peor que le pasó hace años, eludiendo tu búsqueda de apoyo en su afán por ser el foco de atención, observa y aprende. Aprende a identificar esas señales como las de alguien que no quiere lo mejor para ti.

Una vez que esa persona te haya demostrado que no puedes confiar en ella, la decisión es tuya. Y, cuando lo pienses, recuerda que no puedes obligarla a ser mejor. Lo único que puedes controlar es con quién pasas tu tiempo. El problema es que, cuando hace años que una persona que nos trata mal es amiga nuestra, la mente nos cuenta una historia que nos insta a esforzarnos un poquito más, a ser un poquito más de esto o un poquito menos de aquello… Así quizá le volvamos a caer bien, así encajaremos. Y tal vez sea cierto, pero ¿de verdad queremos encajar allí donde se nos exige que no seamos quienes somos? Encajar en un sitio no significa que ese sea nuestro sitio. Lo es aquel en el que nos aceptan tal como somos. Es posible que uno de los elementos esenciales del viaje que nos lleva a sentir que un sitio es el nuestro consista en entender que nadie puede gustar a todo el mundo. Y, si no nos obcecamos con la idea de que todas las amistades son para siempre, aceptarlo es más fácil y nos sentiremos con la libertad de tomar decisiones distintas si, de repente, ya no nos sentimos igual con alguien.

Esto no significa que apartarnos de los amigos de siempre sea fácil. Sin embargo, rodearnos de personas que sacan lo peor de nosotros o nos pisan no suma nada a nuestra vida, solo resta.

Herramientas para usar sobre la marcha

Según las postales y las tazas con eslogan, la verdadera amistad es para siempre, pase lo que pase. Sin embargo, aplicar eso a la vida real no es nada fácil. Es normal que haya altibajos en una amistad, pero ¿cómo sabemos si alguien ya no es nuestro amigo? ¿Cuándo está bien decir «Esto ya no es para mí»? Por supuesto, cuando se trata de ti, son decisiones que solo puedes tomar tú. Así pues, a continuación encontrarás algunas de las cosas que tener en cuenta cuando reflexiones acerca de estas preguntas.

Descifrar la diferencia entre la crítica constructiva y la cruel

Si un amigo se muestra crítico con tus decisiones o tu conducta, tal vez te inclines a concluir que no es un verdadero amigo. Esto parte de la creencia de que los amigos nos han de dar la razón siempre, así como de que todas las decisiones que tomamos son buenas. Muchos de nosotros acabamos adoptando patrones de conducta destructivos, pero nos convencemos de que estamos haciendo lo correcto. Si un amigo nos critica en esa situación, ¿sería acertado dar por hecho que no es amigo y que debemos poner fin a la relación y seguir a lo nuestro? ¿Y si ese amigo siempre ha sido sensato y lo valoramos y respetamos desde hace años? ¿Y si no es solo un amigo, sino que son varios los que nos dicen lo mismo?

Los amigos no están ahí solo para darnos la razón, aunque muchos hacen precisamente eso. Por miedo a ofender o a dañar la relación, se muestran de acuerdo con cosas que saben perfectamente que no son más que excusas o justificaciones. Un verdadero amigo nos recuerda nuestros valores cuando parece que nos hemos perdido. Querer lo mejor para el otro significa confrontarlo cuando tome decisiones erróneas o tener la valentía de iniciar conversaciones incómodas para animarlo a hacerse cargo de los patrones destructivos que esté siguiendo. Mostrarse en desacuerdo con un amigo que no asume la responsabilidad de sus acciones o juega con otras personas y ponerle los pies en la tierra exige coraje y habilidad. El riesgo de rechazo siempre está ahí, porque a nadie le gusta oír que no está actuando bien. Sin embargo, decir cosas en las que no creemos solo para mantener la relación es traicionarnos a nosotros mismos en cierta manera. Es no ser quienes somos en realidad. Es representar la versión de nosotros mismos que el otro puede tolerar. Los amigos genuinos pueden estar en desacuerdo y seguir tratándose con afecto y compasión. Sin embargo, cuando uno de los dos no dice la verdad, ¿podemos decir que nos conocemos?

Por lo tanto, no todas las críticas son iguales. Habrá amigos que se dirijan a ti con palabras que te harán daño, pero que serán sinceras y tendrán el objetivo de ayudarte a no perder tus valores. Y habrá «amigos» que te criticarán para menospreciarte y reducir la amenaza que ven en ti, sea cual sea.

Sabrás que ha llegado el momento de hacer oídos sordos a las críticas cuando vengan acompañadas de desdén, cuando te empieces a dar cuenta de que, a pesar de que se conocen desde hace mucho, esa persona no quiere lo mejor para ti. Si no tienes claro si se trata de una cosa o de la otra, conviene que te preguntes, con sinceridad y amabilidad, si la crítica es justificada. ¿Te ayudará a mejorar o tiene que ver más con el otro que contigo?

Decidir que ya basta

El final de una amistad que era especial para nosotros siempre viene acompañado de dolor. Por lo tanto, no nos podemos tomar a la ligera la decisión de terminarla, sino con reflexión y análisis. Y no hay fórmulas claras que nos ayuden a ello. Por ejemplo, muchos dichos populares afirman que, si un amigo no puede celebrar nuestros éxitos con nosotros, hemos de deshacernos de él, ya que no es nuestro amigo. Sin embargo, ¿cómo aplicamos eso a las complejas situaciones con las que nos encontramos en la vida real? Imagina a dos amigas: una lleva diez años enfrentándose a problemas de fertilidad y la otra queda embarazada. No sería nada realista, y sí muy egocéntrico, esperar que la primera mujer llegue al *baby shower* encantada de la vida y dispuesta a celebrarlo. La vida está llena de situaciones como esta, marcadas por la profundidad y la complejidad, que exigen que las abordemos con matices, con compasión por ambas partes y con una conversación tan difícil como esencial acerca de cómo gestionar las emociones que surgirán mientras intentamos seguir unidos y cuidarnos. Por otro lado, si un amigo compite contigo silenciosamente, habla mal de ti a tus espaldas y te excluye o ignora cuando logras algo positivo, probablemente no valga la pena que lo mantengas en tu vida. Si te das cuenta de que, por lo general, te sientes bien contigo, pero no cuando estás en su presencia, atiende esa sensación.

Miedo a la soledad

Es normal aferrarse a una amistad perjudicial o no demasiado sana por miedo a quedarse sin amigos. Sin embargo, es un miedo que, con frecuencia, nos mantiene atrapados sin necesidad. Es parecido a cuando alguien se convence de continuar una relación de pareja destructiva porque sobregeneraliza y concluye que, como esa ha ido mal, ninguna otra irá bien. Sin embargo, en la mayoría de las ocasiones, en realidad no tenemos que elegir entre una amistad perjudicial y la soledad. La decisión acostumbra a estar entre una amistad perjudicial y el reto de encontrar amigos nuevos (aunque dé un poco de miedo). Mantener una amistad que no funciona para evitar la soledad no es una buena estrategia para la salud mental a largo plazo. Las amistades de verdad hacen maravillas por nuestro bienestar; no así las malas. El propósito de la amistad no es hundirnos y menospreciarnos. Por lo tanto, si tus amigos afectan a tu salud mental, no lo pases por alto. Una amistad más dañina que reconfortante no es tal cosa.

Recuerda que la tendencia a sobregeneralizar basándote en esta amistad para inferir qué sucederá con las futuras te cortará las alas en vez de ayudarte a volar.

Aplicarse el cuento

Dada nuestra tendencia a centrarnos en nosotros mismos y en lo que queremos, necesitamos y esperamos de nuestros amigos, conviene hacer de vez en cuando el sano ejercicio de preguntarnos qué es lo que les aportamos nosotros. Si nuestros mejores amigos han de querer lo mejor para nosotros, nosotros también debemos querer lo mejor para ellos. Así pues, si nos damos cuenta de que estamos perdiendo una buena amistad, tiene sentido que prestemos atención a lo que podríamos hacer para ser mejores y reforzar el vínculo. Pregúntate: «¿He mantenido a esa persona al margen? ¿Me he centrado tanto en mi propia vida que he creado distancia? ¿Me he beneficiado de su ayuda, pero no puedo recordar la última vez que le presté atención mientras me contaba lo que le pasaba? ¿He hecho algo para generar un ambiente que impida a los demás ser quienes son cuando están conmigo?».

No se trata de apuntarnos a nosotros mismos con un dedo acusador ni de culparnos por la pérdida de una amistad. Sin embargo, si tienes la valentía de aceptar que ambas partes han de contribuir para que la relación funcione, comprobarás si has hecho un esfuerzo consciente por poner de tu parte.

Resistirse al victimismo

Gran parte del dolor que sentimos tras la traición de un amigo tiene que ver con nuestra tendencia natural como seres humanos a tomarnos las cosas de forma personal. Sin embargo, hemos de recordar que la conducta del otro, más que con nosotros, tiene mucho más que ver con la relación que mantiene consigo mismo y con sus patrones relacionales poco saludables. Centrar toda la cuestión en nosotros mismos y rumiar «¿Cómo me ha podido hacer esto a mí?» solo lleva al victimismo y al deseo de venganza o de acabar con el otro. Es una estrategia que no nos ayuda en nada. Para resistirte a esa caída libre, ten siempre en cuenta las opciones de que dispones. Respondas como respondas a la situación en que te encuentres, decide de forma consciente y autónoma.

Permite que todas las experiencias, desde las más alegres y positivas hasta las más dolorosas y negativas, sean lecciones en toda una vida de aprendizaje sobre las relaciones humanas.

Ahora que abres un nuevo capítulo en tu vida, podrás elegir qué historias permites que se crucen con la tuya. Si quieres incluir un capítulo sobre cómo reparar una amistad después de un error o de un periodo difícil, toma las riendas y avanza con cautela. Del mismo modo, si este personaje concreto está llevando la historia de tu vida a lugares a los que no quieres ir, réstale protagonismo.

Resumen del capítulo

- Una vida sana y feliz necesita algo más que amistad a secas. Necesita amistad de buena calidad. Las personas que dicen ser tus amigas y cuya conducta te hace daño no suman nada a tu vida, solo restan.
- Tanto si se trata de buenas noticias como de malas, si has de ocultar parte de tu vida para encajar, no se trata de una amistad que te vaya a aportar nada ni a sacar lo mejor de ti.
- Un buen amigo no es el que se limita a darte la razón cuando caes en una espiral de malas decisiones. Un buen amigo tiene la valentía de recordarte tus valores cuando pierdes el norte y emprendes el camino hacia la autodestrucción. Por lo tanto, la crítica no es motivo suficiente para poner fin a una relación. Sin embargo, si la crítica (o incluso el elogio) viene acompañada de desdén, es una señal que indica que esa persona no necesariamente quiere lo mejor para ti.
- No seas inflexible al tomar decisiones. Recuerda: es tu vida. Tómalas con cuidado, reflexión y prudencia. Y, si decides distanciarte de una persona, hazlo con compasión. Deséa-

le lo mejor y asegúrate de que se trata de una idea meditada que no te deja mal sabor de boca.

- Busca siempre el equilibrio. Como prestamos tanta atención a si nuestros amigos son lo bastante buenos, conviene que reflexionemos acerca de si nosotros aportamos a nuestros amigos y comunidades lo mismo que esperamos recibir de ellos.

«Encajar en un sitio no significa que sea nuestro sitio. Lo es aquel en el que nos aceptan tal como somos».

Abrir en caso de...

Dra. Julie Smith

CAPÍTULO 3

Quieres sentir menos incomodidad en compañía de los demás

Si quieres ser interesante, demuestra interés.[1]

DALE CARNEGIE, *Cómo ganar amigos e influir sobre las personas*

Una carta de mí para ti

Si, de repente, una interacción social nos empieza a resultar incómoda, suele ser porque la preocupación por cómo nos ve la otra persona nos distrae y nos impide implicarnos en la conversación. Si creemos que no somos capaces de controlar la percepción del otro como nos gustaría, la situación se vuelve bastante ansiógena.

Cuanto más a menudo surja esa sensación, más veremos la interacción social como algo que soportar más que como algo que disfrutar, por lo que nuestro objetivo principal será salir del atolladero sin hacer el ridículo. Entonces, tras la interacción, incluso si ha ido bien, empezaremos a rumiar y a reproducir las conversaciones mentalmente. Nos montaremos una historia acerca de todas las opiniones negativas que estamos seguros de que los demás han tenido acerca de nosotros en esos momentos en que nos hemos atrevido a bajar la guardia y a meternos de verdad en la conversación. Todo eso convierte la interacción social en un gran evento para el que nos hemos de preparar y del que nos hemos de recuperar.

Sin embargo, ni la timidez ni la incomodidad de algunos momentos son impedimento para que dos personas desarrollen una relación profunda y plena. Ambas se dan de forma natural y ambas pierden parte de su poder si dejamos de esperar a que desaparezcan y nos enfrentamos a ellas.

No contar con habilidades sociales no supone un punto final. Las personas nos pasamos la vida perfeccionando al arte de interactuar con los demás. Siempre hay algo que aprender y, durante ese proceso, descubrimos que podemos tolerar el malestar que nos produce alguno que otro momento incómodo, aceptamos que la posibilidad de que estos se den no desaparece nunca. Lo que sucede es que cada vez estamos más seguros de nuestra capacidad para superarlos. A medida que vamos creciendo, el obstáculo parece volverse cada vez más pequeño. La única manera de llegar a ese punto y descubrir aún más de nuestro potencial es afrontarlo.

Por lo tanto, cuando interactúes con gente, dedica menos tiempo a preocuparte por lo que vas a decir y por aparentar seguridad. En lugar de eso, céntrate en sacar todo lo positivo que puedas de aquellos con quienes estés. En esos momentos en los que te preocuparías por cómo encajar, centra la atención en garantizar que la otra persona se sienta acogida, interesante y parte del grupo. Intenta relacionarte de un modo que termine con ella caminando con la cabeza más alta que al comenzar, satisfecha por haber estado con alguien a quien le interesa de verdad conocerla. Si consigues acercarte lo más mínimo a eso, lo que recordará es cómo la has hecho sentir. Las interacciones de este tipo llevan a conexiones mucho más profundas que si nos centramos únicamente en impresionar al otro con nuestra seguridad en situaciones sociales. Si te centras en esto, no tienes por qué ser el alma de la fiesta. Puedes ser tal como eres.

Cuando la gente se sienta segura contigo tú también te sentirás así, lo que a su vez forjará un vínculo más profundo. La mayoría del tiempo estamos tan ocupados pensando en si encajamos o no que ni nos pasa por la cabeza pensar en cómo lo estará pasando el otro o en qué podemos hacer nosotros al respecto. Podemos propiciar un ambiente que haga que el otro se sienta incluido y, al hacerlo, empezaremos a sentirnos igual casi sin darnos cuenta.[2]

Herramientas para usar sobre la marcha

Se han escrito infinitos libros y artículos que afirman conocer el secreto de ese truco tan especial que puedes usar para sentir seguridad en ti al instante cuando te relaciones con otros. Sin embargo, la confianza en situaciones sociales no se construye solo durante las interacciones sociales. Las múltiples maneras en que nos puede el temor social tienden a aparecer antes, durante y después de la interacción en sí misma. Aquí encontrarás algunas herramientas para trabajar las tres fases.

Detectar la evitación encubierta

Es natural que, si nos notamos ansiosos o incómodos en una situación social, tratemos de encontrar pequeños momentos en los que recuperarnos. Quizá evitemos el miedo a iniciar una conversación yendo al aseo o yéndonos pronto. Como no sabemos con quién hablar o qué decir, a veces permanecemos en el lugar, pero buscamos la seguridad de una pantalla y nos escudamos en el teléfono para evitar momentos incómodos. Sin embargo, cuando hacemos eso, cerramos la puerta a personas que quizá estén buscando un rostro amable. Estamos tan ocupados en aliviar nuestro malestar que no nos damos cuenta del desinterés que comunicamos a los demás, que entonces deciden dejarnos espacio y no molestarnos. Quedamos atrapados en un bucle sin fin y, cuando el evento termina, nos sentimos solos y con la convicción reforzada de que nadie quiere saber nada de nosotros.

Así pues, la próxima vez que te encuentres en una situación social, prueba a meterte de lleno en ella y resiste la tentación de evitar disimuladamente las oportunidades de relacionarte con los demás.

La cuestión no es que las personas que se sienten seguras en situaciones sociales hayan descubierto cómo evitar los momentos incómodos, sino que apenas se preocupan por hacerlo. En lugar de eso, se centran en divertirse o en conocer a ciertas personas con más profundidad. A veces, ofuscarnos con lo que deseamos evitar nos lleva de cabeza a ello. Si solo puedes pensar «Intenta que no se te note la incomodidad, intenta no decir tonterías», lo más probable es que, en un abrir y cerrar de ojos, te hayas ruborizado hasta las cejas, te hayas quedado en blanco y se cree justo ese silencio incómodo que querías evitar a toda costa.

Practicar

Cuanto más tiempo pases evitando relacionarte con los demás, más intensa será la respuesta de miedo cuando tengas que hacerlo. No obstante, además de mostrar cómo quedamos atrapados en el bucle, esto también indica cómo escapar de él. El proceso por el que el cerebro reduce la respuesta de estrés tras una exposición repetida a una situación estresante recibe el nombre de «habituación». Por lo tanto, cuanta más práctica tengas en situaciones sociales y más resistas el impulso de buscar seguridad mediante la evitación, más calmará el cerebro la respuesta de estrés. El cerebro aprende de la experiencia, y verá que la interacción social no es tan peligrosa como le parecía. Por el camino, adquirirás habilidades sociales y recuerdos de interacciones fructíferas durante las que te sentiste bien.

Por lo tanto, la solución para superar esos momentos incómodos y la ansiedad social que conllevan no es evitar los eventos, sino verlos como una oportunidad para enfrentarte a tus miedos y practicar las habilidades que hayas aprendido. Por supuesto, no tienes por qué lanzarte a la parte honda de la piscina sin flotador y empezar por las situaciones que te resulten más aterradoras. Comienza por algo tan pequeño y manejable como quieras y ve aumentando la dificultad poco a poco. La clave está en que te des la oportunidad de vivir con regularidad experiencias positivas de interacción social.

Aprender en lugar de compararse

Observar a otros que interactúan bien es un ejercicio muy valioso, pero solo si se hace con el objetivo claro de aprender de ellos. Las personas tímidas tienden a buscar a la más extrovertida y compararse con ella de la forma más dura y negativa posible, lo que refuerza su creencia de que no ser el alma de la fiesta es un defecto clave que es innato e inmutable. Una vez que nos obcecamos con esta idea, nos cohibimos cada vez más y aumenta la probabilidad de que intentemos escapar y evitar oportunidades en lugar de buscarlas para aprender y desarrollar nuestras habilidades sociales.

Es muy probable que estas comparaciones te dejen con la impresión de que solo tú sientes cohibición e incomodidad, una creencia que la investigación ha demostrado que es falsa. Al menos un noventa por ciento de los estudiantes universitarios informan de que sienten timidez en algún momento de su vida,[3] y el cuarenta y ocho por ciento de los adultos dicen que se consideran tímidos.[4] Por lo tanto, en cualquier momento dado, lo más probable es que aproximadamente la mitad de la sala se sienta de un modo muy parecido a ti y que los demás tengan recuerdos de haberlo pasado mal por su timidez en otros tiempos. Nunca estamos solos en esta experiencia tan humana. Por lo tanto, si buscas signos de rechazo, muchas veces lo que ves son signos de indecisión como resultado de la timidez o la ansiedad.

Centrarse en las emociones en lugar de en las palabras

Cuando nos asaltan la timidez o la ansiedad, nos quedamos bloqueados pensando en qué decir y en cómo llenar el silencio. Sin embargo, la solución a la timidez o a los momentos incómodos no reside en contar con un guion al que recurrir, ya que conectar con los demás depende de las emociones que les suscitemos, y hay mil maneras de hacer que se sientan acogidos y relajados.

La ansiedad nos dice que hemos de impresionar a la gente y conseguir que nos acepte. Sin embargo, si nuestro objetivo es conectar con otra persona, debemos centrarnos con humildad en quien tenemos delante y mostrarle nuestro interés y aprecio. Para ayudar al otro a sentirse bien, hemos de ser amables y sinceros, alguien en quien se puede confiar. Concentrarnos en cómo contribuir a crear un entorno en el que los demás se sientan queridos, aceptados, cuidados e interesantes nos permite poner el foco fuera de nosotros y acallar así los pensamientos incómodos. Prestar toda tu atención a la otra parte y a ti a la vez es imposible, así que aprovecha tu nueva misión para mitigar la preocupación por cómo te ven los demás.

Detener la rumiación postsocial[5]

La persona tímida o ansiosa tiende a rumiar sobre la interacción social incluso cuando esta ha ido bien. Reproducimos distintos momentos de la conversación e intentamos imaginar qué estarían pensando los demás, si nos habrán juzgado. Nos castigamos por la menor incomodidad, culpándonos, y nos desesperamos por la posibilidad de que esas personas piensen mal de nosotros para siempre.

Rumiar de este modo no nos ofrece el menor beneficio; por el contrario, empeora nuestro estado de ánimo y la ansiedad. Por lo tanto, normaliza las situaciones incómodas y, en lugar de castigarte, felicítate por el esfuerzo que has hecho para conversar y recuérdate una y otra vez el valor de todos y cada uno de los bailes sociales, incluso si en alguna ocasión tropiezas o pisas a tu pareja. Ese momento ya pasó, así que céntrate en el siguiente.

Cuestionar el efecto foco

Todos sobrestimamos la atención, el escrutinio y los juicios negativos a los que nos someten los demás. Somos el centro de nuestro mundo, por lo que asumimos, erróneamente, que estamos cerca del centro del mundo de otros. Sin embargo, la realidad es que la mayoría de las personas analizan su desempeño social, no el nuestro. Esto no significa que seamos invisibles para ellas o que no les importemos; lo que significa es que no dedican tanto tiempo a pensar en nuestras inseguridades ni lo hacen de un modo tan profundo como lo hacemos nosotros.

Cuando este sesgo cognitivo se activa, tendemos a adoptar la tan frecuente como nada útil estrategia de afrontamiento que consiste en quedarnos de brazos cruzados con la esperanza de que las personas más sociables nos acojan en su círculo. Nos creemos el cuento de que, si damos una imagen lo bastante perfecta, si nuestro aspecto es el adecuado y si decimos las palabras correctas, los demás harán la otra parte del trabajo y se acercarán a nosotros para iniciar la interacción social y sacarnos del rincón. Sin embargo, con esto reforzamos el pensamiento sesgado de que todo el mundo nos mira y nos juzga y que, por lo tanto, si nadie se acerca a nosotros es porque no hemos dado la imagen debida. Además, entregar las riendas a otros y esperar que creen interacciones sociales positivas por nosotros también aumenta la ansiedad. Ser los protagonistas de nuestras interacciones sociales exige que asumamos la responsabilidad de hacer el trabajo que nos corresponde, de entablar relaciones e invertir la energía en ellas.

Si te das cuenta de que estás imaginando que todo el mundo te observa y te juzga, recuerda que esto no es así para nada y lo poco que te ayuda centrar tu atención y gastar tu tiempo en esa idea. Interprétalo como una manifestación de la respuesta de estrés y del esfuerzo del cerebro por mantenerte a salvo en una situación social. Cuando somos capaces de agradecer a la mente que nos ayude a tomar conciencia de lo peor que podría pasar sin combatir esos pensamientos, obcecarnos en ellos ni darlos por ciertos, nos damos la oportunidad de buscar otras maneras más valiosas o útiles de interpretar la situación.

Buscar sonrisas en lugar de ceños fruncidos

Si cuando te encuentras en una situación social te dices que el agua está infestada de tiburones y empiezas a buscarlos, la menor ondulación del agua hará que hasta un chanquete parezca peligroso. Por lo tanto, cuando mires a los asistentes y los oigas, busca en sus palabras conexión en lugar de frialdad. Trata de encontrar ideas, experiencias y valores que compartas con ellos.[6] No tiene por qué ser una experiencia intimidante. Por el contrario, son precisamente las charlas intrascendentes las que allanan el camino para el vínculo. Si descubren que están de acuerdo en su opinión acerca del clima, ya habrán roto el consabido hielo. Hallar cosas en común, por pequeñas que sean al principio, les puede dar a ambos el impulso necesario para iniciar una conversación. Nada propicia más la sonrisa entre dos desconocidos que el hecho de descubrir que vivieron en la misma ciudad, fueron al mismo lugar de vacaciones, conocieron a la misma persona o, sencillamente, que son capaces de reír juntos. Todos estos momentos aparentemente pequeños y superficiales son, en realidad, potentísimos a la hora de acabar con la inhibición inicial y nos ayudan a que la conversación fluya.

Resumen del capítulo

- Si una situación social resulta incómoda de repente, muchas veces es porque la preocupación por cómo nos estará percibiendo la otra persona nos distrae y nos impide implicarnos en la conversación. Esto resulta bastante ansiógeno si creemos que carecemos de la capacidad para controlar la percepción del otro tal y como nos gustaría.
- Cuando te relaciones con gente, dedica menos tiempo a preocuparte por qué decir o por cómo transmitir seguridad. En lugar de eso, céntrate en hacer que sean los demás quienes se sientan bien. En esos momentos en los que, por lo general, te preocuparías por si encajas o no, dirige tu atención a asegurarte de que las personas con las que interactúas se sientan acogidas, interesantes y parte del grupo.
- La cuestión no es que las personas que se sienten más seguras en situaciones sociales hayan descubierto la fórmula para evitar los momentos incómodos, sino que apenas se preocupan por hacerlo. Por el contrario, se centran en divertirse o en conocer a determinada gente en profundidad. A veces, ofuscarnos con lo que queremos evitar nos lleva de cabeza a ello.
- Por lo tanto, la respuesta a cómo evitar esos momentos incómodos y la ansiedad social que conllevan no es evitar los eventos, sino verlos como la oportunidad de enfrentarte a tus miedos y practicar las habilidades que hayas aprendido.
- Detén la rumiación postsocial, con la que solo conseguirás empeorar tu estado de ánimo e intensificar tu ansiedad. Felicítate por haber hecho el esfuerzo de enfrentarte a

esos miedos y a otra cosa, tanto si la experiencia ha sido positiva como si no.

- Cuando te relaciones con otras personas, busca en sus palabras conexión en lugar de frialdad. Trata de encontrar ideas, experiencias y valores compartidos.

«La cuestión no es que las personas que se sienten más seguras en situaciones sociales hayan descubierto la fórmula para evitar los momentos incómodos, sino que apenas se preocupan por intentar evitarlos. Por el contrario, se centran en divertirse o en conocer a determinada gente en profundidad. A veces, ofuscarnos con lo que queremos evitar nos lleva de cabeza a ello».

Abrir en caso de...

Dra. Julie Smith

CAPÍTULO 4

No estás a gusto y quieres encajar

No hay mayor logro que ser uno mismo en un mundo que no cesa en su empeño por impedirlo.

RALPH WALDO EMERSON

Una carta de mí para ti

Es inevitable que, cuando compartimos espacio con otras personas, nos preguntemos si de verdad ese es nuestro sitio. Recorremos la estancia con la mirada en busca de una cara amable y esperamos a que alguien nos haga sentir bienvenidos. La necesidad de sentirnos seguros como miembros de un grupo es tan fundamental que el cerebro lo evalúa constantemente, incluso cuando nos encontramos en compañía de amigos que conocemos desde hace años. Estamos tan pendientes del lugar que ocupamos en el grupo que basta una ceja enarcada o una mirada de exasperación para que la señal de alarma se dispare y nos crispemos.

Cuando nos sentimos fuera de lugar o no estamos seguros de si se nos acepta o no, es fácil que caigamos en la tentación de adaptarnos para encajar. Eso no tiene nada de malo, de hecho, lo hacemos de cientos de maneras cada día, y se debe al valor que hemos asignado a ese grupo concreto. ¿Qué sucede si la aceptación depende de que mintamos acerca de lo que creemos cierto?, ¿o si parte del grupo nos exige que hagamos cosas que nos incomodan o que finjamos ser quienes no somos? Las situaciones de este tipo se acaban pareciendo mucho más a la manipulación que a la pertenencia.

El impulso primario de apegarnos a otros es tan potente y omnipresente que, con frecuencia, ni siquiera nos detenemos a preguntarnos si realmente queremos formar parte de un grupo. Si nos arriesgamos a que nos excluyan al menor tropiezo, ¿de verdad ese grupo nos ofrece un auténtico y profundo sentido de pertenencia? ¿Es un grupo en el que cualquiera se puede sentir seguro? Lo más probable es que nos pasemos el día buscando señales de desaprobación de los demás y tratando de complacerlos, lo que nos sume en la ansiedad.

Formularse estas preguntas puede cambiar la vida, porque, muchas veces, nos hace ver que tenemos que elegir, así como tomar conciencia de que no tenemos por qué encajar en cualquier grupo ni agradar a todo el mundo. Por otro lado, ¿qué sucede cuando la respuesta es «Sí, de verdad considero este mi sitio»? El siguiente paso es no dar la espalda al grupo, sino hallar la manera de conectar con este.

Tanto si sufrimos de ansiedad social como si no, cuando no estamos seguros de si somos bien recibidos o no, el sistema de amenaza está en alerta máxima. La respuesta natural ante la incertidumbre es dar un paso atrás y evaluar la situación. Por lo tanto, nos quedamos al margen durante un tiempo con la esperanza de que alguien nos ofrezca la sensación de pertenencia que anhelamos y, así, nos podamos relajar. Sin embargo, cuando lo hacemos, se nos olvida que la mayoría de las personas esperan lo mismo de nosotros. Todo el mundo se mira en busca de alguien que satisfaga su necesidad de pertenencia. Y mantenerse al margen no hace que nadie se sienta parte del grupo.

Muchas personas dicen que, en estas situaciones, hay que tener la valentía de estar solas. Sin embargo, en mi experiencia, tener el coraje de relacionarse resulta mucho más transformador. Cuando dejamos de centrarnos en cómo queremos que nos hagan sentir los demás y empezamos a prestar atención a qué les podemos ofrecer, de inmediato nos parece que hemos recuperado las riendas de la situación. Ya no nos consume la preocupación por si se nos ha recibido lo bastante bien o por si los demás hacen el esfuerzo de conectar con nosotros, porque somos nosotros los que conectamos, somos nosotros los que tomamos la responsabilidad de tender puentes.

Decidir ser los primeros en ofrecer lo mismo que queremos recibir y asumir la responsabilidad de forjar conexiones, incluso en momentos en los que nos sentimos fuera de lugar, puede parecer muy radical si tenemos en cuenta que el instinto humano natural es esperar a que sean otros quienes asuman el control sobre la situación. Sin embargo, te reto a que lo pruebes. Entra en cualquier lugar con la misión de conseguir que los demás se sientan acogidos por ti. Demuestra un interés genuino por cada una de las personas con las que interactúes, sin la expectativa de recibir nada a cambio. A ver qué pasa.

Herramientas para usar sobre la marcha

La sensación de pertenencia, tanto en casa como en otros grupos, es un gran indicador de la salud mental.[1] Por lo tanto, no hay mejores herramientas que practicar que las que nos ayudan a aumentar nuestra capacidad para forjar vínculos. Para muchas personas, es posible que perfeccionar esta habilidad también suponga el manejo de la ansiedad social, la adquisición de habilidades de comunicación y la formación en asertividad. En todo caso, a continuación encontrarás herramientas que puedes usar inmediatamente si quieres retomar las riendas en alguna situación social.

Buscar en el lugar adecuado

Lo primero que has de tener en cuenta es si ese es el mejor lugar en el que buscar aceptación y sentido de pertenencia, pues muchos de nosotros lo hacemos en los lugares equivocados. Tenemos creencias muy arraigadas acerca de quiénes somos y qué merecemos, pero no pensamos conscientemente en ellas en nuestro día a día.

El problema es que, si en nuestra visión del mundo nos consideramos personas que no merecemos amor, que no somos suficiente y que nunca lograremos demasiado en esta vida, es más que probable que sintamos que no merecemos estar en grupos que cuestionen estas creencias. En lugar de eso, buscamos aceptación en aquellos que refuerzan la pobre opinión que tenemos de nosotros mismos y, así, quedamos atrapados en ella.

Si bien es imposible eliminar la necesidad de pertenencia, sí podemos elegir cuidadosamente dónde la buscamos. Si sientes que un grupo no te acepta, pregúntate:

- ¿De verdad quiero pertenecer a este grupo?
- ¿Que este grupo me reconozca como integrante será beneficioso para mi vida?

- ¿A cuánto de mí, de mis creencias o de mis valores esperan que renuncie para que me acepten?, ¿me parece bien eso?

Buscar lo que se quiere encontrar

Si en una situación dada tenemos un mal presentimiento y anticipamos la desaprobación o el rechazo, el cerebro hará lo que tiene que hacer y se esforzará por mantenerte a salvo. Estará atento a la menor señal de amenaza, y quien busca encuentra.

Cuando nos centramos en protegernos de una posible crítica o rechazo, nos contenemos. «Cuanto menos me conozcas, menos daño me podrás hacer». Sin embargo, mantener las distancias hace que los demás se cuestionen lo que sentimos respecto a ellos, pues también buscan señales que les indiquen que están seguros en nuestra compañía. Por lo tanto, lo que comienza como una estrategia de protección acaba entorpeciendo la posibilidad de conectar con los demás. Cuando se distancian en respuesta a nuestra aparente falta de entusiasmo respecto a ellos es porque se protegen de las señales que les hemos estado enviando.

El escritor David Brooks lo expresó a la perfección: «Las personas que buscan belleza probablemente encuentren cosas que las maravillan; las personas que buscan amenazas encuentran peligro». Recordar que la atención es como un foco, y que somos nosotros quienes decidimos qué iluminar, transforma por completo las interacciones sociales. Que nos sintamos acogidos y aceptados por los demás dependerá del vínculo que forjemos con ellos. Y ese vínculo no escapa a nuestro control: muchas veces depende de en qué medida nos aproximemos al otro con curiosidad genuina y lo ayudemos a sentirse valorado e interesante, tal y como nos gustaría que nos hiciera sentir a nosotros. Para ello, es imprescindible que nos centremos en querer saber acerca de él y de lo que le importa.

Si la ansiedad te dificulta pensar qué preguntas hacer, puedes preparar algunas y recurrir a ellas si es necesario. La clave está en que demuestres una curiosidad genuina acerca de la persona que tienes delante, que la veas como a alguien que vale la pena conocer. Cuando esa sea tu principal preocupación, la conversación avanzará de forma natural y tu interlocutor se sentirá apreciado.

Cambiar el foco y asumir la responsabilidad

No esperes a que te den la bienvenida. Sé tú quien se la da a los demás. Es un cambio consciente que consiste en pasar de una mentalidad evitativa del riesgo a una mentalidad de aproximación. Pasamos de ser conejos deslumbrados por faros a adoptar una actitud proactiva e intencional con la que sabemos que llevamos las riendas y tenemos un propósito claro.

Si nos centramos en evitar el rechazo, nos pasaremos la velada intentando ser invisibles y, probablemente, nos sentiremos desconectados de todo el mundo. Sin embargo, cuando nos hacemos cargo de la responsabilidad de crear conexiones y de hacer que otros se sientan acogidos, ya no necesitamos un guion para dar cada paso. En cada interacción y con cada decisión de movernos, actuar, pensar y hablar, nos podemos preguntar: «¿Estoy creando distancia o fomentando la cercanía?».

Es un cambio drástico, sobre todo para quienes padecen ansiedad social, que por lo general dirigen el foco hacia el interior y se preguntan constantemente cómo los perciben y si los aceptan o no. Cuando hacemos esto, nos sentimos a merced del grupo y de sus juicios. Si este no nos acepta, cuestionamos nuestra valía y buscamos en el rostro de los demás el menor atisbo de simpatía y la posibilidad de conexión, en lugar de ser la cara amable que los invita a ellos a sentirse acogidos. En un grupo lleno de gente que necesita sentirse aceptada, ¿quién se hace responsable de ello? Por supuesto, llevar la iniciativa supone cierta vulnerabilidad, pues habrá quien acepte nuestra invitación a relacionarnos y habrá quien no. Por lo tanto, no podemos medir nuestra valía sobre la base de la reacción de aquellos con quienes nos intentemos relacionar. Podría escribir varios libros acerca de todas las razones por las que alguien puede rechazar una solicitud de conexión que no tienen nada que ver con la persona que ha iniciado el contacto. Por lo tanto, tomárselo como algo personal es un proceso cognitivo sesgado que no hará más que alejarte de tu objetivo de encajar.

Buscar cosas en común[2]

Una vez que hemos decidido centrarnos en generar un sentido de pertenencia en los demás, sabiendo que eso es lo que busca todo el mundo, ¿cómo empezamos a hacerlo?

Cuando nos cuestionamos si un grupo nos aceptará y el cerebro busca frenéticamente signos que indiquen que somos distintos e inferiores en comparación con los demás integrantes, magnificamos todo lo que nos separa de ellos. Así, incluso antes de haber intercambiado media palabra con nadie, ya nos sentimos distintos y al margen y obviamos toda la información que indique que somos más parecidos que diferentes. Encontrar cosas en común, por pequeñas que sean, puede poner remedio a eso. Creo que eso es lo que hace la gente que habla del tiempo o se queja del tráfico. Aún no nos conocemos, pero hemos llegado aquí bajo la lluvia, así que usémoslo para conectar durante unos instantes y romper así el hielo psicológico. Muchas veces, vemos a los cómicos romper el hielo con el público haciendo un par de bromas acerca de la ciudad en la que estén actuando. Es algo en común, una base sobre la que construir un vínculo. «Ambos compartimos esta experiencia, por mundana que sea». Son momentos sutiles y bellos que abren la puerta y dicen: «Acércate, eres bienvenido».

Por lo tanto, si quieres encajar, busca puntos en común, nada más. Quizá tengan hijos o no les guste la comida que hay en el bufete. Los detalles no importan. Lo importante es la conexión a la que dan lugar.

Resumen del capítulo

- Si bien no elegimos sentir esa necesidad de pertenencia, sí podemos elegir dónde buscarla. Si estás a punto de empezar a cambiar quién eres para encajar, ¿de verdad es ahí donde quieres estar?
- Muchas veces se nos dice que, en momentos de incertidumbre social, hemos de tener el valor de estar solos. Sin embargo, tener el coraje de relacionarse abre la puerta a mejores resultados para todo el mundo.
- Si buscas lo mejor en las personas, eso es precisamente lo que encontrarás. Si buscas lo peor, lo encontrarás también. Centrar la atención en los juicios que quieres evitar entorpece la conexión en lugar de fomentarla.
- En vez de atender a si los demás te acogen o no, sé tú quien los acoja a ellos y observa qué sucede.
- Busca cosas en común que favorezcan la conexión. Por pequeñas o insignificantes que parezcan, sentarán las bases sobre las que construir la relación.

«No esperes a que te den la bienvenida. Sé tú quien se la da a los demás».

Abrir en caso de...

Dra. Julie Smith

CAPÍTULO 5

Dices que sí cuando quieres decir que no

Asegúrate de que no te dices que no a ti cuando dices que sí a los demás.

PAULO COELHO

Una carta de mí para ti

Si te resulta imposible decir que no a los demás, incluso en situaciones en que necesitas hacerlo, te lo has de tomar muy en serio. Ser capaz de mantenerte firme y decir que no es una de las habilidades más esenciales en la vida. A muchas personas les han enseñado que ser buenas significa ser amables y asegurarse de que todo el mundo se siente cómodo y ve satisfechas sus necesidades. Sin embargo, ser capaz de decir que no a lo que debes es uno de los pilares de lo que significa ser buena persona.

Si tu objetivo es ser amable en cualquier situación en la que te encuentres, que tus acciones sean buenas dependerá siempre de los caprichos y el modo de pensar del otro. Ser buena persona no significa seguir a ciegas el pensamiento de los demás ni esperar a que nos digan lo que podemos hacer y cómo. Ser buena persona es mucho mucho más difícil que todo eso. Exige que nos planteemos lo que está bien y lo que está mal y que lo hagamos con tal profundidad que no lo ignoremos solo para proteger las emociones de otros.

Habrá momentos en los que no haya nadie a nuestro lado y tengamos que pelear solos, ya sea por nosotros mismos o por un ser querido que no lo puede hacer. Sea como sea, la cuestión es que necesitaremos aquellas herramientas que nos permitan hacernos valer y oír, de modo que no nos dejemos arrollar por otros que sí aprendieron a defenderse y cuya valía personal no depende de ser siempre amables.

Por otro lado, muchas veces, cuando nos damos cuenta de que tenemos mucho que aprender en este sentido, tendemos a usarlo como un látigo con el que flagelarnos, como un motivo para despreciarnos. Sin embargo, hacernos responsables de las emociones de otros no es un defecto que mejorar, no es algo tan sencillo ni drástico como eso. En realidad, ser amable por naturaleza es un rasgo valiosísimo cuando se trata, por ejemplo, de cuidar de niños pequeños. En momentos como esos, la sensibilidad a las emociones de los demás se convierte en un superpoder y nos ayuda a forjar vínculos seguros y absolutamente necesarios para que el bebé crezca sano. También puede ser que la tendencia a complacer a las personas que nos rodean sea una estrategia de supervivencia que desarrollamos durante una infancia difícil. En cualquier caso, lo que quiero decir es que la amabilidad no es en absoluto un punto débil. Sin embargo, sí significa que tenemos que armarnos con el valor y las habilidades necesarios para defendernos de vez en cuando. De otro modo, las relaciones adultas se vuelven peligrosas.

Quizá pienses que exagero al hablar de peligro, pero decir que sí cuando en realidad queremos decir que no va más allá de negar nuestras preferencias y necesidades, también de lo que sabemos que es cierto y verdadero. Una vez que superamos esa línea, no seguimos nuestro criterio y, básicamente, nos traicionamos a nosotros mismos, todo empieza a ir cuesta abajo.

Esas pequeñas traiciones a nosotros mismos que, de momento, parecen insignificantes empiezan a minar nuestra autoestima. Las pasamos por alto porque ¿qué importancia tiene una grieta diminuta en una gran presa? Y, una vez que hemos tolerado una y no ha sucedido nada, ¿por qué no tolerar otra y otra y otra? Las relaciones sanas no se suelen volver tóxicas de la noche a la mañana, sino poco a poco.

Entonces, ¿cómo sabemos si vamos en esa dirección? Bueno, quizá digamos «Me da igual» con mucha más frecuencia que «sí» o «no». Quizá interioricemos las preferencias, necesidades y creencias de los demás hasta tal punto que ni siquiera estemos seguros de cuáles son las nuestras. Quizá nos expresemos en mayor o menor medida dependiendo de la posibilidad que nos den. Sin embargo, cada vez que no podemos o no queremos decir que no, renunciamos a nuestro poder en la interacción. Si no disponemos del poder para hacernos valer de tal modo que podamos vivir de una manera congruente con lo que creemos o incluso proteger nuestra salud física y mental, nos volvemos vulnerables a la manipulación o explotación y es posible que incluso nuestro sentido de la moralidad se derrumbe ante personas a las que no podemos negarles nada.

Por lo tanto, lo que te quiero decir con esta carta va mucho más allá de que hagas acopio de valor y digas que no de vez en cuando para ser más feliz. Lo que te quiero decir es que no te imaginas lo irreconocible que te resultarás si no te pones ya manos a la obra con este tema.

Decir que no, no solo cuando sea fácil, sino siempre que sea lo correcto, hará mucho más por ti que mantener relaciones sanas. Habrá ocasiones en las que será tu única protección frente a fuerzas externas que, de otro modo, te manipularían y te convertirían en una persona que no quieres ser y que ni siquiera te gusta.

Así pues, nunca te digas que da igual no poder decir que no, pues es primordial tanto para ti como para las personas que te importan. Y la buena noticia es que, cuanto más lo trabajes, más valiente te volverás y más verás que tu vida es un reflejo de tus decisiones e intenciones, no de las de los demás.

No es justo, ni para ti ni para nadie, que entregues el timón de tu vida a terceras personas y dejes al azar que el rumbo que sigan sea el adecuado para ti. Cada decisión errada que los demás tomen por ti hará que te sientas víctima de sus decisiones. Has de agarrar el timón y tener claro qué dirección has de tomar para ser la persona que quieres ser y por qué. Así te será mucho más fácil saber a qué has de decir que sí y a qué has de decir que no.

Herramientas para usar sobre la marcha

El dilema de cuándo insistir para lograr lo que queremos y cuándo ceder en beneficio de otros resulta confuso si estamos inmersos en ello, en parte porque las emociones que surgen no solo tienen que ver con lo que sucede en el presente, sino también con lo que sucedió en el pasado.[1] No es tan sencillo como cambiar un sí por un no. Se trata de emociones potentes que tiran de nosotros en distintas direcciones, como mareas opuestas. Así pues, estemos donde estemos, nos sentimos incómodos.

Aprender a decir que no y lidiar con esas emociones contradictorias exige una buena dosis de valor y un buen puñado de sólidas habilidades de asertividad, así que veamos algunas estrategias transformadoras extraídas de la literatura para que te ayuden en el proceso.

Gestionar la culpa de decir que no

La culpa es una de las principales emociones que hacen que decir que no resulte tan difícil. Decir que sí cuando necesitamos decir que no es un trueque emocional. Como no queremos cargar con la culpa de negarnos a algo, renunciamos a hacerlo y lo aceptamos, y esa pizca de resentimiento que nos produce nos parece más fácil de llevar… por el momento. Sin embargo, cada vez que cambiamos la culpa por el resentimiento, el peso del segundo aumenta. No se atenúa y tampoco desaparece, sino que crece y da lugar a brotes de amargura e ira que parecen salidos de la nada. Y, cuanto más se acentúa con el tiempo, más difícil nos resulta ocultárnoslo a nosotros mismos y a las personas con las que compartimos la vida. Quizá nos parezca que nos hemos vuelto difíciles. Si nunca defendemos nuestra postura y no pedimos lo que queremos, los demás solo pueden intentar adivinarlo y, cuando se equivocan, el resentimiento sale a la luz, creando un ambiente de acritud en el que incluso las personas a las que intentábamos dar prioridad empiezan a estar resentidas con nosotros.

Sin embargo, ¿cómo podemos decir que no sin sentirnos culpables? La respuesta breve es: no pasa nada por sentirse culpable. Si sabemos que una decisión es la mejor que podemos tomar, podemos cargar con la culpa. Las emociones son una fuente de información fenomenal, pero no ofrecen una perspectiva completa. Así pues, atiende a sus sugerencias, pero recuerda que quien lleva el volante eres tú. No es necesario eliminar la sensación de culpa para hacer lo que necesitamos hacer. Si la asumes, esta no te retendrá.

Si sabes que te sientes culpable cada vez que dices que no, incluso cuando es lo correcto, practicar mindfulness reforzará significativamente tu capacidad para identificar la emoción y distanciarte de ella. Es decir, podemos darnos cuenta del impulso de renunciar al control y ceder, pero, al mismo tiempo, ser conscientes también de que podemos decidir si actuar sobre la base de ese impulso o hacer algo distinto, en función de lo que sea mejor para nosotros en ese momento. Si te apetece empezar a practicar con algunas meditaciones guiadas, en mi canal de YouTube encontrarás algunas gratuitas (en inglés).

Actualizar el significado de esas emociones

Las emociones no son resultado únicamente del momento presente, sino un eco del pasado. Hubo un momento en la vida en el que hacer lo que fuera que hiciera felices a los adultos de nuestro entorno y buscar la aprobación de estos nos ayudaba a proteger el vínculo con ellos. En los primeros años de vida, la necesidad de apego era prioritaria y se imponía a cualquier otra, algo lógico. En las relaciones adultas, esa culpa parece casi un reflejo y aflora siempre que queremos tener en cuenta nuestras emociones. Así pues, hemos de resignificar la sensación de culpa, porque lo que antaño era una señal de peligro ahora puede indicar algo positivo: que defendemos nuestra postura, que nos cuidamos, que expresamos lo que necesitamos, que nos hacemos valer y que decidimos afrontar el conflicto en lugar de aceptar la derrota.

Aprender a temer más a la desaprobación propia que a la ajena

Cuando estamos aprendiendo a hacernos valer, los demás son una parte importante de la ecuación. Anhelamos su aprobación, así como que piensen que somos buenas personas y que nuestra compañía merece la pena. Al mismo tiempo, tememos que nos abandonen y, si creemos que hay una posibilidad de perder a alguien importante para nosotros, antepondremos su opinión a la nuestra. Nos decimos algo semejante a lo siguiente: «Bueno, si me aseguro de que todo el mundo está cómodo y satisfecho conmigo, la relación estará a salvo. Lo que importa es que a ellos, más que a mí, les parezca bien lo que hago». Cuando decir que no nos hace pensar que no somos una buena persona a ojos de otros, quizá tenga que ver con nuestra naturaleza amable, pero también puede ser el resultado de aprendizajes tempranos. Tenemos que revisar esas creencias, del mismo modo que lo hemos hecho con el significado que atribuimos a la sensación de culpa.

No pasa nada por temer la desaprobación del otro, pero debemos temer la nuestra todavía más. Por supuesto, habrá personas cuyas opiniones sean importantes para nosotros, pero, cuando se trata de nuestra vida, la responsabilidad es solo nuestra. Por eso, nuestros valores han de ser la brújula para determinar si seguimos una dirección u otra.

Dicho esto, tampoco es tan fácil como levantarse un día y buscar la propia aprobación y decidir preocuparse menos por lo que piensen los demás. Construir una identidad sólida sin grietas a la espera de que las llenen otros exige pasar a la acción. Exige romper rutinas, probar cosas nuevas, ponerse en situaciones que permitan descubrir cómo nos las apañamos, forjar vínculos o recuperar cosas que antaño formaban parte de nuestra vida solo porque las disfrutábamos. No nos convertimos en la persona que queremos ser solo pensando en ello, lo hacemos siéndolo. Teniendo esto en cuenta, aprender a hacernos valer incluso cuando tenemos miedo al rechazo supone el compromiso de cuidar de nosotros mismos cuando esto suceda. Gran parte de lo que nos impele a decir que sí cuando necesitamos decir que no es el profundo miedo al abandono. Es una conducta de seguridad, por así decirlo. Afianzar nuestra vida y nuestra identidad refuerza la confianza en nuestra capacidad para superar el abandono. Hasta entonces, mantener límites saludables nos dará más miedo del necesario.

Explorar cómo cambiarían las cosas al decir que no

Cuando estamos acostumbrados a responder «Me da igual» a todas las opciones que se nos presentan, es fácil que acabemos perdiendo nuestra identidad en cuanto personas con preferencias y que nos resulte difícil imaginar cómo sería la vida si las defendiéramos. Así pues, invierte el tiempo que sea necesario para desarrollar esa visión.

Prueba esto

Si no tienes claro adónde quieres ir, es muy poco probable que llegues allí. Por tanto, tómate tu tiempo para hacerte una idea de adónde quieres llegar respondiendo con detalle a las preguntas que encontrarás a continuación.

Imagina que has pasado toda una jornada llevando a cabo tus tareas y relacionándote con los demás con la firme convicción de que tus preferencias, valores y principios son tan válidos como los de cualquier otra persona. Durante todo el día, has puesto todo tu empeño en no pisotear tus necesidades.

- ¿Cómo sería eso?
- Ahora, con términos concretos y reales, ¿qué harías distinto?
- ¿En qué ámbitos aparecería la palabra *no* en los que hasta ahora no ha aparecido?
- ¿Dónde necesitarías ser más valiente?
- ¿Qué perderías y qué ganarías?
- Ahora imagina que hicieras esto cada día. ¿Cómo sería tu vida dentro de un año?, ¿qué habría cambiado?
- ¿En qué beneficiaría eso a las demás personas en tu vida?

Cuando no se atiende al «no»

¿Realmente no dices que no o es que no se acepta tu no como respuesta? De ser esto último, tu interlocutor está infringiendo tus límites. La clave para cambiar se basa en examinar qué función desempeñas tú en esta dinámica. Es un error asumir que la conducta de los demás es neutra. Presta atención a las señales de manipulación que te hacen más difícil mantener límites sanos y te hacen sentir impotente. Estas son algunas de las señales que tener en cuenta:

- Mienten, inventan excusas y te culpan por cosas de las que ellos son responsables.

- Ocultan verdades incómodas y comparten exclusivamente las partes de la verdad que encajan con su propósito.
- Hacen luz de gas. Es una forma de manipulación que lleva a la persona a cuestionar su percepción de la realidad y a dudar de su criterio, por lo que acaba dependiendo de quien la manipula, que se presenta como la mejor o la única fuente de verdad.
- Muestran conductas pasivo-agresivas.
- Tienen actos de generosidad o bondad cuyo objetivo es que el otro quede en deuda para influir en las decisiones que tome más adelante.
- Son victimistas, en una dinámica en la que el otro es el salvador y apelan a su compasión y a su sentido del deber para con ellos. Se niegan a cuidarse a sí mismos si el otro no lo hace por ellos.
- Cuando el otro intenta afirmar sus necesidades, asumen el papel de víctima y asignan al otro el de verdugo. «¿Cómo te atreves a sugerir que tienes necesidades? ¿Crees que lo estás pasando mal? Espera, que ahora te cuento todos los motivos por los que yo lo estoy pasando mucho peor».
- No son claros acerca de lo que desean y juegan con las emociones del otro, ya se trate de culpa, ansiedad o el sentido de la obligación.
- Formulan críticas constantes envueltas en «Te quiero» y en la sugerencia de que las hacen por el bien del otro, por lo que no se lo ha de tomar como algo personal.
- Imponen un pensamiento dicotómico. Son o sus necesidades o las del otro. Dan a entender que ocuparse de las propias necesidades equivale a desatender las del otro.

Si detectas alguno de estos signos, no significa que debas renunciar a hacerte valer. Lo que significa es que has de conocer al dedillo las habilidades de asertividad que puedes usar, practicarlas y refinar la capacidad de discernir qué relaciones son saludables y cuáles dependen de que pases por alto tus necesidades, preferencias o capacidad para defenderte.

Habilidades para la asertividad[2]

Si quieres obtener mejores resultados cuando intentas hacerte valer, te has de armar con las habilidades de comunicación necesarias para ello. Estas habilidades son de las más valiosas que se adquieren durante un proceso terapéutico y, si puedes contar con un psicólogo para que te ayude, conseguirás los beneficios de reflexionar con regularidad acerca de cómo aplicar los aprendizajes a tu vida cotidiana y de cómo encarrilarte cuando recaigas en viejos hábitos.

La asertividad va mucho más allá de la forma de comunicar. También consiste en adquirir tal claridad mental acerca de tus valores, objetivos y visión de quién quieres ser que determinar lo que quieres y por qué en cada situación te resulte mucho más fácil. De este modo, es más sencillo saber cuándo dejar pasar algo y cuándo armarse de valor para luchar por lo que quieres.

Así pues, para empezar, tómate un tiempo para aclarar aquello que te importa de verdad, cómo quieres estar presente en las relaciones y cómo sería el resto de tu vida si te basaras en tus valores. En el apéndice (pág. 333), encontrarás una guía para hacer este ejercicio.

Una vez que tengas claro qué quieres, podrás atender a las emociones que surjan y usarlas como señales que indican que te has de hacer valer, aunque el primer impulso sea tirar la toalla. Podrás cotejar las emociones que te suscita una situación concreta con los valores que quieres que guíen tu vida. Así, te será más fácil tomar decisiones y no te dejarás llevar por la necesidad de complacer a los demás.

Una vez que hayas decidido defender tu postura, si no es algo que debas hacer inmediatamente, aprovecha para poner por escrito la argumentación más convincente que se te ocurra. Escribe lo que defiendes y todos los motivos por los que lo haces. Mientras estés preparando lo que vas a decir, evita juzgar o culpar al otro para que no se ponga a la defensiva. Recuerda que no se trata de una batalla ni de un enfrentamiento. Lo más probable es que no quieras dañar la relación, y la agresividad directa, como perder los nervios, gritar o exigir, suele hacerlo. Por otro lado, las conductas pasivo-agresivas también perjudican las relaciones, así que evita asimismo la agresividad velada, que puede adoptar la forma de sarcasmo o de silencio como castigo. Haz saber al otro que también tienes en cuenta sus necesidades y sus deseos a la vez que te mantienes firme en la decisión que hayas tomado y el motivo que te ha llevado a ello.

A continuación, encontrarás una lista de consejos para comunicarte con asertividad:

1. Intenta presentar cómo interpretas la situación con la mayor neutralidad y objetividad que te sea posible para evitar que la otra persona se ponga a la defensiva.
2. Puedes hablar de cómo te sientes, pero cíñete a la situación específica y a conductas concretas. No caigas en la tentación de generalizar acerca de que siempre pasa lo

mismo o de hacer afirmaciones categóricas acerca de la personalidad del otro. Así pues, en lugar de «No soporto que siempre...», prueba a decir «Cuando haces X, me pasa Y».

3. Cuando quieras decir que no, ve al grano. Evita dar rodeos y habla con la máxima claridad.
4. Si obtienes una respuesta positiva y la otra persona cambia su actitud o respeta tu postura, agradéceselo. Esto te ayudará a reforzar esa conducta en el futuro.
5. Si la respuesta no es muy positiva y la otra persona se empeña en seguir infringiendo el límite que acabas de comunicar, o si te insulta o intenta hacerte callar, no te descentres. Ese es el momento de activar el modo de disco rayado: cíñete a los argumentos que has preparado y no temas repetirlos tantas veces como sea necesario.
6. Tanto si cuentas con un guion como si no, la imagen que des es de una importancia crucial. Mira al otro a los ojos, con calma, mantén una postura erguida, muestra confianza y habla con firmeza pero sin agresividad. Si inicias la conversación con timidez o si, por el contrario, empiezas a gritar, echarás por tierra el mensaje que intentas transmitir y las probabilidades de que consigas lo que quieres caerán en picado.
7. Si encontráis un punto medio admisible para los dos, lo puedes aceptar sin problemas. Eso sí, asegúrate de que realmente sea aceptable para los dos. Si te das cuenta de que lo que parece un pacto te suscita resentimiento, es muy probable que el acuerdo sea prematuro.

Resumen del capítulo

- Hay una idea equivocada y perjudicial que equipara el ser amable con ceder ante las exigencias de los demás y con ser siempre quien dice «Me da igual» y hace malabares para adaptarse al resto. La asertividad es la única manera de vivir como una buena persona, si es eso lo que se quiere. Sin ella, damos bandazos y estamos a merced de la voluntad de los demás.
- Habrá momentos en la vida en los que tendrás que hacerte valer o defender los intereses de un ser querido y en los que no podrás contar con nadie. Necesitarás tanto el valor de defender tu postura como las habilidades para negociar con personas a las que no les importa demasiado parecer amables. La buena noticia es que puedes adquirir esas habilidades y perfeccionarlas con la práctica.
- Cuando empieces a practicar la asertividad, te darás cuenta de que te sientes algo culpable al decir que no. Sin embargo, es posible que esa sensación no sea más que un reflejo del pasado, no indica necesariamente que decir que no esté mal. Si la decisión que has tomado es congruente con tus valores, puedes pasar por alto emociones que tienen que ver con el pasado.
- Con frecuencia, evitar el conflicto inmediato parece la opción más fácil cuando nos tenemos que hacer valer y decir que no. Sin embargo, tomar el camino más fácil mina la autoestima y las consecuencias se pagan más adelante.
- Gran parte de la dificultad consiste en superar la indecisión y la reticencia a enfrentarnos directamente al conflicto.

- Es habitual entender la asertividad como una habilidad de comunicación. Sin embargo, una de las cosas más difíciles a la hora de hacernos valer es saber cuándo usar esas habilidades. Una vez que contamos con las herramientas, hemos de tener claro quiénes queremos ser en nuestras relaciones y en nuestra comunidad. Entonces, se vuelve mucho más fácil determinar cuándo dejar pasar algo y cuándo hacer acopio de valor para mantenernos firmes.
- El hábito de complacer a los demás no es algo que desaparezca de un día para otro. Así pues, habrá ocasiones en las que nos daremos cuenta de que nos tenemos que mantener firmes, pero al mismo tiempo sentiremos el potente impulso de rendirnos. En esos momentos, es fácil que nos veamos presionados antes de que hayamos tenido tiempo de pensar acerca de los valores que queremos que guíen nuestra conducta. También habrá ocasiones en las que nos sorprenderemos al usar espontáneamente las habilidades recién adquiridas, mientras que en otras repetiremos patrones del pasado. Si vemos esas ocasiones como lecciones, no hay por qué considerarlas un fracaso. Reflexionar acerca de qué nos ha resultado difícil nos ayudará a saber cómo superarlo la próxima vez. Y, así, sabremos cómo actuar y qué decidir en situaciones similares en el futuro.

«No pasa nada por temer
la desaprobación del otro,
pero debemos temer la nuestra
todavía más».

Abrir en caso de…

Dra. Julie Smith

CAPÍTULO 6

Tratas con personas pasivo-agresivas

> Nadie te puede hacer sentir inferior sin tu consentimiento.
>
> ELEANOR ROOSEVELT

Una carta de mí para ti

«Enhorabuena por todos tus éxitos. Como siempre, eres la estrella del *show*». Ay. Lo que comienza como la felicitación afectuosa de un amigo termina con un sabor amargo, como un aguijón sutil que se clava en la piel y escuece durante días. Es algo tan fácil de calificar de mera broma que cuestionarlo parece casi imposible, por lo que nos quedamos pensando qué siente en realidad ese amigo por nosotros. Una bofetada hubiera sido un mensaje mucho más fácil de descifrar.

Las conductas pasivo-agresivas pueden venir de cualquier parte, porque, seamos sinceros, todos las ponemos en práctica en algún momento. Usar estrategias de comunicación inmaduras e inadecuadas es esencialmente humano hasta que aprendemos a hacerlo mejor. Un par de comentarios de doble filo por parte de un desconocido nos pueden causar cierta incomodidad o malestar, pero no hay nada que nos haga sentir tan solos y aislados como que alguien que creíamos que estaba de nuestro lado se muestre pasivo-agresivo. Ese momento visceral en el que nos damos cuenta de que quiere ver que sufrimos y lo pasamos mal, o que quedar por encima de nosotros es más importante que la relación. Es un momento doloroso que arroja una luz distinta sobre el velo de sonrisas y nos permite entrever la cruel intención que se esconde detrás. Son conductas que acaban con la imagen que teníamos de esa persona, y la confianza se empieza a perder de tal modo que recuperarla es casi imposible.

La puñalada de la pasivo-agresividad duele, y mucho. Sin embargo, no podemos dejar que el dolor nos distraiga. Hemos de tomar distancia y ver el panorama completo, porque podemos aprender mucho de esta experiencia y de todas las que seguirán. No será la última vez que nos encontremos con alguien que se comunique de este modo, así que nos hemos de asegurar de sacar lecciones para el futuro. La idea es ser tan competentes en la gestión de estas conductas sibilinas que podamos anticiparlas y responder con una sonrisa sin perder de vista nuestro objetivo ni caer en la tentación de rebajarnos a su nivel y discutir. No hay por qué dejarse intimidar por esta forma de agresividad, y tampoco es necesario intimidar al otro, no hay necesidad de perder la cabeza y ver quién es más víctima, no. Es una lucha de poder en la que ganar es imposible y en la que la mera participación es una derrota.

Enfrentarnos con personas que demuestran que no están ahí para nosotros nos distrae de los objetivos más grandes e importantes que tenemos para nuestra vida.

Aprende lo que puedas de este tipo de interacciones y, una vez que hayas extraído lo que te resulte útil para el futuro, pasa página. No dejes que haga mella y no caigas en la tentación de rumiar. No pierdas la confianza en ti a causa de estas tácticas. La incertidumbre y la inseguridad han llegado porque ese es precisamente el objetivo de las conductas pasivo-agresivas. Son un reflejo del comportamiento del otro, no de tus supuestas carencias.

Herramientas para usar sobre la marcha

A veces, no nos damos cuenta de lo oscuro que estaba hasta que alguien enciende la luz. Del mismo modo, cuando alguien empieza a mostrar conductas pasivo-agresivas, en ocasiones nos resulta difícil entender por qué nos sentimos tensos y solos de repente. Así pues, la primera parte de este apartado acerca de las herramientas habla de cómo identificar este tipo de conductas, así como de algunos de los motivos por los que la gente las adopta en sus interacciones con los demás. Entender por qué sucede no significa que sea justificable, pero sí nos ayuda a no caer en la tentación de tomárnoslo como algo personal. La comunicación pasivo-agresiva es tan potente a la hora de crear inseguridad en el otro que la clave para responder con resiliencia y de la manera que nos resulte más útil reside en nuestra capacidad para mantener las distancias y ver la conducta como lo que es.

Cómo identificar la pasivo-agresividad

Aunque identificar la pasivo-agresividad no siempre es fácil, la notamos sobre todo por el impacto visceral que ejerce sobre nosotros, y ese impacto es precisamente lo que buscan este tipo de conductas. La tranquilidad da paso a la tensión, la angustia y la confusión respecto a lo que acaba de cambiar. A primera vista, parece que todo va bien, pero, de golpe, nos sentimos menos seguros. De repente, dudamos de quien hasta hace nada creíamos que deseaba lo mejor para nosotros. Quizá detectemos un levísimo atisbo de hostilidad, porque su sonrisa no encaja con lo que nos hacen sentir sus palabras.

O quizá sintamos que ya no estamos en el mismo equipo, sino que alguien lleva la cuenta de los puntos. Nos descubrimos compitiendo cuando ni siquiera éramos conscientes de estar jugando a nada. Nos damos cuenta de que hemos llegado al límite de lo que la otra persona considera aceptable respecto a nosotros. Chocamos con una puerta de cristal que no habíamos visto. Todo iba bien hasta que, de repente, va mal. El otro ya no estaba satisfecho con la dinámica y ha tratado de inclinar la balanza a su favor. Se pone por delante sin ni siquiera reconocer que había quedado por detrás. Es posible que incluso adopte el rol de víctima, como si se tirara en un sillón al final de la jornada esperando que adivinemos qué ha pasado. Si eso nos desconcierta e inquieta, automáticamente se siente más importante y ha ganado la partida.

Las conductas pasivo-agresivas se caracterizan porque expresan de modo indirecto y en forma de hostilidad silenciosa las emociones negativas de quien las manifiesta.[1] Estas son algunas de las señales de alarma:

- Comentarios con doble sentido.
- Sarcasmo.
- Elogios impregnados de insultos.

- Incumplimiento deliberado de algo a lo que se habían comprometido.
- Silencio hostil, frialdad, indiferencia.
- Exclusión sutil del círculo social.
- Chismorreo y sembrado de dudas en otros respecto a nuestra persona.
- Compromiso a hacer algo dejando muy claro a la vez que no tienen ni tiempo ni ganas o que les supone una gran molestia.
- Comentarios sutiles en una interacción aparentemente amistosa que minan nuestra autoestima y nos dejan dudando acerca de lo que sienten en realidad respecto a nosotros.

Cuando la comunicación se parece a la lista que acabamos de ver, es probable que la envidia, los celos o alguna otra emoción incómoda esté justo bajo la superficie.

¿Supone esto el fin de la amistad?

Todos demostramos conductas pasivo-agresivas en algún momento del desarrollo. La diferencia es que hay quien madura y quien no. No hay que dar excesiva importancia a alguna que otra palabra fría pronunciada en momentos de debilidad. Sin embargo, si se convierten en un patrón, la amistad o la relación pasa de ser sana y satisfactoria a negativa y perjudicial.

Las personas con tendencia al narcisismo encubierto se caracterizan por un estilo de comunicación pasivo-agresivo y victimista.[2] Su discurso habitual es más o menos así: «Sufro más que nadie y te debes sentir culpable por ello. No debes pedirme más de lo que doy y no te puedes negar a satisfacer mis expectativas respecto a ti. Si lo haces, serás el verdugo en mi historia de victimismo». Este tipo de normas implícitas nunca conducen a una relación sana.

Entender por qué lo hacen

Reflexionar acerca de los motivos por los que alguien se comporta así es una parte muy útil del proceso de aprender a gestionar estas conductas. Y es útil porque la incertidumbre y la inseguridad en uno mismo que siembran las conductas pasivo-agresivas hacen que nos lleguemos a plantear si la culpa es nuestra, cuando, en realidad, es mucho más probable que sea un reflejo del patrón relacional del otro. Entender no significa en absoluto justificar o validar, pero nos ayuda a tomar distancia y a ver las conductas por lo que son: algo que tiene que ver más con el otro que con nosotros.

En pocas palabras: la gente adopta conductas pasivo-agresivas porque, en la mayoría de las ocasiones, funcionan. Y las personas a las que hacen daño se sienten incapaces de pedir explicaciones. Nadie nos enseña a lidiar con personas difíciles. Sin embargo, en realidad ambas partes salen perjudicadas, pues pierden la oportunidad de comunicarse de un modo que les permita resolver el problema. La persona pasivo-agresiva se queda sin ganas de vivir y rezuma resentimiento por cada poro, mientras que su interlocutor malgasta tiempo y energía intentando ir con pies de plomo.

Muchas veces, la conducta pasivo-agresiva se debe a una emoción potente e incómoda que, además, nos sentimos incapaces de cambiar expresándola de forma abierta y directa. Por ejemplo, digamos que hemos disfrutado de cierto estatus social en nuestro grupo de amigos, quizá ganando más dinero o siendo más sexis o populares. Entonces, las circunstancias de uno de ellos cambian de repente y pasa a ser el objeto de admiración del grupo. Nuestro ego se resiente cada vez que lo vemos. Es como si sus éxitos eclipsaran los nuestros. Nos resulta insoportable verlo disfrutar de la admiración del resto y, en secreto, disfrutamos cuando podemos bajarle los humos con un comentario negativo por aquí y otro por allá acerca de cosas que sabemos que le producen inseguridad. Por supuesto, nunca le diríamos nada directamente, ya que la humillación que supondría admitir que estamos celosos hace que prefiramos morir a ser sinceros. Así pues, encontramos maneras más sutiles de mitigar la envidia y de recuperar algunos puntos en el marcador social. Nos acercamos a las demás personas del grupo, lo excluimos cuando podemos y, en cuanto percibimos que alguien tiene el menor sentimiento negativo hacia él, echamos más leña al fuego. Estas situaciones suelen rebosar de interacciones pasivo-agresivas. Si somos el objeto de ellas, tener en cuenta todo el contexto y la inseguridad que las fomentan nos ayudará a no tomarlo como algo personal y a verlo como un patrón de conducta del que solo el otro es responsable.

Cómo responder

Entonces, ¿cómo se supone que hemos de responder ante las conductas pasivo-agresivas?[3] Lo primero que hemos de hacer es no perder el norte. Hemos de mantener nuestra integridad, objetivos y valores a toda costa. Es de esperar que sintamos un gran impulso de rendirnos para evitar las incómodas emociones que, con toda seguridad, aparecerán. Sin embargo, recuerda que hay otras maneras de sobrevivir a esto. En algunas ocasiones, cuando no hay forma de escapar o carecemos del menor poder, quizá sea necesario seguirle el juego al otro hasta que podamos hacer otra cosa. Sin embargo, en la mayoría de las situaciones cotidianas, subirnos al carro de la lucha de poder equivale a una derrota. Con frecuencia, decidir si seguirle el juego al otro depende de un análisis de riesgo-recompensa. Uno de los mayores riesgos que corremos es la merma gradual de nuestra integridad, que nos lleva a olvidar tanto nuestros valores como la persona que queremos ser. Hay batallas que vale la pena librar, mientras que otras no son más que una pérdida de tiempo.

Cuando tratamos con alguien con tendencia al narcisismo encubierto, el menor intento de abordar directamente su falta de respeto puede llevar a una fuerte discusión que da lugar a semejante caos (sin llegar a resolverse) que acabamos lamentando haber dicho nada. Y, si le preguntamos si de verdad tenía la intención de hacernos daño, responde que solo era una broma y que tenemos la piel demasiado fina. Dado que las conductas pasivo-agresivas se suelen originar en el miedo al conflicto, abordarlas de frente no suele abrir la puerta a la resolución.

Lo que sí podemos hacer es proseguir la conversación difícil siempre que nos mantengamos firmes en una postura libre de juicios, transparente y respetuosa. Si bien es muy poco probable que obtengamos una disculpa (sería casi un milagro), el mero hecho de hacerle saber a esa persona que nos da la sensación de que no se está comportando del modo habitual es una manera compasiva de hacerle ver que nos hemos dado cuenta de lo que acaba de hacer, pero que no nos ha afectado y que no tenemos intención de echar leña al fuego reconociendo que nos ha hecho daño. Ten cuidado y actúa con inteligencia.

Si nos mostramos como una víctima, por remotamente que sea, a sus ojos habrá ganado y, por lo tanto, corremos el riesgo de que repita la conducta en el futuro. Si le damos la oportunidad de negar la menor intención pasivo-agresiva o de burlarse de nuestra reacción aparentemente exagerada y dejarnos en ridículo, le otorgamos la victoria.

Por el contrario, si nos negamos a caer en la provocación y la observamos jugar sola su juego intentando hacerse con el poder, somos nosotros quienes ganamos. Observar y aprender, observar y aprender. Hemos de evitar fomentar ese comportamiento o imaginar que podemos hacer que cambie ese estilo de comunicación tan pobre, ya que es imposible. Debemos reconocer lo que valemos como personas, tanto si le parece bien como si no. Recuerda que mereces que las cosas te vayan bien tanto como cualquier otro; al que le queda el saco, se lo pone. Tomar la decisión de no dejarte arrastrar a estos jueguecitos, que solo te desviarán de una manera mejor de vivir, es muy empoderante, incluso en situaciones dolorosas.

Cuando se trata de relaciones estrechas, hay veces en que mantener la cabeza fría exige tomar cierta distancia. Sin embargo, canaliza el dolor y la ira de un modo que te ayude a avanzar en la dirección que te resulte útil a ti, no al otro. Has aprendido por las malas que no quiere lo mejor para ti o que, como mínimo, no es demasiado habilidoso en su forma de comunicarse. Asimila ese aprendizaje y aplica la sabiduría que hayas sacado de la experiencia. Quejarte y lamentarte es dar un paso en la dirección contraria a la que te conviene. Da un paso adelante, mantén la compostura y no renuncies a tus valores para complacer a los demás.

Resumen del capítulo

- Si eres el objetivo de conductas pasivo-agresivas, toma distancia y observa el panorama completo de la lucha de poder. Esta experiencia te enseñará mucho y no será la última vez que te encuentres con alguien que usa la agresividad indirecta para comunicarse.
- Las conductas pasivo-agresivas son la manifestación indirecta de una emoción negativa expresada en forma de hostilidad velada, como comentarios con doble sentido, sarcasmo o elogios cargados de insultos.
- Reflexionar acerca de los motivos por los que alguien se comporta así es una parte muy útil del proceso de aprender a gestionarlo. Y es útil porque la incertidumbre y la inseguridad que siembran en nosotros las conductas pasivo-agresivas hacen que nos lleguemos a plantear que la culpa es nuestra cuando, en realidad, es mucho más probable que sean un reflejo del patrón relacional del otro.
- No pierdas el norte. Ten siempre presentes tu integridad, tus objetivos y tus valores. Recuerda que caer en la provocación no es la única manera de sobrevivir. En la mayoría de las situaciones cotidianas, participar en juegos de poder equivale a la derrota.

«Hay batallas que vale la pena librar, mientras que otras no son más que una pérdida de tiempo».

Abrir en caso de…
Dra. Julie Smith

CAPÍTULO 7

Tus padres se equivocaron contigo (pero los quieres en tu vida)

Los niños empiezan queriendo a sus padres; cuando crecen, los juzgan; y, alguna que otra vez, los perdonan.

OSCAR WILDE, *El retrato de Dorian Gray*

Una carta de mí para ti

Todos los padres se equivocan en algo, pero algunos lo hacen mucho más que otros. Algunos niños forjan relaciones adultas sanas con sus padres sin demasiada dificultad, mientras que, para otros, la relación con sus padres nunca deja de ser una fuente de dolor y confusión. Durante la mayor parte de nuestra vida, hemos sido niños en esta relación, sin apenas controlarla o decidir al respecto. Sin embargo, llega un momento en el que la relación pasa de ser entre un niño y un adulto a una entre dos adultos.

Lo que sucede es que ser adultos no siempre significa que tengamos con nuestros padres la relación que queremos. Lo único que podemos controlar es lo que decidimos aportar. Y esa decisión entraña una gran responsabilidad, tanto a lo que a establecer nuestros límites para protegernos se refiere como a lo que tiene que ver con reconocer la función que desempeñamos en una relación que quizá no sea tan sana como nos gustaría.

Cuando pensamos en la relación con nuestros padres, solemos recaer en los patrones básicos. Nosotros, los hijos, centrados en lo que necesitamos de nuestros padres, llorando por lo que nunca obtuvimos y fantaseando con la posibilidad de cambiarlos.[1] O quizá soñando con el día en el que, por fin, se den cuenta del daño que nos han hecho durante todo este tiempo y vean que han de hacer las cosas de otra manera.

Una de las realidades tan dolorosas como liberadoras de esta nueva relación entre adultos es que no podemos obligar a nadie a darse cuenta de nada ni a cambiar. Es algo que solo puede hacer uno mismo. La parte dolorosa es que, con frecuencia, tenemos que aceptar que nuestro padre o madre no es capaz de mantener el tipo de relación que deseamos. La parte liberadora es que, cuando lo aceptamos, podemos gestionarla con unas expectativas más realistas, de modo que nos podemos proteger del dolor que nos producen sus patrones relacionales sin necesidad de renunciar a su compañía.

Esto no es nada fácil. De hecho, la mayoría de la gente confunde reconciliarse con ganar. Si la otra persona se diera cuenta de todo lo que hizo mal, las cosas irían bien. Sin embargo, la única manera de mejorar una relación es preguntarnos en qué medida contribuimos nosotros al hecho de que sigamos estancados. No es una pregunta fácil. En algunos casos, es posible que no haber establecido límites sanos haya dado lugar a resentimiento y desprecio. En otros casos, tal vez pensemos que tenemos derecho a lo que sea que queremos y pasemos por alto las dificultades de nuestros padres. Cada situación es única, pero, si nos atrevemos a responder a esa pregunta con sinceridad, responder a la siguiente es más fácil. ¿Qué pequeñas cosas podríamos hacer para que la relación funcionara mejor para los dos? ¿Cómo cambiaría nuestra vida si nos esforzáramos en reparar la relación?

Herramientas para usar sobre la marcha

El trabajo que tienes por delante comienza por determinar si lo mejor para esta relación es el acercamiento o la distancia. Decir que hay que poner fin a las relaciones de maltrato o tóxicas es muy fácil, pero, a la hora de la verdad, las cosas no son blancas o negras. Son más bien grises y hay días buenos y días malos. En estos casos, contar con la perspectiva externa de alguien de confianza resulta muy valioso.

Las herramientas que encontrarás a continuación te serán útiles si tu objetivo es reconciliarte con la otra persona o mejorar la relación.

Determinar qué es posible y qué no

Muchas personas no saben si abordar esa conversación difícil con sus padres. Antes de lanzarnos a hablar acerca de todo lo que creemos que nuestros padres han hecho mal, es importante tener claro qué esperamos conseguir con ello. La edad no es garantía de sabiduría ni de madurez emocional, así que es muy posible que nuestros padres sean tan poco conscientes de las consecuencias de sus errores ahora como lo eran hace veinte años. De ser así, todo intento de congraciarse con ellos mediante una conversación supone arriesgarnos a que nos den con la puerta en las narices. Pensar que si entendieran en qué se equivocaron todo sería mejor no es más que una ilusión. Las probabilidades de éxito serán mucho mayores si nos centramos en lo que podemos hacer nosotros.

Si el objetivo es dejar a un lado las diferencias y estrechar lazos con nuestros padres, uno de los mayores obstáculos es la tendencia a obcecarnos con fantasías acerca de cómo debería ser una relación entre padres e hijos. Sin embargo, la mayoría de los padres no han tomado la decisión consciente de echar a perder la relación con sus hijos. Es muy posible que actúen de un modo nada saludable, pero que se deba a círculos viciosos inconscientes que comenzaron en su infancia. Y, como no lo podemos cambiar, debemos ser realistas respecto al tipo de relación que son capaces de mantener.

Es muy probable que conozcamos tan bien los patrones que se activan que podamos predecir las tormentas antes de que lleguen. Sabemos cuándo serán el alma de la fiesta y cuándo nos darán la espalda o se enojarán. Sea lo que sea lo que suceda en nuestra familia, si es predecible, hemos de dedicar tiempo a reflexionar acerca de esos patrones. Así, podemos prepararnos y decidir cómo queremos afrontar las dificultades y responder a ellas, de modo que nos protejamos si es necesario, pero no echemos leña al fuego ni compliquemos más las cosas.

En cierto sentido, rebajar las expectativas que tenemos respecto a nuestros padres supone renunciar al papel de hijo, pero también nos ayuda a tomar cierta distancia, a que nos duela menos y a que, por lo tanto, discutamos menos también. Eso nos da la tranquilidad de entablar una relación que tenga en cuenta sus carencias. Si sabemos que no podemos confiar en ellos, podemos decidir no contar con ellos para cosas importantes para nosotros. Si adoptan dinámicas pasivo-agresivas cuando conseguimos algo, podemos tomar la decisión de compartir nuestros éxitos con otras personas. No podemos esperar que nos ofrezcan lo que nunca nos han dado. Decidir dejar de intentarlo y conformarnos con la relación que son capaces de mantener es liberador y, además, nos protege del dolor que supone seguir esforzándonos. Quizá no sea el vínculo estrecho con el que siempre habíamos soñado, pero al menos obtenemos algo que podemos aguantar y no seguimos luchando para cambiar lo que es inmutable.

Evitar el drama[2]

¿Vuelves a ser el niño o la niña que eras en cuanto cruzas el umbral de casa de tus padres o mantienes la madurez de la que eres capaz en tus otras relaciones adultas? Y, cuando hay desavenencias en la relación, ¿asumes el rol de víctima y los culpas de todo? ¿O uno de tus progenitores ataca al otro y tú tratas de salvarlo?

En las interacciones destructivas, acostumbramos adoptar uno de estos tres roles:

Víctima: no se trata de ser una víctima real, sino de que, cuando se asume este rol, se actúa y se siente como si se fuera una. Así, la persona se convence de que no puede hacer nada respecto a la otra persona o a la situación. Se siente impotente, perseguida y oprimida y se niega a intentar cambiar. Es una postura muy dolorosa, pero permite evitar la responsabilidad del cambio y el esfuerzo, así como la incomodidad que entraña.

Verdugo: es la persona que ocupa el papel de mala de la película o a la que se le asigna. Puede culpar a otros de las cosas, creerse mejor que los demás o mostrarse crítica o controladora. Si se le cuestiona al respecto, se pone a la defensiva o pasa al rol de víctima, de modo que evade toda responsabilidad.

Salvador: la persona que desempeña el rol de salvadora se lanza a resolver las cosas porque, de otro modo, se siente culpable. Sin embargo, cuando los esfuerzos son en vano, se puede enojar y pasar al rol de verdugo. Si, por el contrario, el rescate tiene éxito, la víctima ve reforzado su papel y queda atrapada en la sensación de impotencia. El beneficio para el salvador es que, en la superficie, se siente bien por ayudar a los demás. Sin embargo, con frecuencia lo que sucede es que evita afrontar sus problemas.

En cualquier conflicto, cuando uno de los participantes adopta uno de estos roles, invita al resto a adoptar alguno de los otros. Sin embargo, todos son disfuncionales y solo consiguen empeorar la situación en general. Si las personas en conflicto cambian de un rol al otro para manipularse, ninguna asume la responsabilidad de buscar una solución pacífica o de congraciarse de una manera auténtica.

Durante los conflictos familiares, prueba a identificar qué rol cumple cada uno de los intervinientes, con frecuencia de forma inconsciente. Si te das cuenta de que tiendes a adoptar el rol de víctima con tus padres, lo puedes evitar centrándote en qué quieres conseguir de la relación o la situación, en lugar de en todos los problemas que te irritan. Haz un esfuerzo consciente para asumir una responsabilidad radical en cada situación difícil y ten la valentía de dar los pasos necesarios para que la situación avance en una dirección más positiva.

Si te das cuenta de que tiendes a adoptar el papel de salvador y propicias que la víctima quede atrapada en el suyo, no caigas en la tentación de tornarte verdugo cuando te frustres. Intenta ver a quien sea que tenga el rol de víctima como a una persona capaz, incluso si ella misma no lo ve aún. No te excedas tomando decisiones por ella o haciendo nada que podría hacer ella misma, por tentador que resulte. Es posible que sea la propia persona quien te pida que lo hagas, pero recuerda que así solo la ayudas en apariencia. En realidad, lo que haces es permitirle que siga en su rol de víctima.

Si te das cuenta de las veces que adoptas el papel de verdugo, intenta actuar conscientemente de modo asertivo en lugar de punitivo, cuestiona pero no controles, niégate a culpar al otro o a mostrarte superior. Con eso, solo conseguirás que la persona adopte el rol de víctima y todos quedarán atrapados en el bucle.

Evitar los peores hábitos relacionales

Los patrones de comunicación negativa que se asocian con más frecuencia a la destrucción de las relaciones románticas también afectan negativamente al intento de mantener conversaciones incómodas con nuestros padres. Toma conciencia de ellos antes de cada interacción y evítalos a toda costa.

Crítica: no me refiero a la crítica constructiva que nos ayuda a encontrar soluciones, sino a la que es un ataque y sugiere que el otro es una causa perdida. «Siempre has sido un padre muy frío. ¿Por qué no vienes nunca a verme?».

Desdén: comentarios denigrantes o sarcásticos, insultos o descalificación de las necesidades del otro. El desdén se puede reflejar en la comunicación de formas muy sutiles, pero siempre hace daño y lo más probable es que haga que el otro se ponga a la defensiva en lugar de motivarlo a escuchar.

Ponerse a la defensiva: puede ser la reacción instintiva a la crítica, pero refleja el intento de adoptar el rol de víctima y eludir la responsabilidad o de evitar afrontar la interacción con madurez.

Evitación: al final de la reunión familiar, nos subimos al coche llenos de rabia y no volvemos a hablar con nuestros padres hasta tres meses después. Y la vez siguiente ocurrirá algo parecido, porque mientras los hemos evitado no se ha resuelto nada.

Escribir una carta que nunca se enviará

Es una técnica habitual en terapia y una manera de obtener claridad respecto a relaciones que nos resultan confusas y que están repletas de recuerdos conflictivos e interacciones difíciles. Si sabes que tus padres nunca podrán o querrán escucharte ni hablar con el objetivo de resolver las cosas, o si te parece imposible mediar palabra sin interrupciones ni peleas, este es un ejercicio muy interesante para ayudarte a determinar qué puedes pasar por alto y cómo quieres que sea la relación de ahora en adelante, incluso si la otra persona no colabora.

PRUEBA ESTO

Escríbele una carta al progenitor en cuestión. Dado que no la enviarás nunca, no te preocupes ni por el orden en que dices las cosas ni por la manera en que las dices. Usa la carta para expresar todo eso que te gustaría decirle y preguntarle. Escríbele acerca de los patrones conductuales negativos, explícale cómo te afectaron y cómo intentarás obviarlos de ahora en adelante.

Escribe lo que sientes respecto a él o ella y cuéntale cómo asumirás la responsabilidad sobre la relación que quieres tener a partir de este momento. La carta puede incluir una lista de todo el daño que te ha hecho, los momentos especiales que ha echado a perder, las traiciones y los abandonos, las palabras crueles... Expón también aquellas cosas que agradeces que hiciera por ti con el fin de que sepa de qué maneras podría haber sido mejor en su crianza.

Recuerda que no enviarás nunca esta carta. Es para ti, para despejar la mente y obtener claridad, de modo que puedas actuar con una intención informada y cuidadosamente deliberada.

Resumen del capítulo

- Durante un largo periodo de tu vida, fuiste un niño o niña sin capacidad de decisión ni control sobre la relación que mantenías con tus padres. Aunque es posible que tiendas a adoptar ese rol cuando estás con ellos, ahora se trata de una relación entre adultos, por lo que ya puedes asumir la responsabilidad que te corresponde respecto a la calidad de esta.
- Darnos cuenta de que, en ocasiones, nuestros padres son incapaces de ofrecernos la relación que deseamos es muy doloroso, pero es posible que ellos también tuvieran una

infancia compleja y que se enfrenten a obstáculos que desconocemos. Formular expectativas realistas respecto a nuestra relación con ellos es mucho menos doloroso que intentar cambiarlos.[3]

- Llegados a la edad adulta, muchos de nosotros seguimos tendiendo a considerar que nuestros padres son los responsables de la calidad de la relación que mantenemos con ellos. Sin embargo, una vez que somos adultos, nos podemos preguntar de qué maneras contribuimos nosotros al hecho de que sigamos estancados. ¿Qué pequeñas cosas podríamos hacer para que la relación fuera mejor para ambos?
- No es culpa nuestra que nuestra infancia fuera como fue. Por el contrario, sí nos corresponde a nosotros hacer lo que podamos para reparar el daño y romper el círculo vicioso, de modo que seamos capaces de mantener relaciones sanas y criar a nuestros hijos como nos gustaría.
- Pon en práctica uno de los mejores consejos sobre cómo afrontar el conflicto en las relaciones: elude el desdén, la crítica, la actitud defensiva y la evitación; eso marcará una gran diferencia en la forma de comunicarte.
- Ahora que ya no eres una criatura indefensa, sino un adulto responsable, no caigas en la tentación de adoptar el papel de víctima, verdugo o salvador ante los desacuerdos. De otro modo, invitarás a las demás personas a adoptar los papeles correspondientes y obstaculizarás el camino a la reconciliación verdadera.

«Renuncia a intentar cambiar lo inmutable. Si te centras en ti, obtendrás resultados mucho mejores».

Abrir en caso de...

Dra. Julie Smith

CAPÍTULO 8

Te has equivocado con tus hijos

No hay ninguna manera de ser una madre perfecta; por el contrario, hay más de un millón de ser una buena madre.

Jill Churchill

Una carta de mí para ti

Si llamaras a mi puerta justo ahora, te ofrecería una taza de té y me sentaría un rato contigo para disfrutar de unos momentos de tranquilidad. ¿Imaginas que hubiera tiempo para eso en los momentos más complicados de la crianza de los hijos?, ¿no sería todo mucho más fácil?

Ay, la culpa y la vergüenza que invaden hasta la última célula de nuestro ser cuando nos decimos que nos hemos equivocado. El dolor físico que se siente al pensar «No es así como quiero hacer las cosas». Luego, la autocrítica destructiva toma las riendas y pasamos a la ofensiva: «Soy una madre o padre horrible. Todos los demás saben cómo hacerlo, pero por algún motivo a mí me resulta imposible, soy incapaz. Si lo hiciera bien, mi hijo no daría tantos problemas».

Sin embargo, permíteme que te haga unas cuantas preguntas radicales. ¿Y si no eres una mala madre o un mal padre? ¿Y si solo eres un ser humano que lleva años dejando a un lado sus necesidades básicas para dárselo todo a sus seres queridos? ¿Y si el intento de satisfacer las expectativas de todo el mundo no te da el menor respiro? ¿Y si la insatisfacción de esas necesidades básicas te deja sin la energía suficiente para dar lo mejor de ti ante el mayor desafío de tu vida? ¿Y si no te quedan fuerzas, pero esperas un desempeño perfecto en todo momento? ¿Tratarías así a alguien que no fueras tú?

Hay una sucesión eterna de biblias de la crianza que afirman saber cómo debemos criar a nuestros hijos. La idea general es que debemos aceptar todas las emociones del niño y validarlas, aparezcan cuando aparezcan; sin embargo, no dicen ni una palabra acerca de cómo hacerlo cuando apenas podemos gestionar las nuestras. ¿Cómo se supone que hemos de actuar cuando el niño nos causa vergüenza, bochorno o ira, con frecuencia de forma pública y humillante? Muchas madres se reprochan el ser incapaces de evitar expresar alguna de estas emociones aparentemente imperdonables ante sus hijos.

Por mi parte, me pregunto qué les estamos enseñando a nuestros hijos si les damos a entender que expresar esas emociones nos parece inaceptable. Quizá, permitirnos ser tan humanos como les permitimos a nuestros hijos significa validar nuestras emociones y hacer lo que necesitemos para expresarlas y volver a calmarnos sin hacer nada de lo que nos arrepintamos luego. O, cuando cometemos errores llevados por la ira, comportarnos como adultos, recordar qué es lo verdaderamente importante y tomar la iniciativa de reparar la relación con nuestros hijos.

Por lo tanto, si el esfuerzo de hacer todo lo que puedes por tu familia te ha dejado sin fuerzas y, aun así, te corroe la sensación de que no haces lo suficiente, quiero que sepas que te entiendo, que estoy aquí. Veo todas esas capas de frustración que se han ido depositando como sedimentos. Veo todas las maneras en que te ocupas de todo sin que nadie se dé cuenta. Veo todas las veces en que haces un trabajo fantástico y no te lo reconoces. Todas esas cosas demuestran que, por mucho que te hayas equivocado hoy, lo más importante permanece intacto: quieres a tu hijo más de lo que puedes expresar con palabras. Y, por eso, permítete descansar unos instantes, recomponte, levántate y vuelve a conectar con esa personita tan importante para ti. Quizá no veas al instante todo lo bueno que conseguirás con eso, pero estoy segura de que será mucho más que el mal que crees haber hecho.

Herramientas para usar sobre la marcha

No hay nada en este mundo que suscite emociones más intensas que la crianza de los hijos; forma parte del proceso. Sin embargo, te puedo asegurar que, cuando hacemos algo que lamentamos y nos desviamos de cómo queremos criar a nuestros hijos, tiene que ver con emociones intensas que han llevado a que lo perdamos de vista unos instantes. Por lo tanto, atender a nuestro propio estado emocional durante unos momentos de modo que podamos reanudar la tarea de la crianza con el estado mental necesario para hacerlo bien será mucho más provechoso que rumiar el aparente daño psicológico que imaginamos que hemos causado.

Respirar un momento: los padres también tenemos emociones

La única manera de dar lo mejor de nosotros en cualquier situación es dedicar unos momentos a elegir conscientemente la actitud y la mentalidad que lo harán posible. La doctora Becky Kennedy es psicóloga clínica y afirma rotundamente que no hay que mostrarse impasible para criar bien a los hijos.[1] Lo que sí debemos hacer es atender a lo que las emociones que surgen en nosotros nos dicen acerca de nuestras necesidades insatisfechas, y, a continuación, nos hemos de comprometer a satisfacer aquellas que han impedido que seamos el padre o madre que queremos. Además, si cometemos errores, somos nosotros los que hemos de enmendarlos. No hay que engañarse pensando que los padres y madres perfectos no se frustran, enojan o equivocan nunca. De hecho, creo que es mucho más beneficioso para todo el mundo que nos mostremos vulnerables un momento, asumamos la responsabilidad de reparar la relación, como los adultos que somos, y aprendamos a hacerlo mejor la próxima vez. Entonces, para resumir:

1. Observa tu emoción con curiosidad, sin juzgarla ni juzgarte. Pregúntate: «¿Qué me dice esto acerca de lo que necesito?».
2. Tanto si es cansancio como falta de sueño, necesidad de contacto social o exceso de trabajo, comprométete a corregir en la medida de lo posible los factores que hayan contribuido a ello. Quizá sea un cambio pequeño, como acostarte antes, o quizá se trate de algo más grande. Hacer lo posible por satisfacer tus necesidades mejorará la vida de toda la familia.

3. Repara la relación con tu hijo. Expresa con claridad que, de ahora en adelante, quieres hacer las cosas de otra manera y que tomarás medidas para ello. Esto no significa que las normas y los límites deban desaparecer. Por ejemplo, quizá hayas impuesto un límite necesario, pero hayas perdido los estribos mientras lo hacías. En este caso, reparar la relación podría consistir, por ejemplo, en admitir que no querías gritar.

Regularnos dándonos lo mismo que ofrecemos a los demás

Si tiendes a caer en una espiral de culpa cada vez que cometes un error con tus hijos, el ejercicio siguiente te ayudará a acabar con ese proceso de autodestrucción, a reducir la intensidad de la emoción y a volver a lo que importa.

Prueba esto

Deja reposar la palma de la mano sobre el pecho y mantenla ahí durante unos instantes.

Espera a que la respiración se ralentice y recupere el ritmo natural.

Siente la calidez que irradia de la mano y se extiende por el pecho.

Deja que todo se ralentice.

Dite lo siguiente, ya sea en voz alta o mentalmente.

Esto es difícil.

Lo hago lo mejor que puedo con los recursos de que dispongo ahora.

Me duele mucho cuando me equivoco, porque es muy importante para mí.

El amor me permite seguir en la dirección en la que quiero ir después del tropiezo.

Siéntate, respira lenta y profundamente y repite las palabras que te hayan calado, o las tuyas propias, hasta que te sientas capaz de volver al reto que tienes por delante. Estos momentos para volver a centrarse pueden ser muy breves: una respiración profunda y unas palabras en situaciones difíciles que cambian el foco de atención y ayudan a aclarar cómo queremos actuar. También los puedes usar como parte de meditaciones más largas que ayudan a alcanzar la autocompasión.[2] Si deseas una meditación guiada más larga, puedes acceder a varias (gratuitas, en inglés) en mi canal de YouTube.

Es cuestión de equilibrio

Todos los padres y madres experimentamos a diario la tensión entre, por un lado, intentar equipar a nuestros hijos con lo que necesitan para afrontar la vida real, con todas sus exigencias, límites y estructura, y, por el otro, la necesidad de relacionarnos con ellos con paciencia y de un modo que les permita sentir que los queremos incondicionalmente y que forman parte de nosotros. La vida moderna es compleja y avanza a toda velocidad, por lo que, con frecuencia, entra en conflicto directo con la necesidad básica de los niños de ir a su ritmo y sentir que están unidos a sus padres. Sin embargo, quizá no sea tanto un choque de trenes como dos vías paralelas. Es imposible tener ambos pies solo en una. Muchas veces, los padres nos sentimos como pelotas de ping-pong que van de un lado a otro, cuando lo que querríamos es mantener un pie en la vía de la conexión y el otro en la de satisfacer las exigencias de la vida. Darse cuenta de que es imposible estar plenamente en ambas a la vez es muy liberador. Es como caminar sobre una barra de equilibrio. Es muy probable que haya un punto ideal en el medio, pero, cuando avanzamos a buen ritmo, la mejor manera de no caer es prestar atención si nos inclinamos demasiado hacia un lado y hacer un esfuerzo consciente para inclinarnos hacia el otro. Es un proceso constante de prestar atención y cambiar de dirección. Si nos centramos en recuperar el equilibrio, no tenemos tiempo para criticarnos por tener que recuperarlo. Forma parte del proceso, sin más. No es realista estar en un equilibrio perfecto durante mucho tiempo si, a la vez, nos desplazamos hacia delante. Los momentos de desconexión son inherentes a todas las relaciones. Centrarnos en reparar el daño minimiza su efecto.

Decidir cuándo pedir disculpas

Aunque, por lo general, nos cuesta mucho reconocerlo, los padres no siempre sentimos emociones positivas en relación con nuestros hijos. A veces, cuando persisten en conductas que nos resultan insoportables, puede haber momentos en que incluso nos caigan mal. La vergüenza que sentimos acto seguido nos impide ser capaces siquiera de reconocer los errores que hayamos cometido, y no digamos ya pedir disculpas por ellos. El instinto nos lleva a seguir como si no hubiera pasado nada y los muros defensivos que levantamos nos impiden reparar la relación y volver a congraciarnos con ellos. Entonces, sentimos que la brecha se hace más ancha y ganarnos su afecto otra vez parece aún más difícil.

Muchas personas se muestran reticentes a pedir disculpas a sus hijos por miedo a perder parte de su autoridad o dar la impresión de que la mala conducta es admisible. Sin embargo, evitar hablar abiertamente del comportamiento del niño y del propio y ser incapaces de pedir disculpas sanas sin sobrepasar límites importantes no hace más que fomentar el resentimiento que nos produce la crianza de nuestros hijos y prolongarlo. Fluctuamos entre la culpa y la ira, y entendemos el afecto y la estructura como fuerzas opuestas.

Somos la primera generación que se plantea la idea de lo importante que es pedir disculpas de forma sana, y muy pocos de nosotros, o ninguno, lo experimentamos durante nuestra propia infancia. A nuestros padres y abuelos les enseñaron que había que esconder bajo la alfombra todo lo que diera vergüenza. Ojos que no ven, corazón que no siente. Así pues, generación tras generación de niños no tuvieron nunca la oportunidad de ver a los adultos reparar los daños en la relación con ellos. Ahora, imagina por un momento que tus padres se acercaran a ti y reconocieran el dolor que te causaron al hacer algo, aunque fuese hace ya mucho tiempo.[3] ¿Cómo te sentirías? ¿Saldría reforzada su relación, incluso años después de lo sucedido? Las relaciones humanas ganan algo fundamental cada vez que se hace el esfuerzo de repararlas: una conexión basada en la confianza que, muchas veces, es más potente que el problema inicial.

Nadie nos lo ha enseñado. Somos la primera generación a la que se ha dicho que debemos hacer algo más que enseñar a los hijos a obedecer. Intentamos criarlos de esa manera sin la ventaja que hubiera supuesto que nos hubieran criado así a nosotros. Sin embargo, si reconoces que esto te ayudaría a reparar la relación con tus hijos y a volver a congraciarte con ellos, vale la pena intentarlo.

Cambiar de estado

Entonces, ¿qué significa exactamente esto de reparar las relaciones y cuándo es necesario hacerlo?

Reparar la relación y congraciarse de nuevo es muy difícil, por no decir casi imposible, cuando nos invade la ira, rabia, frustración, bochorno o vergüenza. Por eso es tan importante que, en esos momentos, cuidemos de nosotros. Diría que esta es la parte más importante del proceso, pues, cuando sentimos emociones intensas y mucho estrés, decimos y hacemos cosas que luego lamentamos haber dicho y hecho. Por lo tanto, no basta con respirar hondo y volver a la situación para intentarlo de nuevo.

Hay varias maneras de alterar el estado emocional en el momento. Mover el cuerpo es una de ellas, cambiar de escenario es otra, como salir a la calle un rato o disfrutar de la naturaleza. Asimismo, se puede cambiar de perspectiva mirando el cielo estrellado o hablando con alguien que nos quiera y apoye. Son cosas muy sencillas, pero marcan una diferencia enorme y nos ayudan a reflexionar acerca de la relación que queremos tener con nuestro hijo, a volver a centrarnos en ello y, al mismo tiempo, a guiarlo de un modo que nos permita sentirnos orgullosos de nosotros mismos. Así pues, no te saltes este paso; sin él, es poco probable que puedas dar los siguientes.

Cuanto antes rebajemos la ira que sentimos hacia ellos y hacia nosotros mismos, antes podremos congraciarnos.

¿Satisfacer mis necesidades? ¡Qué más quisiera yo!

Esto es algo acerca de lo que reflexionar una vez que hayamos reparado el problema y si nos damos cuenta de que, quizá, hemos reaccionado como lo hemos hecho porque hace mucho que alguna de nuestras necesidades está insatisfecha. Claro que, ¿cómo podemos saber qué necesitamos? ¿Y cómo podemos satisfacer nuestras necesidades si estamos centrados en ser el padre o la madre más abnegados posible? Hay que comenzar por lo más básico. Pregúntate si sientes hambre, cansancio, soledad, estrés… Si respondes afirmativamente a cualquiera de estas preguntas, no te encojas de hombros y digas que son gajes del oficio. Muchas personas soportan una presión inmensa y hacen malabares para criar a sus hijos mientras garantizan que sigan teniendo un techo bajo el que vivir. Sin embargo, si encuentras el modo de satisfacer tus propias necesidades, toda la familia saldrá ganando.

Una de las cosas por las que nos sentimos culpables con frecuencia es cuando nos desmoronamos o explotamos y nos embargan emociones intensas; por ejemplo, derramamos un poco de agua en la cocina y rompemos a llorar. Estos momentos no definen quiénes somos, son señales que nos gritan que tenemos que recargar las pilas.

La realidad de tener que cuidar de sí mismas es complicada para muchas personas que llevan toda una vida dejando a un lado sus necesidades para atender las de los demás. Cuidarse no es difícil, pero la sensación de culpa que suele aparecer es incómoda en el mejor de los casos e insoportable en el peor. Nuestra voz interior nos repite una y otra vez que estamos perdiendo el tiempo y haciendo gala de un egoísmo imperdonable. Lo que sucede es que subestimamos el efecto dominó de hacer cosas que nos permiten dar lo mejor de nosotros a las personas que más queremos.

Si te fustigas diciéndote que tus errores pueden causar un daño irreparable, también has de reconocer que todo lo que hagas para minimizar la probabilidad de equivocarte traerá consigo beneficios duraderos para toda la familia. Debilitarte para hacer fuertes a otros no es lo óptimo cuando hay maneras de conseguir que toda la familia salga reforzada.

¿Qué vas a hacer a partir de hoy para empezar a satisfacer una de esas necesidades? Porque, sí, eres padre o madre, pero tus necesidades humanas básicas son tan esenciales como siempre y no puedes ser el padre o madre que quieres ser si no las satisfaces.

Resumen del capítulo

- La ira y la frustración no convierten a nadie en un mal padre o madre. Son señales que nos indican que hemos de prestar atención a nuestras necesidades.
- Espera el tiempo que puedas para dar a la emoción la oportunidad y el espacio de que pase de forma natural. Si eso no es posible, al menos muéstrate compasión y vuelve a centrar la atención en cómo quieres abordar lo que sucede.
- Si has tenido tiempo para calmar el cuerpo y rebajar las emociones, estarás en mucha mejor disposición de abordar la situación de la manera que quieres.
- Reparar el problema en la relación permite a ambas partes volver a acercarse y seguir adelante.
- A veces, cumplir con las obligaciones de la vida y cuidar la relación con nuestros hijos parecen fuerzas opuestas. Sin embargo, podemos fluctuar entre lo uno y lo otro siempre que no pasemos demasiado tiempo en ningún lado.

«Es inevitable que haya momentos de desconexión. Sin embargo, las relaciones humanas ganan algo fundamental cuando se hace el esfuerzo de repararlas».

Abrir en caso de...
Dra. Julie Smith

CAPÍTULO 9

Tu amor no es correspondido

> El amor no es amor
> si cambia cuando encuentra un cambio.
>
> WILLIAM SHAKESPEARE, «Soneto 116»

Una carta de mí para ti

Cuando la persona a la que queremos no nos quiere o intenta hacernos daño deliberadamente, se desgarra hasta la última fibra de nuestro ser. Todas las visiones de un futuro juntos, todos los cambios que hemos hecho para vivir con ella, hasta el último ápice de confianza en nosotros mismos... Llegados a este punto, perdemos de vista algunas certezas que nos podrían haber ayudado a avanzar en la oscuridad. Con esta carta, te quiero recordar algunas de ellas.

La única manera de superar el dolor de tener el corazón roto es encontrar el modo de salir adelante y, así, vernos haciendo justamente eso. No podemos permanecer de brazos cruzados y convencernos de que todo irá bien. Nos corresponde a nosotros hacer que todo vaya bien. La seguridad de que tenemos un futuro más allá de hoy nace de ver cómo nos lo demostramos a nosotros mismos.

No hay nada que haga aflorar más esa creencia básica tan dolorosa de que no somos suficiente como ver que la persona a la que queremos no nos quiere. Nos dejamos llevar por la idea de que, si fuéramos mejores, nos querría. Esto no se queda en la útil reflexión acerca de cómo hacerlo mejor en nuestras relaciones futuras, sino que tiene que ver con el profundo desprecio que nos mostramos, con esa voz de la vergüenza que nos dice que estamos condenados al rechazo por ser quienes somos. Y, atrapados en esta rumiación, no nos damos cuenta de que nuestra valía en cuanto personas nunca ha estado en juego, pues nuestro valor inherente como seres humanos no depende en absoluto de la conducta de los demás. Por lo tanto, su afecto o desafecto no puede ser la vara con la que nos midamos y nunca lo ha sido. Así, convirtamos el modo como respondemos y nuestro esfuerzo por pasar página en la vara con que nos medimos.

Si te das cuenta de que te empiezas a preguntar si merecías a la otra persona, no te quedes ahí. No pierdas tiempo intentando responder a esa pregunta, porque no es la que has de hacerte. Por el contrario, date cuenta de que esas dudas indican que esa persona no era para ti. Es imposible sentir seguridad en una relación que creemos que no merecemos.

Otra de las trampas que nos mantiene en la oscuridad del dolor es la que nos lleva a idealizar o demonizar a la persona que no nos quiere. Cuando la idealizamos, solo recordamos los aspectos más deseables de su personalidad y las ocasiones más agradables que hemos pasado junto a ella. Nos dejamos llevar por lo bueno y obviamos los recuerdos de sus errores y de todas las maneras en que nos ha decepcionado o hecho daño. Por el contrario, hay veces en que la demonizamos y nos condenamos a vivir con ira y resentimiento por todo el mal que nos ha causado. Cuando no estamos sumidos en el dolor de la ruptura, nos es mucho más fácil entender la complejidad inherente a todas las personas sin necesidad de etiquetarlas como buenas o malas. Si hacemos esto, nos obcecamos idealizando a una pareja que nunca hubiera sido perfecta para nosotros, dado que nos ha rechazado, o demonizándola, lo que nos encasilla en el rol de víctima con una vida caracterizada por el resentimiento. Tanto lo uno como lo otro nos impide esforzarnos en crear un futuro nuevo para nosotros.

Sanar las heridas y salir adelante no es lo mismo que olvidar. Alejar el foco de atención de esa persona no significa que tengamos que dejar de pensar en ella. Es normal que nos venga a la mente continuamente cuando lo estamos pasando mal. Si bien esta seguirá formando parte de nuestro pasado, salir adelante significa llenar el vacío que ha dejado en nuestra vida con otras relaciones, experiencias y actividades que la enriquezcan de un modo significativo.

Herramientas para usar sobre la marcha

Llenar el vacío

No es exagerado decir que hacemos el duelo de una relación cuando esta termina. El duelo es la respuesta natural ante la pérdida, incluso si la persona sigue viva. No podemos dormir, no tenemos apetito y nos cuesta funcionar con normalidad, y no es raro que aparezca sintomatología depresiva. Si la persona era una parte importante de nuestra vida, tampoco es sorprendente que se abran grietas en nuestro sentido de identidad y pertenencia. Por lo tanto, durante un tiempo nos sentimos perdidos y confusos respecto al lugar que ocupamos en el mundo y a lo que nos depara el futuro. Es muy posible que muchas de las ideas acerca del futuro incluyeran a esa persona y se hubieran visto influidas por sus sueños y ambiciones.

Ahora, todas esas visiones y responsabilidades compartidas son solo nuestras, y eso nos libera y nos aterra a partes iguales. Sin embargo, no lo podemos resolver todo de la noche a la mañana. Al igual que sucede con las tareas importantes, la única manera de hacerlo es, por un lado, tener la paciencia de avanzar paso a paso y, por el otro, no limitarnos a esperar que nos recuperemos y curemos con el tiempo, sino usar todo lo que tengamos a nuestro alcance para conseguirlo. El psicólogo Guy Winch[1] nos insta a identificar cada uno de esos vacíos y, a continuación, llenarlos. Ya se trate de círculos sociales perdidos, de actividades que antes disfrutábamos con nuestra pareja o de planes para el futuro, los tenemos que retomar uno a uno con el objetivo de volver a sentar unos cimientos sólidos para la vida que deseamos y el lugar que queremos ocupar en ella.

Esto facilita que nos demos cuenta de que la persona a la que hemos perdido no era más que una pieza del rompecabezas, no el rompecabezas entero.[2] Si bien es posible que sintamos el impulso de aislarnos de otras partes de nuestra vida, es imprescindible que nos aferremos a ellas y sigamos fomentando todo lo que hace que la vida tenga sentido y valga la pena. En cuanto amigos, hermanos, padres, compañeros de trabajo, maestros o alumnos, siempre tenemos responsabilidades y personas que dependen de lo que les aportamos. Es ahí donde debemos centrar la atención ahora. Si la relación ha terminado, hemos de invertir toda nuestra energía en las cosas que nos ayudan a salir adelante.

Limitar la rumiación

Si nos damos cuenta de que nos preguntamos por qué una y otra vez, hemos de dejar de hacerlo y tomar conciencia de que tiene una explicación. Hemos de entender que es una parte normal del proceso de duelo, pero que nos puede impedir avanzar si le prestamos demasiada atención. Además, en la mayoría de las ocasiones, es una pregunta sin respuesta. En todo caso, de lo que sí podemos estar seguros es de que no hay ninguna respuesta que facilite el proceso o lo haga menos doloroso. Lo que nos corresponde hacer ahora es asumir la nueva realidad en que nos encontramos y buscar la manera de avanzar y superarla.

Cultivar la relación que continúa

La relación que continúa es, por supuesto, aquella que mantenemos con nosotros mismos. Es difícil no caer en el juego de la culpa y torturarnos fantaseando acerca de lo que podríamos o deberíamos haber hecho o no hecho y de la malísima persona que somos. Regodearnos en la culpa no nos sirve de nada. Incluso si el objetivo es tomar conciencia de los errores que hemos cometido para no volver a cometerlos y hacer las cosas mejor en relaciones futuras, la lección que saquemos solo servirá si nos enfrentamos al campo de minas que es la culpa protegidos por el escudo de la compasión.

Y hemos de aplicar esa misma compasión a otras facetas vitales, porque la necesitaremos durante un tiempo, sobre todo si ha habido cambios drásticos, como mudarnos de casa, tener que gestionar la coparentalidad o recuperarnos de una traición.

Ver más allá de los sesgos

Si nos damos cuenta de que idealizamos o demonizamos al otro, es importante que tratemos de dejar de hacerlo. Ambas cosas son tentadoras, pero también sesgadas y nada útiles. Observa esos pensamientos con ligereza y compasión, dándote cuenta de que necesitas consuelo, pero toma la decisión consciente de enfocar la atención en la realidad de que las personas somos complejas y rara vez somos plenamente buenas o malas. Si en algún momento te das cuenta de que miras al pasado con lentes de color rosa, quizá te sea útil confeccionar una lista con todos los motivos por los que esa persona no era para ti o que complicaban mantener una relación sana con ella. Recuérdate que echar de menos a alguien no significa que fuera la persona adecuada para ti. Por el contrario, si la demonizas y, luego, te sumes en la ira y el resentimiento, puedes confeccionar una lista con sus mejores cualidades y reconocer que también tenía cosas buenas.

Resumen del capítulo

- Es normal tener que hacer el duelo de una relación que llega a su fin, así que date espacio para ello. Es posible que duermas mal, pierdas el apetito y te cueste funcionar en general.
- Comprométete con las otras facetas vitales importantes para ti y centra la energía en las cosas que te ayudarán a recuperar tu vida y salir adelante.
- Torturarte y culparte por todas las maneras en que no fuiste suficiente no te ayuda en nada. Si quieres reconocer los errores para romper la dinámica en tus relaciones futuras, recuerda que, para sacar una lección de ello, has de mostrarte compasión.
- Caricaturizar la relación entre ambos y asignar papeles de víctima, ángel o demonio es la prueba de que estás recordando de modo sesgado y erróneo los acontecimientos, lo que entorpecerá tus intentos de avanzar porque, o bien te hundirá en la ira y el resentimiento, o bien te hará caer en la tentación de regresar a una relación que no te convenía entonces y no te conviene ahora.

«Echar de menos a alguien
no significa que fuera la persona
adecuada para ti».

Abrir en caso de...

Dra. Julie Smith

CAPÍTULO 10

Te quieren, pero no dejas que se te acerquen

Cualquier virtud se puede practicar de vez en cuando, pero la constancia exige valentía.

MAYA ANGELOU

Una carta de mí para ti

Es muy doloroso sentirse aislado de las personas de nuestra vida, sobre todo cuando nos damos cuenta de que somos nosotros quienes las alejamos. Es la sensación de no formar parte de las cosas, de que, de algún modo, siempre estamos al margen del grupo. Nos mantenemos lo bastante cerca para sentir cierta conexión, pero a la distancia suficiente para sentirnos seguros. Anhelamos el vínculo, igual que cualquier otro ser humano, pero nunca nos permitimos estar plenamente en el centro de las cosas. Sin embargo, y aunque la decisión de guardar las distancias es nuestra, no necesariamente es una decisión consciente.

De hecho, para algunos de nosotros, satisfacer la más básica de las necesidades humanas, la de conexión, resulta casi intolerable, por lo que no pasar de interacciones breves y superficiales ofrece un alivio tremendo. Es decir, lo que parece ser amor a la soledad es, en realidad, una estrategia encubierta de evitación del estrés. Y, cuando llevamos toda una vida manteniendo la distancia, saber cómo acercarnos a otros resulta complicado. Quizá no contemos con el mapa relacional mental que, por lo general, se traza durante la infancia, de modo que las interacciones vienen siempre acompañadas de emociones incómodas que quizá ni siquiera reconozcamos. La incertidumbre y la inseguridad constante acerca de si lo hacemos bien o de si ese es nuestro sitio pueden hacer que las relaciones resulten más agotadoras que reconfortantes. Parece más fácil guardar las distancias y evitar así el riesgo de sufrir un rechazo. Al fin y al cabo, si no nos conocen, no nos pueden hacer daño.

Sin embargo, y a pesar de todos los riesgos que asumimos cuando invertimos en nuestras relaciones, resulta que la vida es mucho más difícil sin ellas. Si no nos abrimos y acogemos plenamente a las personas que queremos con todos los poros de nuestra piel, el espacio se llena con yo, yo, yo. Así, nos preocupamos cada vez más por nosotros mismos, nos evaluamos sin cesar intentando ser perfectos antes de permitir que nadie se acerque demasiado a nosotros. Es un plan muy tentador, pues parece una manera segura de abordar las relaciones, pero, en realidad, nos aleja cada vez más de aquellas profundas que dan sentido a la vida.

Que tengamos el impulso de guardar las distancias con los demás no significa que nos pase nada malo. Con toda seguridad, hubo un momento en la vida en que hacer precisamente eso tuvo sentido,[1] pero ya ha quedado desfasado. Ahora no necesitamos la seguridad del aislamiento, necesitamos personas. Necesitamos amar y ser amados, conocer y ser conocidos. Cuando empieces a mostrarte ante los demás de ciertas maneras que en el pasado hubieras evitado, empezarás a cobrar impulso en lo que se convertirá en la aventura de tu vida y forjarás relaciones a las que no renunciarías por nada.

Herramientas para usar sobre la marcha

Si has leído hasta aquí, es probable que ya te hayas dado cuenta de que el instinto de aislarte no te beneficia en absoluto. Quizá te hayas empezado a preguntar si la vida es algo más que esforzarse por soportar la soledad y el vacío derivados de mantener las distancias con todo el mundo. Pero ¿por dónde comenzar a cambiar lo que quizá sea tu modo de actuar desde tus primeras relaciones?

No cedas las riendas a las creencias limitantes

Las vivencias tempranas afectan a las relaciones adultas porque influyen en lo que aprendemos acerca de la confianza. Si nuestra experiencia vital nos crea la expectativa de que nos criticarán, ridiculizarán, despreciarán, ignorarán, herirán o rechazarán, ¿cómo desearemos derribar las murallas que tan bien nos protegen de todo eso? La mera idea de iniciar cualquier tipo de amistad o relación nos parece un despropósito y, cuando alguien muestra el menor interés en conocernos, siempre hay una vocecita que nos dice que seguro que tiene un motivo oculto para ello. Incluso aunque no le hagamos caso, esta sigue diciéndonos que, cuando esa persona nos conozca de verdad, dejará de sentir lo que siente. ¿Por qué?, porque en el fondo creemos que hay algo que falla en nosotros, que somos distintos.

Sin embargo, no pensamos demasiado en ello porque hacerlo nos resulta excesivamente doloroso. Así pues, en lugar de reflexionar al respecto, nos convencemos de que somos muy independientes y preferimos la soledad. Y, aunque quizá sea cierto, también puede interpretarse como «Acercarme demasiado a los demás me resulta muy incómodo y la soledad es más fácil».

La sensación de no ser suficiente es habitual entre las personas que han sufrido abandono emocional durante la infancia. Por lo tanto, tiene menos que ver con lo que sucedió y más con lo que no sucedió: es posible que la necesidad básica de un apego seguro, de confianza y sensible no se viera satisfecha. Cuando esto ocurre, los niños suelen crecer preguntándose «¿Qué tengo de malo?», y la idea de que el problema son ellos persiste hasta la edad adulta.

No hay una cura mágica para esa sensación. Sin embargo, tomar conciencia de cómo se manifiesta de adultos y reconocer que es consecuencia de un entorno menos que ideal, y no un reflejo de la realidad de este momento, nos lleva a tomar el volante y evitar que el miedo a que los demás nos conozcan de verdad nos lleve al aislamiento y la soledad.

Entender los estilos de apego

Los estilos de apego adultos describen cómo manejamos la intimidad y la cercanía en las relaciones y reflejan los patrones principales de nuestra infancia. El estilo de apego que desarrollamos es el resultado de la combinación de varios factores, como las circunstancias de nuestra madre (por ejemplo, si estaba sometida a un estrés elevado, si sufría de depresión o si contaba con apoyo social), la calidad de la relación entre nuestros padres, nuestro temperamento como recién nacidos y cuánto tiempo tuvimos que pasar separados de nuestros padres. Por otro lado, la investigación ha demostrado que los estilos de apego no están escritos en piedra. Las relaciones románticas que mantenemos en la edad adulta siguen influyendo en el estilo de apego, para bien o para mal. Por lo tanto, alguien con un apego seguro se puede mostrar ansioso o evitativo en sus relaciones después de una experiencia negativa. La buena noticia es que las cosas también pueden ir en la dirección contraria. Si nos damos cuenta de que nuestro estilo de apego es evitativo, el potente efecto de estar en una relación con alguien cuyo estilo de apego es más seguro puede influir, con tiempo y esfuerzo, positivamente en nosotros.[2]

Todo de lo que hemos hablado hasta ahora (evitar la intimidad y la proximidad con otros, mantener la distancia emocional y el querer estar cerca de los demás y, al mismo tiempo, sentirnos incómodos cuando lo hacemos) refleja un estilo de apego evitativo.

El estilo de apego evitativo no es una enfermedad mental, sino un conjunto de instintos y patrones de conducta que aprendimos y que hemos usado para gestionar nuestras relaciones hasta ahora. Sean cuales sean las circunstancias que han contribuido a desarrollar este estilo de apego, no son motivo para autoflagelarse. Estos patrones nos resultaron útiles en un momento dado, pero ahora nos complican la vida.

Aunque hay muchísimo margen para hacer cambios que transformen la vida por completo, no hay un interruptor que sustituya inmediatamente un apego evitativo por uno seguro. Los aprendizajes consolidados con toda una vida de práctica no desaparecen de la noche a la mañana. Hacer las cosas como siempre las hemos hecho nunca deja de ser una opción; de hecho, en ocasiones es muy atractiva. Sin embargo, abrir caminos nuevos exige que recordemos en todo momento adónde nos lleva el camino antiguo y por qué este otro, aun salvaje y lleno de situaciones que nos aterran, nos conduce a relaciones mucho más satisfactorias.

El primer paso para desarrollar un estilo de apego más seguro en las relaciones es tomar conciencia del que tenemos en la actualidad y visualizar qué haríamos de otra manera y cómo si estuviéramos más seguros en nuestras relaciones. Tener una idea clara de qué querríamos y por qué resultará muy útil. Después, ya podemos trabajar en el cómo.

Necesitamos un plan de acción que nos permita aprender a identificar tanto el malestar emocional y el instinto evitativo al que da lugar como las maneras en que queremos responder para acercarnos a los demás en lugar de alejarnos de ellos. Una vez que sepamos calmar la respuesta emocional que surge como reacción a la intimidad, también se calmará el potente impulso de aislarnos. Por lo tanto, la clave de este proceso reside en experimentar con formas menos destructivas sentirnos tranquilos y seguros.

Gran parte del trabajo consiste en aprender a identificar los intentos de conexión de nuestra pareja, decidir cómo queremos responder ante estos intentos y cómo lo pondremos en práctica, de modo que no dejemos espacio a los impulsos antiguos. Sí, sé que es muy fácil de decir y muy difícil de hacer. Por eso, si puedes, conviene que acudas a un profesional para que te acompañe en el camino. Si no, escribir un diario y poner por escrito los pensamientos y emociones es una manera extraordinariamente útil de aprender de cada experiencia, de planificar cómo responder en lugar de reaccionar y de seguir por el buen camino en lugar de rendirnos.[3] Si quieres una guía sobre cómo aprovechar la escritura para que te ayude en este cambio, el libro *Opening Up by Writing It Down*,[4] de James Pennebaker y Joshua Smyth, es un punto de partida fantástico. Decidas lo que decidas, recuerda que todos estamos en constante evolución.

La confianza comienza por ti

Aunque parecería lógico empezar por prestar atención a cómo nos relacionamos con los demás, aprender a confiar comienza por la relación que mantenemos con nosotros mismos. Si queremos tener la valentía necesaria para confiar en otros, antes hemos de confiar en nosotros mismos.[5] Esto exige que nos comprometamos firmemente a buscar lo mejor para nosotros, hacer lo que sea necesario para levantarnos cuando caigamos, cuidarnos y no cuestionar jamás que merecemos amor y sentido de pertenencia, incluso ante la posibilidad de rechazo, humillación o abandono. Estos son los monstruos que se esconden bajo la cama de todas las relaciones íntimas. ¿Y si no le gusto? ¿Y si no me quiere? ¿Y si me muestro como soy y no le gusta lo que ve? ¿Y si, al exponerme, me siento vulnerable por todas mis carencias? ¿Y si se hace realidad mi mayor miedo de no ser suficiente? La única manera de responder a todas estas preguntas es saber, sin lugar a duda, que seremos una fuente constante de amor y lealtad para con nosotros mismos. Cuando sabemos que podemos sobrevivir a todos los «y si» anteriores, somos libres de arriesgarlo todo en pro de vínculos significativos y relaciones profundas e íntimas. Esto no significa en absoluto que mantener conversaciones incómodas y forjar relaciones muy íntimas sea fácil. Sin embargo, sí reduce el riesgo de que esto acabe por completo con nuestra autoestima y permite que se quede en una experiencia de aprendizaje dolorosa de la que nos podemos recuperar.

Detectar las trampas[6]

Quienes tienen un estilo de apego evitativo no son necesariamente lobos solitarios. La necesidad de apego no desaparece, por lo que, si este es nuestro estilo de apego, es probable que nos enfrentemos a una potente necesidad de conexión e intentemos reprimir el impulso de acercarnos a la persona que queremos para evitar el malestar que esto nos produce. Sin embargo, las estrategias que adoptamos para mantener a distancia a nuestros seres queridos no siempre son evidentes. Estas son algunas a las que debemos prestar especial atención:

- Decirnos que somos independientes y que eso de comprometernos no va con nosotros.
- Iniciar relaciones con personas que no están disponibles y que, por ejemplo, ya mantienen otra relación.
- Aislarnos cuando las cosas empiezan a ir bien y la otra persona se quiere acercar y comprometerse más con nosotros.
- Exagerar todas las nimiedades que nos molestan o enfadan de nuestra pareja en lugar de ver la imagen general, que incluye muchas cosas positivas.

- Tender a pasar por alto las señales que indican cambios emocionales en nuestra pareja o no entenderlas como un motivo para acercarse a ella.
- A veces, cuando nos distanciamos de nuestra pareja y nos sentimos solos, empezamos a fantasear con exparejas, a pesar de que sabemos que esas relaciones no eran las adecuadas para nosotros.

Presta atención a este tipo de patrones conductuales y fíjate en cómo revelan que estás evitando la intimidad y la conexión. Identificar esos patrones es un gran paso para desarrollar la capacidad de frenar esos impulsos y decidir hacer otra cosa. Por ejemplo, si te das cuenta de que te irritas demasiado por pequeñas cosas que hace tu pareja, puedes esforzarte por mostrar gratitud y orientar tu atención hacia todo lo que valoras de ella.

Imitar a la pareja segura

Limitarnos a intentar dejar de hacer lo que nos sale de forma natural no es la mejor de las estrategias. Tener una imagen clara de qué sí queremos hacer aumenta significativamente las probabilidades de que demos en la diana. Es posible que hayas mantenido relaciones con personas seguras en el pasado o que las tengas en el presente. Son buenos modelos a los que recurrir cuando intentes decidir cómo actuar en situaciones determinadas. A continuación, verás cómo se manifiestan en el día a día algunas de las características del apego seguro.

- Tener la intención de responder a las necesidades de nuestra pareja y esperar lo mismo de ella. Esto significa preguntarle de vez en cuándo cómo está, ofrecerle consuelo cuando parezca que lo necesita y comunicar lo que sentimos y necesitamos con tanta claridad como nos sea posible.

- Tratar a la pareja con un cuidado especial que la distinga de las demás personas y forme una burbuja protectora en torno a la relación. Por ejemplo, pueden ser pequeños actos que hagan saber a nuestra pareja lo especial que es y lo sagrada que es para nosotros la relación.
- En momentos de conflicto, hablar, resolver el desacuerdo y volver a acercarse en lugar de evitarlo y dejar cosas sin decir. Esto significa estar dispuestos a negociar y ser conscientes de que quedar por encima en las discusiones no lleva a una relación sana.
- Resistir el impulso de ponernos a la defensiva o castigar a la pareja durante una discusión. La clave está en comunicar lo que sentimos de forma clara y sin atacar, además de estar dispuestos a asumir las críticas de la pareja y hacer los ajustes necesarios para beneficiar a la relación en su conjunto.
- Negarse a participar en juegos de poder durante los conflictos. Resistir la tentación de adoptar el papel de víctima, verdugo o salvador, cuya única intención es ganar y no ayuda en nada a la relación.

El factor común de todas las diferencias entre el estilo de apego seguro y el evitativo es la tendencia del primero a aproximarse en lugar de a alejarse. Es un cambio que no resulta fácil para las personas con un estilo de apego evitativo, así que, si es tu caso, sé consciente de la enormidad de la empresa y avanza pasito a pasito. Si le explicas a tu pareja en qué estás trabajando y la ayudas a entender por qué te alejas de forma natural en determinadas ocasiones, le será más fácil acompañarte y animarte en el proceso, además de mostrarse comprensiva si, en algún momento, recaes en antiguos hábitos.

Resumen del capítulo

- Tener el instinto de mantener las distancias con la gente no significa que nos pase nada malo. Es posible que hubiera un momento en la vida en el que hacer eso nos ayudara. Cuando nos damos cuenta de que, ahora, esos patrones conductuales nos perjudican más de lo que nos ayudan, abrimos la puerta a hacer las cosas de otra forma.
- Podemos empezar por fijarnos en las sutiles maneras en las que evitamos la proximidad y la intimidad. Identificar esas conductas nos da la oportunidad de cambiarlas. Podemos empezar a estar ahí para los demás de modos que hubiéramos evitado en el pasado.
- Si la tendencia a mantener las distancias con los demás está empezando a pasar factura a relaciones importantes, hemos de resistir la tentación de justificar la distancia emocional diciéndonos que somos muy independientes y que no somos dados al compromiso. Esforzarnos en forjar relaciones que reflejen un apego seguro dará lugar a que estas sean más felices y satisfactorias.
- Si el objetivo es sentirnos más cómodos con la intimidad, es buena idea hablar con nuestra pareja y explicárselo para que nos entienda en los momentos en que nos alejemos y nos apoye de maneras que nos resulten útiles.

«A pesar de todos los riesgos
que asumimos cuando invertimos
en nuestras relaciones, resulta
que la vida es mucho más difícil
sin ellas».

Abrir en caso de…

Dra. Julie Smith

CAPÍTULO 11

Quieres ganar la discusión

Juzga tus acciones por el efecto a largo plazo que ejercen sobre los demás.[1]

ROBERT GREENE

Una carta de mí para ti

Sea lo que sea que la otra persona haya hecho o no hecho, cuando discutimos, nuestro objetivo acostumbra a ser recuperar el poder, el control, el reconocimiento o el respeto que creemos perdido, y todos guardamos un par de ases en la manga que nos hacen sentir que lo estamos consiguiendo. Sin embargo, me atrevo a suponer que la mayoría de los conflictos con que te encuentras en tu día a día tienen que ver con las personas que más te importan en el mundo, aquellas que has decidido tener en tu vida, que quieres que sigan ahí, que juegan en tu equipo. Piénsalo muy bien antes de machacar a tu propio equipo.

Cuando peleas con alguien a quien quieres y ganas, la única persona que cree que has quedado bien eres tú. Las personas a las que has vencido no te miran con admiración al darse cuenta de que tenías razón, sino que recuerdan cómo las has hecho sentir: machacadas, no escuchadas y no queridas. Ver lo cruel que has llegado a ser solo para ganar una discusión minará durante mucho tiempo la confianza que tienen en ti.

Por lo tanto, si tu objetivo es ganar todas las discusiones que mantengas con las personas en tu vida, detente a reflexionar el tiempo suficiente acerca de tu futuro con ellas y de las posibles consecuencias para la relación de que tú salgas con la sensación de que has ganado y ellas con la de que han perdido. ¿Qué tipo de relación quieres con estas personas?, ¿una en la que eres implacable y cruel con tal de salirte con la tuya? Son preguntas importantísimas. Ganar todas las discusiones no es tan satisfactorio y heroico como parece. Puede conducir a una existencia muy solitaria en la que todo lo que importa de verdad se desmorone por tu empeño en tener razón en cosas que, al final, resulta que no importan tanto.

Ser capaz de ver la imagen general no significa que debas evitar las conversaciones difíciles solo para complacer a los demás y mantener la paz, pues eso también perjudica a la relación. Hay que dirimir las diferencias. Sin embargo, si lo hacemos con el ánimo de resolver el conflicto en lugar de salirnos con la nuestra, todo cambia. No es necesario derrotar a nadie. Es posible que el resultado no sea el ideal y que la discrepancia surja varias veces antes de que lleguen a una solución satisfactoria para ambas partes; no obstante, si recuerdas en todo momento que tu objetivo es que esa persona te siga queriendo y respetando en el futuro, te será más fácil resistir la tentación de atacarla verbalmente de tal modo que quemes los puentes que los unen y la relación quede dañada para siempre.

Herramientas para usar sobre la marcha

Por atractiva que resulte la idea de dar rienda suelta a la ira en el fragor de la discusión, detenerte unos instantes para considerar algunas cuestiones importantes es una manera rápida y sencilla de que la ira no te nuble y prevenir errores que pueden salirte muy caros en el futuro.

Lo primero acerca de lo que has de reflexionar es con quién estás discutiendo y por qué. ¿Cuál es tu futuro con esta persona? ¿Cuáles son las consecuencias de ganar o perder?

¿Qué quieres para esta relación a largo plazo?, ¿que termine?, ¿que mejore?, ¿criar a sus hijos sin convertir en un infierno la vida del otro? ¿Cómo encaja en esa imagen más global la discusión que están manteniendo ahora? ¿Qué intentas transmitir a esa persona y qué crees que te quiere transmitir ella a ti?

Escucha tú primero

Con frecuencia, si los ánimos se caldean, empezamos a preparar nuestra respuesta cuando la otra persona aún no ha llegado ni a la mitad de la frase. Todos queremos que nos escuchen, y nadie quiere escuchar.

Llegados a este punto, quien sea capaz de superar la intensidad emocional y atender al punto de vista del otro tendrá más probabilidades de avanzar. Aunque parezca que interrumpir nuestra cruzada personal para escuchar al otro equivale a rendirse, no tiene por qué ser así.

Cuando gritamos, criticamos, acusamos o juzgamos al otro, este se cierra y se centra exclusivamente en protegerse.

Las personas nos mostramos mucho más abiertas a negociar cuando nos sentimos escuchadas y atendidas. Por lo tanto, ser capaces de prestar atención con calma y demostrar al otro que lo hemos hecho influye en gran medida a la hora de encauzar una discusión. No se trata de darle la razón, sino de comunicar: «Te escucho y tengo en cuenta que tu opinión es distinta a la mía».

Hacer ver que no somos una amenaza, por ejemplo, cambiando deliberadamente el tono y volumen de voz, es una manera muy potente de destensar la situación y crear un espacio más tranquilo en el que nos podamos empezar a escuchar de nuevo; cualquier cosa que refleje el hecho de que nuestra relación y vida juntos va mucho más allá de este momento concreto. Todo esto hace efecto casi de inmediato y consigue que el otro baje ligeramente la guardia y respire.

Evitar clavarse cuchillos

Ten muy presente que todos los participantes en cualquier discusión creen que tienen la razón y conocen la verdad absoluta. Sin embargo, en realidad, lo único que hay son versiones distintas de lo que podría ser cierto, en función de la perspectiva de cada uno. Por lo tanto, la base desde la que afrontar el conflicto con un ser querido consiste en aceptar la personalidad de este.[2] Pienses lo que pienses acerca de su conducta o de lo que sea que creas que está haciendo mal, si quieres que la relación salga adelante, lo último que has de hacer es despreciarlo y atacarlo como persona, pues el desprecio lo cambia todo.

Es fácil darse cuenta del momento en el que nuestro interlocutor pierde el control, porque pasa de la argumentación lógica al insulto y al ataque personal. Esto sucede cuando se ha quedado sin argumentos y ya no le queda más que clavarte cuchillos. No dejes que eso te lleve a hacer lo mismo. No tienes por qué estar de acuerdo con la imagen que está dando de ti en ese momento, y evitarlo te resultará más fácil si detectas el patrón y reconoces que no es algo personal. Se ve contra las cuerdas y lo más probable es que actúe así por miedo o dolor. Tanto si piensas que has tenido algo que ver con ello como si no, ambas partes saldrán ganando si eres capaz de reparar en ello y sentir cierta compasión. De este modo, reduces la probabilidad de perder también el control y unirte a los ataques verbales, así como la de que la otra persona siga elevando el tono.

La fuerza de la flexibilidad

Las mejores discusiones son aquellas en las que podemos negociar sin renunciar a demasiado. Siempre hay maneras de ser flexibles sin cambiar quienes somos ni saltarnos los límites que mantienen intactas nuestra integridad y voluntad. La dificultad radica en que nadie planea discutir con la pareja o con un ser querido, y, como los desacuerdos aparecen cuando uno menos se lo espera, no tenemos la oportunidad de sentarnos a reflexionar acerca de los puntos en los que estamos dispuestos a ser flexibles y de las cuestiones en las que es importante que nos mantengamos firmes. Por lo tanto, habrá ocasiones en las que nos equivocaremos. La clave es que estemos dispuestos a reflexionar acerca de situaciones que no han ido como hubiéramos querido para determinar qué queremos hacer diferente la próxima vez. Si te das cuenta de que siempre es la otra persona la que se disculpa y cede, te conviene pensar en cómo ser más flexible. Si, por el contrario, adviertes que es el otro quien infringe tus límites personales y tiende a avasallarte con sus ideas, es aconsejable que definas una lista clara de los límites que has de mantener. Pensar acerca de las veces en que dices que sí cuando en realidad quieres decir que no o en las ocasiones en las que eres demasiado firme es mucho más fácil una vez pasada la tormenta de la discusión. Tener claras este tipo de cosas te ayudará a detectarlas nada más hagan su aparición en el futuro, por lo que la probabilidad de que decidas ir en otra dirección será mucho mayor.

Pisar el freno

Si llega el momento en el que nos tenemos que hacer valer y reivindicar nuestros límites o necesidades, hemos de superar dos obstáculos que nos pueden restar efectividad. Lo primero que hemos de hacer es no empatizar tanto con el otro que nos acabemos olvidando de nosotros mismos, y lo segundo es no dejarnos intimidar por la intensidad de la emoción del otro. La ira y los gritos pueden disparar todas las alarmas en nuestro cerebro y confundirnos respecto a argumentos que hemos de sostener. Cuando esto sucede, va muy bien pisar el freno para no acabar actuando por impulso en lugar de hacerlo de una manera estratégica y reflexiva.

La capacidad de mantener la compostura es un superpoder cuando el objetivo es que nos escuchen. En el mejor de los casos, la ira desviará la atención de nuestros argumentos y nos restará credibilidad. En el peor, hará daño a la otra persona, que se pondrá a la defensiva y, por lo tanto, perderemos toda oportunidad de que nos haga caso. Comunicar con claridad significa defender lo que sabemos que es cierto con calma, compostura y seguridad, incluso aunque tengamos los nervios crispados.

Se podría decir que la ira es una emoción de último recurso. Hasta que no nos hayamos quedado sin opciones, no nos permitirá salir del embrollo. Ser demasiado vehemente puede hacer que el otro se rinda o ceda, pero no debemos confundir el ceder con el acceder. Si sientes que estás perdiendo el control, dilo con claridad y vete de la estancia para calmarte antes de continuar.

Evitar ser juez y jurado de la experiencia del otro[3]

Hay personas que, cuando discuten, se erigen en figura de autoridad y deciden si las emociones del otro son válidas o no. Si te das cuenta de que estás cayendo en la tentación de hacerlo, frena, pues decirle a alguien que no debería sentir lo que siente no ayuda en lo más mínimo a que la emoción desaparezca. Por el contrario, lo más probable es que la persona se sienta avergonzada y, de este modo, desaparece al instante la posibilidad de mantener una conversación razonable que conduzca a que concuerden.

No hace falta estar de acuerdo con el otro para validar lo que siente estando en la postura en que está. Darle la oportunidad de sentirse así es un paso clave para reconciliarse. Esta es otra ocasión en la que, en lugar de juzgar, resulta muy útil mostrar curiosidad. Cuando estamos inmersos en la discusión, juzgamos constantemente. Estamos en alerta y defendemos nuestra postura como si fuera la verdad, toda la verdad y nada más que la verdad. ¿Qué necesidad hay de entender el punto de vista del otro si sé que tengo la razón? Bueno, si nuestra intención es mantener una relación y afianzarla, esta solo será sana si ambas partes reconocemos que somos dos personas distintas que siempre veremos y sentiremos las cosas según nuestra perspectiva. Intentar entender algo no es lo mismo que dejarse convencer por ello, no es ceder. Decir «Te entiendo» no es lo mismo que decir «Estoy de acuerdo contigo». Así, permite que la emoción del otro esté presente con la conciencia de que la puedes tener en cuenta sin que eso signifique que pienses que su postura es la mejor.

Identificar los propios sesgos para discutir mejor

El **sesgo de confirmación** es una de las cosas a las que debemos prestar atención cuando estamos en plena discusión y la lógica brilla por su ausencia. Este sesgo es la tendencia humana normal a interpretar la información de un modo que confirme nuestras creencias. Ninguna discusión tiene que ver exclusivamente con el aquí y ahora. Si creo que no soy lo bastante buena o espero que los demás pierdan el interés y no se preocupen por mí, mi radar detectará todas las situaciones que se puedan interpretar de este modo y las usará para demostrar que, en efecto, no se preocupan por mí y no soy lo bastante buena. El radar iluminará esos puntos, mientras que las pruebas que apuntan en la dirección contraria permanecerán a oscuras. Este sesgo se activa incluso cuando se trata de creencias que nos perjudican, pues nuestras experiencias pasadas nos han llevado a crear una visión del mundo que cuesta mucho modificar.

El **razonamiento emocional** conduce a argumentos destructivos. «Si lo siento, ha de ser verdad. Si me ofenden o hacen daño, tienes que haber hecho algo malo». Este sesgo encaja demasiado bien con el sesgo de confirmación. «Siento en lo más profundo de mí que no merezco amor. Cuando mi pareja llega tarde a una cita, me hace daño porque siento que no le importo. Siento que no me quiere y, por lo tanto, es obvio que no me quiere lo suficiente». Este razonamiento no deja el menor espacio a la perspectiva del otro. Algo insignificante puede tocar una herida del pasado, pues el cerebro intenta entender lo que sentimos ahora recurriendo a situaciones vividas en las que sentimos algo parecido. Aunque la persona y la relación sean muy distintas a las que infligieron la herida original, usamos la emoción para crear la nueva realidad.

El **pensamiento egocéntrico** es otro de los sesgos a los que debemos prestar atención durante las discusiones. Consiste en considerar que la propia postura es la verdad, pasando por alto el hecho de que las demás personas pueden tener valores, ideales y opiniones distintas a nosotros. Esto nos lleva a querer aplicar a su vida todas las normas que aplicamos a la nuestra, y con frecuencia lo hacemos sin ni siquiera decírselo. Si tengo la norma de que hay que quitarse los zapatos cuando se entra en casa de otra persona y, de repente, un amigo pasa a mi cocina con las botas de la calle, quizá me ofenda, pero habré pasado por alto la posibilidad de que mi amigo tenga otras creencias al respecto; de hecho, no tiene ni idea de lo que pienso yo. Este sesgo puede alterar la relación, porque los demás empiezan a ir con pies de plomo, ya que saben que los castigaremos si se equivocan.

Muchas personas conocen el sesgo de la **sobregeneralización**, pues nos lo aplicamos a nosotros mismos cuando estamos decaídos. Al final de una jornada productiva, se nos cae la cena al sacarla del horno y, entonces, decimos que todo el día ha sido un desastre. Esto influye en gran manera sobre nuestro estado emocional, pero, cuando este sesgo surge durante las discusiones, el daño es aún peor. Acostumbra a sonar así: «¡*Siempre* dejas las tazas por toda la casa!» o «¡*Nunca* me ayudas a ordenar!». En lugar de abordar las situaciones una a una, las agrupamos y hacemos generalizaciones que ignoran todas las veces en que el otro sí ha hecho las cosas bien. El resultado es que, automáticamente, siente que no se le valora como persona y que todos sus esfuerzos pasan desapercibidos. De repente, cualquier probabilidad de conseguir que nuestra pareja aproveche la oportunidad de complacernos se esfuma, incluso si se trata de algo que apenas requiere esfuerzo, ya que no la habremos motivado a cooperar, sino que la habremos hecho ponerse a la defensiva. Su respuesta inmediata será una larga enumeración de todo lo que sí ha hecho y de todas las formas en que contribuye, porque, desde su postura, no nos hemos dado cuenta ni valoramos nada de lo que hace. Abandonar esta estrategia lo puede cambiar todo.

Resumen del capítulo

- Cuando discutimos con un ser querido, los únicos que creemos que hemos quedado bien somos nosotros. La persona que ha perdido no siente admiración por nosotros al ver que teníamos razón, sino que recordará cómo se sintió: machacada, no escuchada y no querida.

- Por lo tanto, si la intención es ganar las discusiones con nuestros seres queridos, hemos de detenernos el tiempo suficiente para reflexionar acerca de nuestro futuro con ellos y de las consecuencias que tiene para la relación que una parte sienta que ganó y la otra que perdió. ¿Qué es lo que realmente queremos construir con esta persona?
- Ganar todas las discusiones no resulta tan satisfactorio como parece. Puede conducir a destruir todo lo que nos importa solo por tener razón acerca de algo que, al final, resulta que no nos importa tanto.
- Dar prioridad a la relación no significa que debamos evitar conversaciones difíciles y complacer al otro para mantener la paz en todo momento, pues esto también perjudica a la relación. Todos tenemos que resolver nuestras diferencias. Sin embargo, si la intención es solucionar las cosas en lugar de ganar, todo cambia.
- Pensemos lo que pensemos de la conducta de alguien o de lo que esté haciendo mal, lo último que debemos hacer si queremos que la relación prospere es despreciar su personalidad y atacarla por ella.
- Es útil frenar la discusión para que no actuemos por impulso, sino de una manera estratégica y meditada. Si el objetivo es que nos escuchen, la compostura es un superpoder.

«Si el objetivo es que
nos escuchen, la compostura
es un superpoder».

Abrir en caso de...

Dra. Julie Smith

CAPÍTULO 12

Te cuesta pedir ayuda

Si quieres ir rápido, ve solo. Si quieres ir lejos, ve acompañado.

PROVERBIO AFRICANO

Una carta de mí para ti

Hay una parte de mí que se pregunta si este será el capítulo más consultado y útil de todo el libro. Si hay algo que necesitamos todos los seres humanos son otros seres humanos. Sin embargo, saber que precisamos ayuda no es nada comparado con el tormento que supone pedirla. La mayoría de las veces ni siquiera tiene que ver con el miedo a que no nos la presten; lo que nos aterra es que lo hagan, pues entonces nos veremos obligados a aceptar su amabilidad. Aceptar ayuda va en contra del impulso de no necesitar a nadie, de no depender de nadie.[1] Así, nos convencemos a nosotros mismos de que nuestro problema es demasiado grande o demasiado pequeño para que pidamos ayuda. Y, a su vez, eso nos convence de que, por un motivo u otro, nuestra mayor prioridad ha de ser no convertirnos en una carga para los demás.

Menos mal que nuestros antepasados no se creyeron ese cuento; de haberlo hecho, ni tú ni yo estaríamos aquí hoy. No hacer las cosas solos fue su mayor triunfo y la clave de su supervivencia. Ayudaban a otros cuando podían y aceptaban ayuda cuando no llegaban solos, y no los hacemos menos por eso; muy al contrario, les aplaudimos por ese preciso motivo. Por lo tanto, no equipares hacer las cosas sin ayuda con ser fuerte. La unión hace la fuerza.

Decidir no pedir ayuda cuando sabemos que la necesitamos equivale a pisar el freno en nuestra propia vida, a decidir que nada de lo que queremos merece que dediquemos todos los recursos disponibles a hacerlo realidad; limita el aprendizaje y el crecimiento; hace que nos sintamos infinitamente más solos, y aumenta drásticamente la probabilidad de que nos rindamos. Si lo que queremos conseguir es enorme, es necesario que tengamos muy claro que nadie consigue nada importante en solitario. Todos los que logran grandes cosas reciben ayuda de distintas partes, y todos ellos aceptan que esa es la mejor manera de maximizar su propio desempeño y garantizar el éxito.

La voz interior que nos insta a apartarnos de los demás y a avanzar solos suele ser la voz del miedo, el instinto intentando protegernos de los juicios de la gente. Sin embargo, seguir ese impulso nos puede salir muy caro. Nos sentimos seguros a corto plazo, pero nos quedamos bloqueados, y el bloqueo dura mucho más que la sensación de seguridad. Sí, es cierto que evitamos que los demás vean nuestra vulnerabilidad, pero, al hacerlo, también evitamos que vean cómo nos convertimos en lo mejor que podemos llegar a ser. Es decir, evitamos un momento de sentirnos expuestos o vulnerables a cambio de pasar toda una vida preguntándonos si las cosas hubieran ido mejor de habernos atrevido a pedir ayuda.

Ayudar y que nos ayuden forma parte de la naturaleza humana. Y no solo eso: al aceptar ayuda ahora, nos ponemos en la posición de hacer lo mismo por otra persona y devolver más de lo que hayamos recibido.

Herramientas para usar sobre la marcha

Un par de las herramientas que encontrarás a continuación te ayudarán a superar tanto los procesos cognitivos como las emociones que pueden impedir que pidas la ayuda que sabes que necesitas. Y, si por una vez te has decidido a hacer lo mejor por ti y pedir ayuda, he incluido un par de cosas que conviene que tengas en cuenta.

Las emociones no son hechos

Es posible que te hayas dado cuenta de que, cuando estás de capa caída, tiendes a sentir las cosas con más intensidad y a dejarte llevar por esas emociones como si fueran hechos. Este razonamiento emocional se puede convertir en una trampa cuando sabemos que nos iría bien algo de ayuda. El estado de ánimo bajo da lugar a miedo, aislamiento, inadecuación y falta de valía. Entonces, suponemos que, si lo sentimos, ha de ser cierto. Por lo tanto, empezamos a creer que estamos solos y que no merecemos ayuda. Lo que sucede es que esos pensamientos no son un buen reflejo de la realidad. Son un reflejo de nuestro estado de ánimo y del estado emocional al que este ha dado lugar.

Por lo tanto, si tu mente racional te dice que necesitas pedir ayuda, pero no lo haces porque te invaden pensamientos más congruentes con tu estado de ánimo que con la realidad, recuérdate que el razonamiento emocional es un sesgo cognitivo. Es posible que baste eso para que tengas otra perspectiva del proceso y este pierda fuerza.

Por ejemplo, si sientes que no mereces ayuda y tratas esa emoción como si fuera un hecho, empezarás a actuar como si lo fuera. Sin embargo, tú y yo sabemos que hay personas que no están de acuerdo con eso, que saben que mereces ayuda y mucho más. Lo sé porque yo soy una de ellas.

Hay muchos motivos para pedir ayuda y muchos otros para no pedirla. Sin embargo, la mayoría de estos últimos tienen que ver con evitar el malestar a corto plazo, y aferrarte a ellos para no pedir ayuda te impedirá avanzar, te lo aseguro. Así pues, cuando te des cuenta de que el razonamiento emocional empieza a hacer de las suyas, intenta contrarrestarlo viéndolo con otra perspectiva. Luego, toma la decisión consciente y firme de subir el volumen de los pensamientos que te serán más útiles para avanzar. Escribir acerca de la situación resulta muy útil, pues ralentiza el proceso y te permite tomar distancia de los pensamientos, además de evitar que se tornen en rumiación. Por tanto, haz una lista con todos los pensamientos que te frenan y parecen estar envueltos en razonamiento emocional. A continuación, escribe para cada uno de ellos al menos un pensamiento alternativo que te resulte más útil.

Darle la vuelta

Es fácil que, desde fuera, se nos vea como personas merecedoras de ayuda. Por el contrario, es muy difícil ser objetivos cuando se trata de nosotros mismos. Una de las maneras de conseguirlo es dedicar unos minutos a responder a las preguntas siguientes.

Prueba esto

Piensa en todos los problemas a los que te estés enfrentando en este momento e imagina que quien los tiene no eres tú, sino otra persona. Piensa en la persona que conozcas que menos quisieras que tuviera esos problemas. ¿Cómo sería saber que se enfrenta a todo eso?

Si esta persona tan importante para ti se enfrentara a todas esas dificultades, ¿cómo le echarías una mano? Sabiendo lo que sabes acerca de la situación, ¿qué tipo de ayuda crees que sería más importante?

Ahora, imagina que no la puedes ayudar de esa manera porque, bueno, en realidad no sabes qué problemas tiene. Ha decidido enfrentarse a todo sola y no pedir ayuda a nadie. Sabe que hacerlo mejoraría las cosas, pero solo ve las mismas barreras que tú ves ahora.

Fíjate en que esta situación parece bastante más dolorosa ahora porque sabes lo mucho que querrías ayudar a esa persona si te dejara.

Ahora, fíjate en cómo juzgas la situación y en si tienes en menos estima a esa persona por el contexto en el que se encuentra o si solo ves a un ser humano que necesita que le tiren una cuerda.

Imagina a ese ser querido y pregúntate: ¿merece que lo ayudes?

Dado que conoces la situación muy bien, ¿qué le sería más útil?

¿Qué querrías que se atreviera a hacer?

Si pudieras, ¿cómo le asegurarías que lo mejor que puede hacer es pedir ayuda?

Si crees que esa persona merece tu ayuda, tú también te debes la oportunidad de dejar que te ayuden.

Velocidad

Una vez que hayas decidido que has de pedir ayuda, la velocidad será lo primero que te ayude.[2] Cuanto menor sea la brecha entre la decisión y la acción, más probable será que actúes. Llegados a este punto, la mayor barrera es convencerte de ello. Así pues, identifica el paso más pequeño y asumible en esa dirección y dalo lo antes posible. Tanto si te quieres sentir mejor como saber más o hacer algo mejor, la única manera de conseguirlo es pasar a la acción.

Cuando dejes de pensar y empieces a actuar, obtendrás el beneficio instantáneo de verte pasando a la acción. Si pides ayuda una vez, se convertirá en una prueba irrefutable de que eres capaz de hacerlo.

Si el primer intento de pedir ayuda no sale como esperabas, quizá te des cuenta de que lo has sugerido de manera indirecta en lugar de pedir con claridad lo que necesitabas, o quizá has acudido a una persona que no era la más adecuada en este momento. Sea cual sea el aprendizaje, es valioso. Ahora, sabes que puedes pedir ayuda y también que sobrevivirás aunque el resultado no sea perfecto.

La mayoría de lo que aprendemos en la vida viene de la acción, no del pensamiento. Recordar esto hace que actuar resulte mucho más atractivo, incluso cuando nos aterra. Quedarnos atascados en la rumiación, intentando dirimir si podemos o debemos hacer eso que sospechamos que sería lo mejor para nosotros es como quedarnos quietos observando el espacio que hay entre nosotros y lo que deseamos. Dar un primer paso hacia ello es la única manera de acercarnos de verdad. El resultado es menos importante que el acto en sí mismo, porque la acción conduce a más acción y genera inercia.

No dejar nada al azar

Todo lo que inicialmente nos parece abrumador resulta más fácil si lo descomponemos en partes pequeñas y damos pasos claros y concretos. Por lo tanto, haz un esfuerzo consciente para no mirar demasiado hacia delante y céntrate en la tarea que tengas justo frente a ti.

Prueba esto

Haz una lista con las personas a las que podrías pedir ayuda, empezando por la más accesible.

A continuación, escribe con precisión qué necesitas: alguien que te escuche, algo de distracción, ayuda práctica o, sencillamente, compañía y amistad. Una vez que tengas eso claro, te será mucho más fácil concretar lo que pides. De este modo, no tendrás que pensar sobre la marcha y evitarás el riesgo de adoptar estrategias evitativas, como soltar indirectas. A las personas se les da tan bien captar indirectas como leer la mente. Así pues, la claridad es tu mejor amiga.

Pedir ayuda fomenta la independencia, no la codependencia

No caigas en la tentación de confundir pedir ayuda con la codependencia ni con ninguno de los términos reservados para las personas que son incapaces de ser autosuficientes (o no quieren).

La dependencia es natural en las familias y comunidades porque aumenta la probabilidad de sobrevivir y prosperar a lo largo de la vida.[3] Si cuentas con una base segura de seres queridos y personas que te ayudan, tendrás mucha más predisposición a ponerte en marcha y emprender las acciones necesarias para avanzar.

Tiene sentido pedir consejo a personas con experiencia, pedir ayuda práctica a personas competentes y buscar que nos escuchen personas con las que podemos hablar abiertamente. Si lo que temes es la codependencia, comprométete a no dejar que sea el otro quien cargue con todo el peso del problema. Respeta su apoyo pasando a la acción con valentía y avanzando en la dirección en la que has de ir. Parte de ese compromiso consiste en ser lo bastante inteligente como para darte cuenta de que estás agotando tus recursos y lo bastante valiente como para permitir a tus seres queridos que hagan lo que esté en sus manos.

Resumen del capítulo

- Cuando no pides ayuda sabiendo que la necesitas, evitas exponerte a los demás y sentirte vulnerable un momento a cambio de toda una vida preguntándote si las cosas hubieran ido mejor de haber tenido la valentía de pedir ayuda.

- Decidir no pedir la ayuda que sabes que necesitas es decidir que nada de lo que deseas merece el esfuerzo de recurrir a todos los recursos disponibles para hacerlo realidad. Eso aumenta significativamente la probabilidad de que te rindas. Nadie consigue nada importante sin ayuda. Quienes han logrado algo siempre han recibido ayuda de distintas fuentes y la han aceptado como la mejor manera de garantizar el éxito.
- La voz interior que te insta a ocultarte de los demás y seguir por tu cuenta suele ser la voz del miedo, el instinto de autoprotección, aunque hacerle caso sale muy caro. Esto te da una seguridad momentánea, pero te bloqueas, y el bloqueo dura mucho más que la sensación de seguridad.
- Sentir que no mereces ayuda o que eres una carga para los demás no significa que lo seas. Los pensamientos y las emociones de este tipo tienden a ser un reflejo del estado de ánimo, no de la realidad.
- Si crees que cualquier persona en tu situación merecería ayuda, quiere decir que tú también la mereces.
- Una vez que te hayas decidido a pedir ayuda, actúa lo antes posible. Ahora el mayor obstáculo eres tú convenciéndote de no hacerlo.
- Las indirectas no funcionan. Expresa lo que necesitas con claridad y concreción. Así, evitas que te tengan que leer la mente y facilitas la tarea a las personas que te quieren ayudar.

«Saber que necesitas ayuda no es nada comparado con el tormento que supone pedirla. Sin embargo, la mayoría de lo que aprendemos en la vida viene de la acción, no del pensamiento».

Abrir en caso de…

Dra. Julie Smith

PARTE II

Te cuesta estar contigo

CAPÍTULO 13

Tu voz interior es tu peor crítico

> No conquistamos la montaña. Nos conquistamos a nosotros mismos.
>
> SIR EDMUND HILLARY

Una carta de mí para ti

¿Cuándo fue la última vez que no estuviste a la altura de lo que esperabas de ti?, ¿qué fue lo que hiciste? ¿Y cuál fue el violento ataque verbal que acto seguido te dirigiste mentalmente? ¿Cómo describiste el fracaso?, ¿como la definición de quién eres como persona?, ¿como la predicción de la persona en la que vas a convertirte?, ¿o como una lección aprendida y algo conseguido?

Te equivocas si crees que flagelarte no tiene efectos secundarios. Criticarte constantemente es como vivir en una estancia muy pequeña (más o menos del tamaño de tu cabeza) con un acosador que te ataca veinticuatro horas al día siete días a la semana. Nadie sale de ahí confiando plenamente en sí mismo, sino justo lo contrario. Lo sé porque son muchos los clientes que acaban en mi consultorio tras años aceptando a ciegas ese hiriente diálogo interno y actuando en consecuencia.

A pesar de ello, muchas personas se aferran a su crítico interior e incluso lo defienden, y lo hacen de la misma forma en que defenderían a una pareja que las maltrata emocionalmente y que afirma que lo hace por su bien, diciendo que su única intención es evitar que hagan el ridículo. De este modo, se someten de forma voluntaria porque se convencen de que es necesario. Y es que, si no tenemos cuidado, esa voz crítica acaba haciéndonos creer que más vale no intentarlo que arriesgarse a fracasar. Luego aplicamos esa misma lógica a otra situación, a otra y a otra... hasta que empezamos a sentir que nuestra vida se encoge y se aleja de todas las oportunidades que no nos arriesgamos a probar.

De acuerdo. Imaginemos que ese no es tu caso, que no te echas atrás. Quizá te parezca que tu crítico interior es tu servidor más fiel y la única fuente posible de motivación, así que te esfuerzas al máximo y, tratando de acabar con tus inseguridades, compensas en exceso para satisfacer las incesantes demandas que te presenta a diario. Sin embargo, tanto tú como las personas que te rodean perciben que te exiges demasiado y que no acaba de parecer auténtico. Incluso aunque lo crean y logres los elogios que soñabas que harían que te sintieras mejor, lo que piensas es que eres un fraude, y la ansiedad que te supone el tener que mantener las apariencias no hace más que aumentar. Así pues, el crítico ha de continuar su cometido, porque, a pesar de lo que has logrado, parece que te sigue confirmando que no eres suficiente y que necesitas que te pateen el trasero constantemente porque, de otro modo, te darías a la holgazanería sin la menor ambición.

Es probable que, a estas alturas de la vida, ya te hayan dicho que, si quieres llegar lejos, conviene que pases tiempo en compañía de personas que quieran sinceramente lo mejor para ti. Y estoy segura de que ya sabes cuáles son las cualidades de las buenas amistades. Son esas que celebran tus victorias, te sujetan cuando estás a punto de caer y te ayudan a encontrar una salida sin atacarte ni criticarte. Alejarte de quienes no están de tu lado es una cosa, pero ¿qué pasa cuando se trata de tu mente? Cuando te muestras tal nivel de desprecio con tu discurso interno, cambiar parece imposible, porque esos pensamientos son tú, ¿no? Si entiendes esos pensamientos como tu identidad, como si los eligieras voluntariamente, es normal que te sientas incapaz de cambiar el discurso. Por lo tanto, vives de un modo congruente con lo primero que piensas y, mucho después de que, quizá, te hayas deshecho de esas personas que te lastraban, eres tú quien les hace el trabajo desde la intimidad de tu propia mente.

Fíjate en esto. La próxima vez que adviertas un pensamiento espinoso y lleno de desprecio hacia ti por algo que has hecho o por cómo lo has hecho, fíjate en si te parece que eso te lo diría alguien con quien te iría bien pasar bastante tiempo. Si la respuesta es que no, la buena noticia es que puedes elegir: puedes interrumpir el flujo de esa historia y empezar otra nueva. Cambiarlo por algo que te diría alguien en quien podrías confiar, alguien que ha visto lo lejos que has llegado y que siente orgullo por ti, alguien que te dice lo que necesitas oír en lugar de aprovechar la más mínima oportunidad para abofetearte con sus palabras.

La persona que te ha entregado este libro (incluso si es esa parte de ti que desea algo mejor para tu vida) quiere que empieces a ver en ti lo que ella ya ve. Quiere que sientas tu valor y tu potencial innatos, que te veas como te ve ella, como alguien a quien vale la pena conocer y animar, como alguien con futuro siempre que cuente con los elementos adecuados. Esa persona ve todo lo bueno que hay en ti y sabe que podrías llegar muy lejos si te valoraras como te valora ella. Esa persona no necesita que le agradezcas nada, lo que necesita es que aceptes ese reconocimiento y lo aproveches, que la llenes de orgullo y que tú también lo sientas, y no lo podrás hacer mientras te sigas machacando mentalmente a diario. Así pues, empieza a tratarte como sabes que mereces, pues tu potencial va más allá de lo que imaginas en este momento y tus acciones son lo único que te lo puede demostrar.

Herramientas para usar sobre la marcha

Si sigues dudando de si quieres o eres capaz de dejar atrás a tu crítico interior a pesar de que conoces los efectos negativos que ejerce sobre ti, a continuación te presento las herramientas que necesitas. No hace falta que sustituyas la autocrítica por un diálogo interno edulcorado e indulgente; puedes evaluarte de un modo que te ayude a avanzar en lugar de ponerte palos en las ruedas. Todos queremos mejorar en la vida, pero todas las personas en la cima de su campo, sea el que sea, que contratan a alguien para que los mantenga en esa trayectoria ascendente optan por un *coach* profesional, no por un bravucón escolar, y con razón. El primero te ayuda a sacar lo mejor de ti, mientras que el segundo hace justo lo contrario. Así pues, en este apartado encontrarás algunas herramientas para transformar la autocrítica destructiva en constructiva.

Si hay que criticar... que sirva de algo

No todas las críticas son útiles. Sin embargo, ¿cómo podemos pasar de la autocrítica que nos hunde y nos sigue pateando cuando estamos en el suelo a aquella que nos motiva a esforzarnos y a volver a levantarnos tras un tropiezo?

Si alguna vez has intentado enseñarle a un niño a hacer algo que le lleva tiempo aprender, te habrás dado cuenta de que, cuando se equivoca, puedes comunicarte con él de una manera que lo anime a intentarlo de nuevo o de otra que lo lleve a pensar que eso no es lo suyo y que es mejor pasar a otra cosa. Esa ecuación sigue en nuestra mente a cualquier edad. Hay cosas a las que renunciamos o que ni siquiera intentamos como respuesta a ese crítico interior que nos dice que no estamos hechos para eso, y la recompensa es que nos sentimos a salvo de la posibilidad de fracasar. Por ejemplo, yo quiero escribir este libro, pero un torrente incesante de diálogo interior me pregunta que quién me creo yo para hacer nada semejante, que podría acabar haciendo el ridículo. Poner los dedos sobre las teclas me hace sentir vulnerable, por lo que la autocrítica me lleva a buscar una seguridad aparente haciendo que cualquier intento de mejorar parezca inútil y arriesgado. Sin embargo, la evitación hace mucho menos por la seguridad en mí misma que seguir escribiendo una palabra tras otra.

Así pues, ¿cómo podemos hacer autocrítica y asumir la responsabilidad que nos corresponda sin hacernos más mal que bien? Esto es lo que debes eliminar de tu diálogo interno:

Cinco cosas que eliminar del diálogo interno

1. **Ataques generalizados.** Esto es cuando pasamos de una carencia o error concretos a lanzar un ataque generalizado contra nosotros y nuestra personalidad, como si ese suceso único dijera algo fundamental acerca de quiénes

somos y de nuestro valor inherente, como si no tuviéramos ninguna cualidad que valga la pena. Tendemos a hacerlo cuando nos enojamos o frustramos y, con frecuencia, nos decimos cosas que calificaríamos de acoso si salieran de la boca de otra persona.

2. **Sobregeneralización.**[1] Mientras que los ataques globales se centran en nuestros atributos y valor como persona, la generalización se centra en lo que nos sucede. Permitimos que un acontecimiento aislado anule todos los demás, como si un suceso negativo borrara del mapa todos los positivos y predijera que todo lo que sucederá en el futuro tendrá resultados negativos. A veces, lo hacemos cuando algo nos sale mal y sentimos que todo el día ha sido un desastre, o cuando una relación termina y nos decimos que todas las demás serán una pérdida de tiempo. Es la receta perfecta para renunciar a algo que nos importa y una expresión clásica de mentalidad fija. Esto significa que percibimos nuestras habilidades como algo inmutable y fijo desde que nacemos. Por el contrario, la mentalidad de crecimiento reconoce el potencial de mejorar con esfuerzo. Quizá pensemos que se nos dan bien las matemáticas hasta que damos con algo que supera nuestra capacidad actual. Con una mentalidad fija, concluiríamos que las matemáticas se nos dan mal y renunciaríamos.

3. **Linchamiento mental.** Tras un error o tropiezo, nos ponemos a recordar todos los fracasos de los que hemos sido responsables. El mundo interior empieza a sonar como una de esas campañas de odio en línea que exageran de forma desmedida el error original. Como es normal, pensar así hunde el estado de ánimo en una espiral

descendente que nos impide aprender de la experiencia o volver a levantarnos para intentarlo otra vez.

4. **Lenguaje despreciativo e insultos.**[2] Cuando una persona trata con desprecio a otra como respuesta a sus errores, la reacción más natural de la segunda es dejar de escuchar y empezar a defenderse. Por lo tanto, se esfuma cualquier avance o posibilidad de aprendizaje. Sin embargo, ¿qué pasa cuando somos nosotros los que nos hablamos con desprecio? Cuando las palabras en nuestra mente se parecen a «¡Te odio! ¡Eres un inútil!», en lugar de defendernos, aceptamos ese desprecio como un mensaje válido y empezamos a comportarnos y a tratarnos como si fuera cierto.
5. **Autoprotección.** Cuando alguien nos ataca verbalmente, el impulso suele ser enfrentarnos o huir de la situación. Cuando somos nosotros quienes agredimos a otro, el mecanismo de defensa es inconsciente y cedemos sin darnos cuenta ante el impulso de buscar seguridad y consuelo. Quizá eso consista en evitar lo que queríamos hacer y decirnos que, de todos modos, tampoco lo queríamos tanto. O quizá culpemos a otros para aliviar parte del peso de la vergüenza derivada del ataque al que nos hemos sometido a nosotros mismos tras el error. Sea cual sea el mecanismo de defensa, todos tienden a alejarnos del aprendizaje que nos ayudaría a crecer y a mejorar.

Cinco cosas que incluir en el diálogo interno

1. **Selecciona tu propia perspectiva.** Tal y como ya he señalado antes, abordar la verdad desde distintos ángulos nos

permite experimentar la realidad de maneras ligeramente distintas. Por lo tanto, cuando pensamos acerca de nosotros mismos, es importante dar un paso atrás y obtener una imagen panorámica de lo que sea que haya sucedido. Esto nos permite verlo como algo aislado en un paisaje mucho más amplio. Algunas terapias psicológicas trazan una línea cronológica de eventos que, en ocasiones, abarca toda la vida. Resulta una herramienta fantástica para abordar acontecimientos que, en un momento dado, resultan abrumadores e integrarlos en la historia más amplia que es nuestra vida, adquiriendo así una perspectiva nueva. Un solo evento no define a una persona, pues esta es multidimensional y polifacética, contribuye al mundo de muchas maneras y quiere seguir aprendiendo y mejorando más allá de cada ocasión individual, ya sea que acabe en victoria o en derrota. Una de las perspectivas que siempre conviene buscar es la que nos aporte cualquier aprendizaje valioso y útil para nuestro viaje, así como ambiciones que vayan más allá de un acontecimiento o error concreto. Busca las lecciones que te permitan reforzar tu determinación cuando te encuentres en situaciones parecidas en el futuro.

2. **Evalúa los actos.** Por naturaleza, los seres humanos tendemos a evaluar nuestra personalidad y nuestra valía intrínseca, dos cosas que parecen inmutables y conducen más a la vergüenza que a nada que nos sea útil. Para llegar adonde queremos, necesitamos pasar de evaluar la personalidad a evaluar los actos. Es decir, nos tenemos que centrar en hechos, conductas y decisiones específicos. Hemos de ser tan claros y concretos como nos sea posible, tal y como lo haríamos si quisiéramos ayu-

dar a alguien a dar lo mejor de sí. Aprender resulta imposible si, al mismo tiempo, intentamos dirimir lo que valemos en cuanto seres humanos, pues, cuando nuestra identidad se ve amenazada, defenderla siempre será una prioridad para la mente, que activará los mecanismos de defensa. Sin embargo, cuando nuestra valía intrínseca no corre peligro, podemos observar nuestros errores y aprender de ellos. Así pues, nunca pongas tu valía personal en juego; de otro modo, crecer es imposible. Si haces algo y no funciona, intenta mantener el control para resolver el problema. Para ello, céntrate en las opciones disponibles. Si suspendes un examen y concluyes que ha sido porque eres idiota, no hay nada que puedas hacer más allá de lanzarte a una espiral descendente. Por el contrario, si mantienes a tu persona fuera de la ecuación y empiezas a buscar la oportunidad de volver a examinarte y a trabajar en las partes en las que te has equivocado, volverás a encontrar la energía para salir adelante. Cuando vemos que tenemos opciones, no nos paramos a reflexionar acerca de si deberíamos rendirnos y detestarnos para siempre.

3. **Elige las palabras con cuidado.** Imagina que en tu vida hay un niño al que quieres mucho y que resulta tener un talento extraordinario para el deporte que le gusta, y te asignan la tarea de acompañarlo en las victorias y en las derrotas, en los altibajos que supone esforzarse con ambición. De camino a todo lo que va a conseguir, comete algunos errores y sufre derrotas dolorosas, y te corresponde a ti hablar con él y ayudarlo a recuperar la confianza perdida. Si de verdad quieres lo mejor para él, en esos momentos harás un gran esfuerzo para elegir bien

tus palabras. Lo mismo deberías hacer cuando te hablas a ti durante las victorias y las derrotas. Tus palabras son poderosas, así que trátalas como tales. ¿Cómo puedes presentar la realidad de modo que no haya amenazas psicológicas innecesarias y, por el contrario, extienda una mano que puedas agarrar para levantarte y volver a intentarlo?

4. **Ve con la verdad por delante.** Lanzar palabras positivas a puñados, como si fueran confeti en una boda, tampoco sirve de mucho. Las palabras solo influyen sobre lo que sentimos y hacemos si podemos confiar en ellas. Así pues, di la verdad siempre. Muchas personas creen que solo hay dos opciones: o bien la comunicación exclusivamente positiva, autoindulgente y edulcorada que nadie se cree, o bien la verdad proferida a modo de ataques verbales que hacen que el otro se encoja y desee no haber nacido nunca. Sin embargo, hay más opciones. Podemos demostrar una sinceridad directa siendo cálidos y genuinos con la intención de ayudar al otro a prosperar.[3] Se trata de una sinceridad respetuosa y con una dosis de curiosidad y deseo de aprender algo siempre.
5. **Céntrate en los demás.** A veces, el mejor remedio para la autocrítica constante es dejar de prestarnos tanta atención a nosotros mismos, pues cuanto más lo hacemos, peor nos encontramos.[4] Somos animales sociales; se supone que hemos de cuidar los unos de los otros y esforzarnos por contribuir al grupo de la mejor manera posible. El mundo actual fomenta el egocentrismo porque abre una brecha de inseguridad a la que se puede vender un producto tras otro con la promesa de que, este sí, por fin nos hará sentir que somos suficientes. Por el contrario, si diri-

gimos la mirada a las demás personas que nos importan y a lo que sucede en el mundo real, queda claro que, en realidad, no es necesario alcanzar la perfección para vivir una vida plena y significativa. Nadie nos pide que seamos perfectos. Bueno, nadie que no seamos nosotros, quiero decir. A nadie le preocupan tanto tus imperfecciones como a ti. Empieza a pensar en qué puedes hacer por los demás y en cómo les puedes ser de ayuda. Abandonar el hábito de la autocrítica es más fácil si no estamos siempre bajo el microscopio. ¿Qué cosa concreta podrías hacer hoy mismo para que la vida de tus seres queridos sea un poquito mejor?

Resumen del capítulo

- Hay elementos venenosos que, cuando se suman a la autocrítica, hacen que esta sea destructiva en lugar de constructiva. Si tu intención no es maltratarte, sino mejorar, poner la autocrítica a tu servicio te impulsará hacia delante en lugar de frenarte.
- Para tener disciplina y aumentar tu productividad y motivación, no es necesario que te machaques constantemente. Respetarte no hará que te des a la holgazanería.
- Deja de centrarte en ti y fíjate en las demás cosas que te importan. Centrarte demasiado en ti hará que te sientas peor, no mejor.
- La verdad no tiene por qué ser dura y la compasión nunca ha de ser falsa. La comunicación sincera ha de ser hábil y tener muy en cuenta la dirección en la que quieres ir.
- Si no cuestionas tu valía como ser humano, te puedes centrar en aprender y en mejorar. Así pues, deja a un lado la autocrítica generalizada y céntrate en lo que quieres conseguir.

«A nadie le preocupan tanto tus imperfecciones como a ti».

Abrir en caso de...

Dra. Julie Smith

CAPÍTULO 14

Te falta confianza y quieres sentir más seguridad en ti

Estás destinado a ser la persona que decidas ser.

Ralph Waldo Emerson

Una carta de mí para ti

Es posible que esta carta no sea exactamente lo que esperas, pero, a veces, lo que esperamos y lo que necesitamos son cosas distintas. Conozco muy bien lo que se siente al hojear libros que te prometen aumentar la confianza en ti con la esperanza de que, esta vez sí, este libro contenga la clave que permita lograrlo. La mayoría de ellos nos instan a dejar de dudar (lo que nos parece imposible) y a convencernos de que ya contamos con toda la confianza que necesitamos (lo que nos parece mentira). Sin embargo, lo que todos esos libros pasan por alto y solo podemos descubrir viviéndolo es que la confianza no se encuentra buscándola.

La confianza no es una meta que se fija y a la que se llega antes o después. La confianza es el producto secundario de una vida centrada en otras cosas. Primero, elegimos un ámbito que queremos dominar, ya se trate de la interacción social, de hacer exámenes, de jugar futbol o de hablar en público. Luego, cada vez que entramos por voluntad propia en ese espacio en el que nuestra confianza flaquea, cada vez que practicamos la habilidad o nos preparamos para la batalla, cada vez que ganamos o perdemos y nos volvemos a levantar, la confianza va aumentando. Es otra demostración de que, cuando decidimos afrontar lo que nos resulta difícil sin garantías de éxito, sobrevivimos y aprendemos de ello. Es inevitable. Tanto si, en apariencia, el resultado es un éxito o un fracaso, no salimos con las manos vacías. Una vez que sabemos que podemos sobrevivir al fracaso, persistimos y, así, la confianza en nuestra capacidad para afrontar resultados impredecibles aumenta progresivamente.

En esta ecuación, comenzamos con la acción y acabamos con la emoción. Sin embargo, lo más difícil es, por un lado, tener la voluntad de ir ahí, de introducirnos en ese espacio en el que nos sentimos vulnerables y en el que no podemos controlar los resultados, y, por el otro, comprometernos a permanecer allí hasta que hayamos aprendido todo lo que haya que aprender.

Si te estás poniendo al límite para reforzar la confianza en ti, sentirás un pico de ansiedad y el impulso de retroceder hasta que tengas la seguridad de que todo saldrá bien. Ese miedo es inherente al proceso y, cuando decidas verlo de esa manera, te será más fácil tolerar la emoción o incluso aceptarla, en lugar de interpretarla como un signo de vulnerabilidad. Por el contrario, decirte que no puedes soportar ni siquiera el malestar transitorio que suscitan la incertidumbre y la vulnerabilidad te empujará sin contemplaciones por el camino de la seguridad inmediata, y ese camino no lleva a la confianza.

La única manera de que te convenzas de tu capacidad para superar la situación, incluso en circunstancias que no son ideales, es que cuentes con pruebas de que ya lo has hecho.

La clave está en que tengas la voluntad de convertirte en principiante y cometer error tras error para aprender y mejorar mientras aportas lo que puedas. Esta mentalidad te permitirá aceptar parte del nerviosismo como una señal de que vas por buen camino. Esto no significa que tengas que pensar en positivo en todo momento. No es necesario que dejes a un lado todos los pensamientos negativos y creas en ti al ciento por ciento. De hecho, cuando intentamos mejorar en algo, pasar por alto los puntos débiles o convencernos de que no existen es una ilusión que, probablemente, no dure mucho.

En lugar de eso, acepta la realidad de que la duda y la sensación de vulnerabilidad aparecerán siempre que te enfrentes a algún reto y céntrate en tu compromiso personal con el valor, el esfuerzo y el impulso hacia delante.

Un día, alzarás la mirada y te darás cuenta de cuántas de las situaciones que antes temías ahora están firmemente ancladas en tu zona de confort. Sin embargo, no te detendrás demasiado a pensarlo, porque, para entonces, tu compromiso con la valentía, el esfuerzo y el impulso hacia delante será tal que no tardarás en ir en busca del próximo reto. Disfruta del viaje.

Herramientas para usar sobre la marcha

Gran parte del trabajo que se hace en terapia es un proceso de aumento de confianza. No me refiero a una inyección superficial de positividad en momentos efímeros, sino a una relación más profunda y duradera con nosotros mismos y con los retos que tenemos por delante. En ese proceso, no nos podemos saltar la etapa de señalar algunos de los principales factores que fomentan la falta de confianza en nosotros mismos. Una vez que los conocemos, los podemos ver venir, incluso aunque sea de la sutil manera en que percibimos las cosas. Atajarlos de raíz facilita mucho las cosas más adelante.

Arrancar las malas hierbas de raíz

A continuación encontrarás algunos de los factores con los que has de acabar si te das cuenta de que asoman la cabeza, aunque saber el papel que desempeñan y detectarlos una vez no basta para cambiarlos. Para cambiar las cosas, los hemos de atrapar en el momento, en cuanto los vemos aparecer. Entonces, podemos decidir si hacerles caso o hacer las cosas de otra manera en esa ocasión. No es algo que suceda a la primera. Por lo general, los detectamos una vez que han pasado, quizá al escribir en un diario, durante una sesión de terapia o hablando con alguien. Con el tiempo, y a base de repetición, los comenzamos a detectar en el momento, en cuanto aparecen. Para empezar, fíjate en si alguno te suena y prepárate para llevar un registro de cuándo aparece.

Miedo a lo desconocido

Detengámonos un momento y normalicemos el hecho de que, cuando nos encontramos en una situación nueva, lo natural es que la confianza baje y el estrés suba. Esto no es un problema, es el cerebro haciendo su trabajo: ha identificado una situación que no reconoce (y que, por lo tanto, no es fácil de predecir) y que te resulta exigente, así que te administra una dosis de estrés que eleva tu nivel de alerta y te ayuda a centrarte en el reto que tienes ante ti.

No es en absoluto una señal de que la situación o actividad no sea para ti. La verdadera confianza no consiste en tener una seguridad exagerada ni ser arrogante, sino en la conciencia de las capacidades que tenemos sumada al valor de ponerlas a prueba. Así pues, si no tienes experiencia y aún no has aprendido las habilidades necesarias, o si sabes que no te has preparado lo suficiente, sentir cierta inseguridad no es más que un reflejo de la realidad y una señal útil que te dice hacia dónde has de dirigir tus esfuerzos.

Por tanto, si tienes un desafío por delante y quieres afrontarlo con más seguridad, ponte manos a la obra. Planifica cómo vas a perfeccionar tus habilidades y llega al gran día con más herramientas de las que tienes ahora. La clave está en empezar por retos pequeños e ir aumentando la dificultad o presión a medida que vas avanzando.

Expectativas

Si abordas con curiosidad esa falta de confianza, en la mayoría de las ocasiones descifrarás la información que te quiere transmitir. Por ejemplo, acabo de mencionar que es normal, sano y útil avanzar por caminos desconocidos con menos confianza que por los que ya hemos transitado varias veces. Sin embargo, si las expectativas que tienes respecto a ti no se corresponden con la situación, la inseguridad se multiplicará.

Si te comparas con alguien que va por delante de ti en el camino y esperas conseguir el mismo desempeño, tu falta de confianza será un fiel reflejo de la realidad. Por el contrario, si tu expectativa es esforzarte y hacerlo algo mejor que ayer, no solo es posible, sino muy probable, que sientas más seguridad.

Esta es la piedra con la que acostumbran a tropezar las personas perfeccionistas. Sus expectativas son tan poco realistas y tan implacablemente elevadas que no dejan lugar a la confianza. Las expectativas han de ser congruentes con la preparación, proporcionales a la capacidad y alcanzables, incluso si son elevadas. Reforzar nuestra confianza requiere que nos preparemos bien antes de la tarea y que nos planteemos expectativas congruentes con la realidad, y el contexto es una parte esencial de todo este proceso.

También hay una gran diferencia entre que algo no se te dé bien y que te falte preparación. La falta de preparación o el carecer de la formación necesaria no nos ha de llevar a la conclusión de que nunca seremos capaces de hacer algo. Solo podemos llegar a esa conclusión una vez que hemos hecho todo lo posible para conseguirlo. Así pues, ten mucho cuidado con tu lenguaje. La palabra *nunca* debería aparecer en muy raras ocasiones. De hecho, te insto a que seas muy consciente de tu lenguaje en general, pues usarlo con precisión dota de un significado distinto a la situación y se convierte en una fórmula para la acción. Reflexiona acerca de tu uso del lenguaje y date cuenta de cómo influye en tu evaluación de las dificultades a las que te enfrentas y en tu reacción emocional ante ellas. Si intentas actuar con confianza, algo que por lo general implica hacerlo a pesar del miedo y la incertidumbre al no saber cuál será el resultado, el foco de tu atención no solo ha de ser positivo, sino también productivo. Céntrate en algo que te ayude a avanzar en la dirección en la que quieres ir.

Confundir el fracaso con una conclusión

El fracaso es algo que nos sucede, no lo que somos; es una experiencia, no un rasgo de personalidad. Si nos negamos a aceptarlo como una conclusión, se puede convertir en un maestro, ya que cada fracaso nos ofrece una oportunidad de aprender y de aplicar ese conocimiento en la próxima empresa. Si lo único que hacemos tras un fracaso es decir que somos unos fracasados, no aprendemos nada. Nos negamos a aceptar la información y la sabiduría que este momento nos ofrece.

La tendencia que tenemos las personas a juzgarnos así es tan natural como el respirar y, al cabo de meros segundos de habernos dado cuenta del error, empezamos a tacharnos de idiotas, fracasados o perdedores. Y sí, hemos perdido la oportunidad de hacer otra cosa que no sea creer que hemos fracasado, pero lo que no hemos perdido aún es la oportunidad de mitigar el daño que eso nos puede hacer, así que no la dejes pasar. Date cuenta de cuándo dices estas cosas, aunque sea en tu mente, y esfuérzate por contrarrestarlas con una afirmación que refleje más fielmente la realidad y sea más productiva y útil con el objetivo de fomentar tus esfuerzos continuados hacia la mejora. En el capítulo sobre la autocrítica (pág. 163) ya he hablado de ello, pero haz que tu respuesta a tus propios ataques sea la compasión para levantarte y continuar luchando. Esto exige responsabilidad, sinceridad, atención para llenar los agujeros que hayas identificado en tu desempeño y un plan de acción para seguir avanzando. En esta fórmula no hay espacio para el desprecio, el odio o la vergüenza si lo que quieres es hacerlo mejor la próxima vez.

La fórmula de la confianza

La fórmula de la confianza[1] es muy sencilla, pero hay que aplicarla por separado a cada uno de los ámbitos que quieras dominar. Así pues, si quieres mejorar en tus estudios, en un deporte, al hablar en público o en una habilidad concreta, asegúrate de seguir todos los pasos para aprender y avanzar lo máximo posible.

1. **El camino se hace al andar.** Asegúrate de que te formas o entrenas y practicas las habilidades necesarias para dominar el campo que desees. Todas y cada una de las repeticiones del proceso consolidarán las vías neuronales que, con el tiempo, permitirán al cerebro automatizar el proceso en gran medida. Esta es la parte en la que el esfuerzo es mucho y el avance parece poco si insistimos en buscarlo.
2. **Test de estrés.** Las repeticiones son básicas para avanzar, pero no podemos esperar pasar directamente del gimnasio a la competición ni del libro de texto al examen. Tanto si se trata de músculos físicos como mentales, ponlos a prueba tantas veces como te sea posible. Ve aumentando gradualmente la dificultad y la presión de las pruebas para imitar las dificultades que encontrarás en el campo de juego, la pista o la sala de examen. Por ejemplo, ve incrementando poco a poco la cantidad de personas ante las que juegas o hablas, restando segundos en la pista de atletismo o reduciendo el tiempo de examen. Entender qué elementos de la tarea suponen el mayor reto para tu confianza te guiará en este sentido. Poner a prueba tus habilidades constantemente se traducirá en un avance progresivo y a buen ritmo, por lo que no tendrás que dar un salto de fe el día de la prueba de verdad.
3. **Reflexiona sobre cada resultado.** Podrías poner a prueba tus habilidades continuamente y repetir los mismos errores una y otra vez, sin apenas aprender nada de ello. Para sacar el máximo jugo a cada ocasión, ya sea grande

o pequeña, entiéndela como una experiencia de aprendizaje. ¿Qué elementos quieres repetir en el futuro y qué habilidades tienes que mejorar? Escudriña hasta el último detalle de tu desempeño y trata esto como la información valiosa que es. Los frutos de este proceso de reflexión trazarán el mapa que te permitirá seguir avanzando.

4. **Transforma el aprendizaje en acción.** No sirve de nada decir que has de emplear determinada habilidad de un modo ligeramente distinto. El cerebro solo aprenderá si tiene la oportunidad de llevarlo a la práctica una y otra vez. Si sabes qué tema te ha costado más puntos en uno de tus exámenes de prueba, aprovecha esa información. Vuelve al principio con ese conocimiento, haz de nuevo las repeticiones y entrena específicamente los puntos débiles hasta que se conviertan en fortalezas. Ahora, regresa al primer paso y repite el proceso.

PRUEBA ESTO

Te aconsejo que respondas por escrito a este experimento rápido para que puedas consultar las respuestas si lo necesitas. Ahora quiero que, durante unos instantes, imagines que esta noche sucede un milagro y que mañana, al despertar, la confianza en ti se ha multiplicado y es justo la que deseabas que fuera. Desde el mismo momento en que has abierto los ojos por la mañana. ¿Cómo sabrías que ha sucedido eso? Cuando respondas, intenta centrarte menos en las sensaciones y más en la conducta. ¿Qué harías distinto? ¿Cómo lo harías? ¿Cuál sería tu postura? ¿Cómo te moverías? ¿Cómo te relacionarías con los demás? ¿Cómo te enfrentarías al reto que ayer te preocupaba? Intenta pensar en esas diferencias con el máximo detalle posible. Visualízalo y úsalo para confeccionar una lista de acciones.

La mayoría de las personas que hacen esta visualización asumen que han de esperar a que la sensación o el problema cambien para que la historia se haga realidad. Sin embargo, y al igual que sucede con la motivación, la seguridad no es una emoción que aparezca primero para que actuemos después. Por el contrario, todo lo que has puesto en la lista que acabas de confeccionar, todas las acciones que has enumerado, es precisamente lo que invitará a que la confianza haga su aparición. Algunas cosas te resultarán más fáciles que otras, ¿y si empiezas por ahí?

La seguridad es un autobús que nunca llega mientras lo esperamos sentados. Por lo general, no aparece hasta que nos hemos cansado de esperar, hemos echado a andar y estamos a punto de llegar a nuestro destino a pie. Así pues, da los primeros pasos. Seguro que la confianza aparece una vez que hayas avanzado un poco en el camino.

Resumen del capítulo

- No busques la confianza, pues no la encontrarás nunca. La confianza es un producto secundario de la voluntad de empezar por el principio, avanzar paso a paso y aprender por el camino. Es el resultado tanto de los fracasos como de las victorias, siempre que aprendas de ambos.
- Sentir inseguridad en situaciones nuevas e impredecibles es normal, por lo que no es un motivo para echarse atrás. En lugar de intentar reprimir la emoción, céntrate en apren-

der y en aportar lo que puedas. Hazlo lo mejor que te sea posible y, cuando eso no sea suficiente, reflexiona acerca de cómo lo puedes hacer mejor la próxima vez.

- Si quieres aumentar la confianza en ti, has de asumir la posibilidad de fracasar. Para ello, has de reconocer el fracaso como una parte necesaria del proceso de aprendizaje. No dice nada fundamental acerca de ti ni de tu valía en cuanto ser humano. Solo habla de a qué debes prestar atención la próxima vez.
- Ten cuidado con el lenguaje que usas. Que algo no se te dé bien y que te falte preparación son dos cosas muy distintas. Siempre que te comprometas a esforzarte, tendrás potencial de mejora.

«Que algo no se te dé bien y que te falte preparación son dos cosas muy distintas. El fracaso es una experiencia, no un rasgo de la personalidad».

Abrir en caso de...

Dra. Julie Smith

CAPÍTULO 15

La vida te sobrepasa

El mejor camino es el que atravesamos.

ROBERT FROST,
«A servant to servants»

Una carta de mí para ti

Si te parece que todo se te viene encima y que estás perdiendo la capacidad para ver las cosas claras, me alegro mucho de que hayas llegado hasta aquí. En este espacio, y durante los próximos minutos, lo único que tendrás que hacer es leer estas palabras. Puedes estrechar tu foco de atención, pues llevas tiempo intentando abarcarlo todo a la vez, y centrarlo exclusivamente en estas palabras durante un rato. Solo estamos tú y yo, no hay nadie más. Ve frenando a medida que vayas leyendo. Recupera el ritmo natural de la respiración e intenta llenar los pulmones un poco más. Exhala poco a poco; cuando lo hagas, verás que cada espiración te permite relajarte un poco más y soltar parte de la tensión que estaba ahí hace solo unos instantes. Ahora, afloja la mandíbula y deja que la punta de la lengua descanse sobre el paladar. Relaja los hombros. Eso es.

Para empezar, te diré que este no es el momento de arreglarlo todo. Ahora, lo único que necesitas es ser tú, tal y como eres. Dejemos el pasado en el pasado y el futuro en el futuro, y centrémonos en el presente, en el ahora. Solo necesitas recuperar el equilibrio. La presión desaparece al detenerte, llevando a todo el cuerpo a bajar el ritmo. La tensión que sentías era desagradable, pero no te hacía daño y no estás a su merced. Irás notando alivio a medida que esa tensión se vaya transformando en un descanso reparador, en serenidad.

Esto no es ni rendirse ni evadirse. Es pulsar el botón de pausa para que te puedas bajar del carrusel, centrarte y recuperarte. Relaja la mirada, baja las cejas y vuelve a aflojar la mandíbula si es necesario. Mientras descansas con cada exhalación profunda, te diré algo.

Algunos de los cambios más importantes que he presenciado en otras personas a lo largo de los años no han tenido lugar cuando su vida se volvió más fácil de repente. Han sucedido cuando empezaron a descubrir que tenían más capacidad para afrontar las cosas de la que jamás habían imaginado.

El motivo por el que nadie te ha dicho cuál es el límite de lo que puedes afrontar es que nadie lo sabe, ni siquiera tú. Por lo tanto, cada vez que te percates de que te estás diciendo que no puedes afrontar una situación, recuerda que es un pensamiento que no es cierto, es la historia que te cuentas.

Este momento de quietud no es para protegerte del mundo exterior, porque, bueno, no necesitas que nadie te proteja. Cuando decidas abordar la dificultad de frente, encontrarás las fuerzas que antes eras incapaz de ver y sabrás qué es posible.

Cada vez que todo te parezca demasiado, cada vez que el carrusel gire demasiado rápido, baja y regresa a este espacio. Te estaré esperando. Aquí podrás calmar la mente y descansar un poco tantas veces como necesites. Después, podrás volver a subirte y ocuparte de nuevo de todo lo que te importa.

Lo mejor de estos momentos es que son breves y no requieren que tomes grandes decisiones. El tren no tiene por qué frenar en seco. Nadie se dará cuenta de que te has tomado ese pequeño descanso para ti y, sin embargo, habrás recuperado la sensación de control y podrás volver a punto para avanzar paso a paso. Si antes te abrumaba el esfuerzo de intentar entender todo lo que había en el camino, ahora pones el foco en otro punto, no en el horizonte lejano, sino en el par de pasos que tienes por delante. Y, así, descubres que, cuando pensabas que no podías afrontarlo, era precisamente ese pensamiento lo que te impedía avanzar.

Cuando te parezca que tanto el resultado como gran parte de la situación escapan a tu control, enfócate en aquello en lo que puedes influir para mejorarlo. Cambia lo que se pueda cambiar. Y, entonces, ve poniendo un pie delante del otro y felicítate por no estar evitando la situación, por no estar huyendo. Dar un paso hacia delante con valentía produce una sensación muy distinta a la que suscita un paso atrás con miedo. Revela la fuerza que no sabías que tenías para dar el siguiente paso, y el siguiente, y el siguiente.

Herramientas para usar sobre la marcha

Ahora que vamos a hablar de herramientas útiles en esos momentos en que nos sentimos sobrepasados, es importante que tengamos presente una idea clave: podemos mantener la sensación de control incluso cuando estamos sometidos a un estrés considerable. El control es la conciencia vital de que podemos decidir cómo actuar y de que nuestra actuación ejerce influencia sobre el entorno. Y, una vez que tenemos esa conciencia, lo más importante que podemos hacer con ella es... usarla. Muchas veces, cuando sentimos que algo nos supera, esa sensación viene acompañada de la percepción de que estamos perdiendo el control y la capacidad de decisión. Cuando eso pasa, es necesario que busquemos seguridad, porque es así como recuperaremos cierta claridad mental. La herramienta que te presento a continuación te ayudará a hacer precisamente eso.

Practica la atención plena

Si te encuentras en un estado de inmovilidad o tensión, este ejercicio te dará un respiro de la avalancha de estímulos y te permitirá conectar de nuevo con el aquí y el ahora para volver al presente.

Para empezar, planta los pies en el suelo. Fíjate en qué hay cerca de ti que puedas tocar, ya sea la ropa, la pared, la silla en la que descansas..., y dedica unos momentos a inspeccionar ese objeto con los dedos, como si fuera la primera vez. Observa la sensación y, luego, descríbela mentalmente: la temperatura, la textura, el peso del objeto cuando lo sostienes en la mano...

Ahora, mira a tu alrededor y busca algo en ese espacio a lo que no hayas prestado demasiada atención últimamente, quizá porque no es muy interesante y lo sueles pasar por alto. Dedica unos momentos a familiarizarte con el objeto, obsérvalo y vuelve a describirlo mentalmente. Fíjate en cómo la luz incide sobre él, los colores, las sombras, las texturas, las líneas... ¿Con qué palabras describirías ese objeto?

Ahora, amplía el foco de tu conciencia de modo que incluya los sonidos que oigas. Algunos serán bastante próximos, mientras que otros serán más distantes. No los juzgues ni intentes cambiarlos, limítate a observarlos. Luego descríbelos mentalmente.

Si lo necesitas, repite el proceso de buscar en tu entorno inmediato cosas que puedas tocar, ver y oír. Usar los sentidos de este modo te devolverá al momento presente cuando te invadan pensamientos que te estresan y sobrepasan.

Además, puedes combinar esta herramienta con la autorregulación emocional, una técnica fantástica que permite tolerar niveles de malestar elevados en momentos difíciles. También consiste en usar los sentidos, pero centrando la atención en cosas asociadas con la seguridad y la comodidad. Por ejemplo, en Inglaterra, el ritual de preparar el té y tomarlo con alguien está tan asociado a la intimidad y la comodidad que, cuando ralentizamos deliberadamente el proceso y prestamos atención a cada paso, a lo que vemos, oímos y olemos cuando lo infusionamos o servimos, nos ayuda a relajarnos en momentos de agobio y malestar emocional. Puedes conseguir estas sensaciones calmantes usando cualquier cosa, desde el perfume de un ser querido hasta una comida tradicional en familia, fotografías de momentos felices o música que te relaje, tú decides. La clave está en que recurras a todos tus sentidos para que te traigan al aquí y ahora y te calmen en momentos de estrés o angustia, en lugar de intentar reprimir las emociones negativas o escapar de ellas.

Atención a las creencias que nos impiden avanzar

Es natural que nos sintamos abrumados ante situaciones que amenazan con poner patas arriba nuestra vida, ya se trate de una muerte en la familia, de un divorcio o de ser víctimas de acoso o violencia.

En esas situaciones, es fácil que nos sintamos sobrepasados de repente. Sin embargo, hay otras ocasiones en las que el estrés crónico lleva a que nos sintamos un poco más abrumados cada día. En el mundo actual, no es raro que la responsabilidad y la exigencia en la carrera profesional vayan aumentando gradualmente al mismo tiempo que intentamos crear una familia. Las expectativas acerca de lo que deberíamos ser capaces de gestionar crecen sin tregua y los signos del daño como consecuencia del estrés crónico pasan desapercibidos hasta que nos venimos abajo.

En otros casos, el agobio tiene menos que ver con la magnitud de la situación y más con lo que piensa la persona respecto a sí misma y a su capacidad para afrontar el estrés y las emociones dolorosas, la cual cree limitada. He dedicado gran parte de mi carrera a trabajar con clientes que subestimaban en gran medida su fuerza y resiliencia. Con demasiada frecuencia, respondemos por defecto «No podré soportarlo», una respuesta que conduce a una vida miserable que rezuma tristeza debido a decisiones basadas en creencias limitantes.

Cuando la gente dice que la mente solo se puede calmar con el cuerpo, olvida que dar rienda suelta a los pensamientos negativos activa una y otra vez la respuesta de estrés, por lo que mantener la calma durante periodos de tiempo prolongados parece imposible. Por eso, analizar aquellas creencias que favorecen el agobio es muy útil en esos momentos. En este punto, no hace falta que nos cuestionemos aquello en lo que creemos si nos parece demasiado. Lo que sí podemos hacer es identificarlo y mantenerlo a cierta distancia, verlo como lo que es: una historia que nos podemos creer o no. Piensa en si querrías que un ser querido diera por ciertos esos pensamientos en momentos de agobio. Si ese ser querido estuviera pasando por el mal trago que tú estás viviendo ahora, ¿qué querrías que pensara?, ¿qué querrías que viera?

Quizá recuerdes que, en otros capítulos, te he dicho que nunca te pediré que intentes convencerte de algo que no creas ya. Al mismo tiempo, la realidad nos ofrece una perspectiva de 360 grados. Así pues, abórdala desde el ángulo que te resulte más útil, no desde los que te compliquen la vida. En esto consiste la técnica del reencuadre, y la puedes usar incluso para cuestionar afirmaciones como «No podré soportarlo». Puedes transformar esas palabras en «¿Qué puedo hacer para prepararme y dar lo mejor de mí en esta situación con el tiempo del que dispongo?». Pasa de intentar evitar lo que no quieres a trabajar por lo que sí quieres.

No identificarse como una víctima frágil

La sensación de agobio no es indicativa de falta de capacidad ni de un trastorno emocional, sino de que, en este momento, hay algo en tu vida que no te va bien o que amenaza tu equilibrio. Los detalles de lo que sucede son distintos para cada persona. Por eso, nos corresponde a cada uno evitar la tentación de juzgarnos y censurarnos y, por el contrario, usar lo que sentimos como información y abordarlo con curiosidad. Indaga en qué podría estar fomentando esa sensación de agobio y escucha a tu cuerpo y mente cuando te digan qué necesitan. Si prestas atención, lo oirás.

Tiempo para no hacer nada

La mayoría de las personas conocen la sensación de que la vida pasa mucho más rápido de lo que la mente humana puede aprehender. En su trabajo sobre la reducción del estrés, el profesor estadounidense Jon Kabat-Zinn plantea una idea que parece casi radical en el mundo en el que vivimos. Sugiere que deberíamos reservar «tiempo para no hacer nada»[1] y también para no hacer otra cosa que ser conscientes del momento. Es salir por completo del caos del agobio que llevan al cuerpo y la mente a querer desconectar.

Aunque podemos usar este tiempo para estar solos, somos seres sociales y la compañía de los demás y los vínculos relacionales nos tranquilizan, así que también podemos aprovecharlo para estar en compañía de otros. Ser conscientes significa prestar atención al momento presente de forma deliberada, y eso es algo que podemos hacer tanto solos como acompañados.

Hacer que el sistema nervioso pase de un estado de activación y afán a un estado de calma, quietud y tranquilidad aliviará parte de ese agobio y te recargará las pilas. Por lo tanto, busca lo que más encaje contigo, ya se trate de hablar con un amigo, de escuchar música, de pasear al aire libre y por la naturaleza, de pasar tiempo con tus mascotas, de sentir el corazón de otra persona o de meditar.

Si prefieres oír la voz de otra persona y hacer meditaciones guiadas, en mi canal de YouTube encontrarás algunas que he escrito para ti, a las que puedes acceder siempre que lo necesites.

Energía arriba, energía abajo

A veces, el agobio nos abruma cuando estamos en una situación de gran tensión y estrés, por lo que necesitamos rebajar la tensión y encontrar la calma. En otras ocasiones, el cambio de estado que nos hace falta va en sentido contrario. Quizá tengamos baja energía, pero necesitemos empezar a hacer lo que se espera de nosotros, en cuyo caso tendremos que aumentar el nivel de alerta y activación para poder centrarnos en la tarea. Aprender a cambiar el estado físico en ambas direcciones es una herramienta vital muy valiosa.

Si necesitas prepararte para la acción, puedes valerte de la respiración pasando de exhalaciones largas a inhalaciones más profundas y vigorosas, así tu frecuencia cardiaca aumentará rápidamente. Puedes reforzar el proceso moviendo el cuerpo y escuchando música elegida cuidadosamente. A medida que vayas experimentando con las herramientas, serás cada vez más consciente de cómo influye cada una de ellas en tu estado físico y emocional. Esa conciencia es la clave para que puedas usar todas estas herramientas en tu beneficio, ya sea cuando necesites bajar de revoluciones y calmarte o aumentar tu energía.

Resumen del capítulo

- Las emociones pueden ser incómodas, pero no son peligrosas. Si temes a las emociones, te perderás el mensaje que te quieren transmitir.
- El agobio no te convierte en incapaz ni en víctima y tampoco es un trastorno. Es un conjunto de sensaciones corporales que te dan información acerca de lo que necesitas. Si analizas esa información con curiosidad, las soluciones te resultarán muy sencillas.
- Resiste la tentación de juzgarte y censurarte por esto. El agobio no te define. Es una experiencia, un conjunto de sensaciones que te informan de lo que necesitas. Si escuchas a tu cuerpo, te dirá qué le hace falta. Por lo general, suele ser que necesita recuperarse de alguna manera.
- Cuando te embargue el agobio, no permitas que ese veloz proceso cognitivo que se da influya en tu estado sin cuestionarlo. ¿Cuál de tus creencias es la que no te deja salir de ese círculo vicioso? ¿Cómo podrías cambiar eso que te dices para recuperarte y avanzar?
- La calma no siempre es el cambio de estado que necesitamos. A veces, nos hace falta activarnos, estar alerta y prepararnos para pasar a la acción. La respiración, el movimiento físico y la música son solo algunas de las maneras que nos ayudan a hacerlo. Experimenta y descubre qué te sirve para pasar al estado que necesitas en cada momento.

«Tienes más capacidad para afrontar las dificultades de la que jamás hayas imaginado. Un paso hacia delante con valentía produce una sensación muy distinta a la que suscita un paso atrás con miedo».

Abrir en caso de…

Dra. Julie Smith

CAPÍTULO

16

No soportas a la persona en la que te has convertido

El yo no está predeterminado, nuestras decisiones y nuestra conducta lo moldean continuamente.

JOHN DEWEY

Una carta de mí para ti

Piensa en alguien a quien quieras incondicionalmente, alguien que lo signifique todo para ti, alguien a quien desees lo mejor de este mundo. Piensa en algún momento en el que hayas visto a esa persona despreocupada y llena de alegría. ¿Cómo te hace sentir?

Ahora, imagina esos ojos llenos de dolor mientras oyes una y otra vez: «No me soporto». Fíjate en cómo te sientes cuando te das cuenta de que el desprecio que esa persona siente por sí misma es comparable al que tú sientes por ti.

Todas las células de tu ser te llaman a intentar convencer a esa persona del valor y la brillantez que no ve en sí misma, porque, desde fuera, es evidente todo lo bueno que tiene, lo mucho que hay que apreciarla y cuidarla. Ojalá ella lo viera también.

El cariño que le tienes no depende de que satisfaga las expectativas de los demás, ni siquiera las propias. Desde fuera, ves que el desprecio y el odio que siente por sí misma no tienen nada que ver con lo que vale, pues se equivoca por completo. Sabes que merece amor y sentido de pertenencia, aunque no se dé cuenta de ello.

Mantén en mente a ese ser querido y a ti, pero ahora ponte tú en su lugar y yo me pondré en el tuyo. Desde fuera, veo con claridad que el desprecio que sientes por ti es autodestructivo y que te aferras a él como si fuera la única verdad posible, cuando veo que hay mucho más que lo que tú percibes.

A pesar de mi profundo anhelo por hacerte cambiar de opinión, no hay palabras en esta página o en cualquier otra que puedan borrar las experiencias que te han hecho detestar a la persona que eres. No podemos cerrar esa vía en tu mente, pero sí podemos abrir una nueva, una vía llena de autocompasión y reparación.

No te voy a pedir que empieces a entonar «Te quiero» frente al espejo. Si no te gusta quién eres hoy, has de poner el foco en quién quieres ser mañana. La buena noticia es que no estás escrito en piedra y que los capítulos anteriores de tu historia no tienen por qué determinar los que aún están por escribir. Eres un pozo de potencial enorme y solo a ti te corresponde la responsabilidad de tomar las riendas de la persona en la que te estás convirtiendo, de tratarte como una valiosa obra en progreso, aunque aún no lo sientas así. Ya has visto adónde te conduce la alternativa y es algo que no le desearías a nadie.

Vivir de un modo congruente con la persona que deseas ser, una a la que puedas querer, es imposible a no ser que te trates con respeto, compasión y humildad.

Abandonar las creencias antiguas exige que te comprometas con determinación a estar ahí para ti,[1] a querer lo mejor posible para ti y a aportar al mundo todo lo que puedas. Significa, por una parte, que aceptes por completo las partes de ti que más te disgustan y, por otra, que te ofrezcas la misma amabilidad y ánimo que le querías dar a tu ser querido hace unos instantes. Significa tomar las riendas y decidir cómo te tratas y cómo te relacionas con los demás y con la vida, por difícil que sea erradicar los antiguos hábitos, pues sabes que despreciarte te impide avanzar.

Herramientas para usar sobre la marcha

La estima en que nos tenemos casi nunca cambia de un día para otro. Al igual que sucede con la mayoría de las cosas, el cambio se produce a base de pequeños incrementos que se repiten a lo largo del tiempo. Además, no viene de serie, sino que se debe a muchas personas, experiencias y conductas de cuyo impacto no somos conscientes casi nunca. Por lo tanto, ninguna de las herramientas que te ofrezco a continuación cambiará milagrosamente las cosas, pero todas ellas contribuirán de un modo significativo a tu capacidad para tomar decisiones cuidadosas acerca de cómo te relacionas contigo de ahora en adelante y para darte cuenta de cómo influyen esas decisiones en tu vida.

No disfrazar el desprecio de perfeccionismo[2]

Una de las maneras en que el desprecio por nosotros mismos se manifiesta en la vida cotidiana es la búsqueda de relaciones que no nos convienen, el sabotaje de las que podrían haber sido sanas y el descarte de oportunidades. Sin embargo, no siempre se presenta de un modo tan evidentemente autodestructivo.

En nuestro esfuerzo por librarnos de emociones y creencias tan amenazantes para nuestra salud psicológica, desarrollamos normas de vida concretas que prometen mantenernos a salvo de la realidad de esas creencias arraigadas tan perjudiciales; por ejemplo, «Si le caigo bien a todo el mundo, estaré bien». Así pues, nos esforzamos en asegurarnos de que todo el mundo piense que somos serviciales, amables y valiosos. Lo que sucede es que es una tarea imposible de mantener y absorberá tanta energía como le dediquemos y más. El agotamiento que esto causa ya es triste, pero lo más triste de todo es que, por bien que le caigamos a todo el mundo gracias a lo que hacemos, nunca llegaremos a la meta, nunca nos sentiremos aceptados del todo, pues, en el fondo, seguimos creyendo que todo es condicional, que, si no nos continuamos esforzando constantemente, no merecemos amor, no merecemos pertenecer al grupo.

Por lo tanto, busca tendencias perfeccionistas que, en realidad, oculten el desprecio que sientes por ti, las cuales solo funcionan mientras sostengas lo insostenible. Hacer una aportación valiosa a la comunidad es un paso positivo, pero esta se ha de sustentar en una valoración positiva de ti que no dependa de que no haya altibajos en tus relaciones con los demás ni de que estas sean perfectas.

Si no te compadeces de ti ni te comprometes a tratarte tal y como necesita y merece todo ser humano, ya te puedes ir preparando para pasarte toda la vida sobre la cinta de correr, porque, sin esos dos elementos, nunca sentirás que eres suficiente. Seguirás encontrando una vara de medir tras otra que pondrá tu capacidad de sentir felicidad y satisfacción siempre un paso por delante de ti.

Por tanto, cógete de la mano, concienciate y relaciónate plenamente con el mundo, sabiendo que tú siempre te ofreces un lugar donde encajas al que siempre puedes volver.

Es importante no confundir la modestia con denigrarse. Tratarte como si no importaras y fueras irrelevante fomenta el desprecio que sientes por ti y todas las acciones autodestructivas al que este da lugar. En el mejor de los casos, estas acciones empañarán todo lo que te importa, desde aquello que es el centro de tu vida hasta lo más distante. En el peor, lo destruirán.

La tendencia a despreciarte no es un indicador de lo que vales; no te da la menor información acerca de si mereces amor, felicidad y plenitud. Por el contrario, sí te informa que debes cambiar cosas si quieres sacar el máximo provecho a tu vida. En parte, te pide que cierres la brecha entre la vida que estás viviendo hoy y la persona que quieres ser. Sin embargo, la mejora personal constante no llenará por sí sola el vacío que deja el autodesprecio; cuando mucho, quizá lo oculte a tus ojos y a los de los demás. La clave está en que te aprecies y te cuides como cuidarías de un niño que necesita sentirse aceptado, que necesita aliento; en cuidar de verdad de ti y de tu futuro como si fueras alguien que te importa de verdad. Esto garantizará que no necesites demorar la felicidad y la satisfacción hasta el día en el que te conviertas en ese escurridizo yo perfecto al que ninguno de nosotros llega jamás. Si aspiras a ello, pero aceptas que no pasa nada si no lo alcanzas, estarás en buena compañía durante todo el viaje.

Así pues, comprométete, ahora mismo, a hablarte de la manera que te garantice el mejor resultado. Da igual que creas que lo mereces o no, lo que importa es que sepas que es lo que debes hacer si quieres empezar a orientar tu vida en la dirección que deseas.

No ceder ante el razonamiento emocional[3]

Muchas personas asumen que los pensamientos y las emociones van cada uno por su lado, que las emociones representan nuestra faceta irracional y caótica, mientras que los pensamientos representan nuestra faceta más racional. Has de saber que esto no es tan cierto como nos gustaría. Gran parte de lo que pensamos depende de lo que sentimos y, a su vez, lo que pensamos influye en lo que sentimos.

La emoción que sentimos es la mejor interpretación que el cerebro hace de lo que sucede en un momento dado para darle sentido. Sin embargo, como el cerebro casi nunca tiene acceso a toda la información, llena los espacios en blanco con el recuerdo de situaciones similares pasadas y con otra información que el cuerpo le envía acerca de si las cosas parecen ir bien o mal. Una vez que entendemos esto sobre las emociones, es más fácil ver que todos practicamos el hábito del razonamiento emocional. Es lo que hacemos cuando sentimos algo y, en lugar de entenderlo como una posibilidad entre varias, lo interpretamos como la única verdad. «Lo siento, luego ha de ser cierto».

Una vez que sabemos qué es el razonamiento emocional, lo empezamos a ver por todas partes, aunque verlo en otros es mucho más fácil que en nosotros mismos. Hay mil y un motivos por los que nos podemos sentir inútiles en una situación dada. Sin embargo, llegar a la conclusión de que somos tontos e inútiles a pesar de todas las pruebas que indican lo contrario es una demostración de razonamiento emocional. La mayoría de las personas nos hemos sentido inútiles en algún momento, pero nunca le diríamos a nadie que si se siente inútil es que, en efecto, lo es. El verdadero daño ocurre cuando empezamos a actuar basándonos en esa conclusión. Si creemos que no valemos nada, nos comportaremos así en todo lo que hagamos. Incluso la emoción más mínimamente negativa nos parecerá más significativa de lo que es en realidad y confirmará nuestra creencia de que no valemos nada.

Nada de todo esto conduce a una vida mejor, así que practica y toma conciencia de cuándo hace su aparición el razonamiento emocional para tener la oportunidad de pararlo en seco.

Elegir las palabras

Si vas a tener el valor de afrontar todo lo que, en estos momentos, enturbia tu vida, el lenguaje es muy importante. Vuelve a pensar en esa persona a la que quieres incondicionalmente. Si hay algo que no le dirías nunca, no te lo digas tampoco a ti. Y, si el pensamiento nace de años de costumbre, nunca lo dejes pasar sin cuestionarlo.

Ya sabes adónde te lleva el discurso de desprecio. No es un lugar bonito, no es la mejor opción ni para ti ni para ninguno de tus seres queridos. ¿Te ha sido útil alguna vez el desprecio de los demás? Seguro que no, pero seguramente sí te haya hecho daño.

El discurso de desprecio puede ser una versión de la historia en la que eres el villano, las demás personas te desprecian y consideran que mereces todo lo malo que te pase. También puede ser una historia en la que te convences de no hacer ninguna aportación bienintencionada al mundo por imperfecta que sea porque tu mente resulta un lugar aterrador si las cosas salen mal. Cuando te des cuenta de que te estás atacando de este modo, detente unos instantes y pon los pensamientos por escrito. Esto los transformará de verdades incuestionables a un reflejo sesgado del pasado que no te ayuda ni ahora ni en el futuro.

Poner la ira a nuestro servicio en lugar de reprimirla

Si notas que te empiezas a enojar contigo, es buena noticia, pues con frecuencia se requiere una buena dosis de autoestima para que aparezca la ira. Es la misma ira que sentirías hacia las personas que han convencido a tu ser querido para que se deteste a sí mismo. La ira no es una emoción tan mala como nos han hecho creer. Siempre que no la dirijamos hacia nosotros mismos o hacia alguien que no nos está haciendo daño activamente, puede ser una fuerza impulsora. La ira nos ordena que pasemos a la acción, es el fuego interior que nos eleva y nos lleva a mejorar las cosas. Así pues, no la reprimas, úsala como combustible y se consumirá. Seguirá su curso natural.

Mirar al pasado para entender cómo hemos llegado aquí[4]

Aunque cuestionar las creencias básicas dolorosas es difícil, entender los elementos de nuestro pasado que han facilitado que se desarrolle este patrón es una manera muy potente de tomar distancia de esas emociones y de verlas como lo que son. De este modo, cuando aparezcan, nos ayudarán a recordar que el dolor de las antiguas heridas no siempre es la mejor forma de entender la realidad actual. No cabe duda de que adoptamos estos patrones para protegernos en un momento de necesidad. Sin embargo, cuando quedan desfasados, se pueden convertir en una fuerza destructiva.

Incluso las personas más inteligentes y con más capacidad de introspección pueden tener las creencias más ilógicas acerca de sí mismas que imagines, las cuales llegan a superar su capacidad de raciocinio. Basamos las decisiones en la emoción y, luego, las racionalizamos. Por lo tanto, la transformación comienza por entender los aprendizajes erróneos que dieron lugar a esas creencias. Quizá fuese un trauma concreto, quizá fuera un debilitamiento del yo más sutil y gradual que resulta imposible de ver con perspectiva hasta que crecemos, vivimos fuera del sistema familiar y lo miramos a partir del conocimiento nuevo que hemos adquirido al ver a otras personas hacer las cosas de otra manera.

El siguiente paso hacia tierra más firme es narrar la historia, poner palabras a las imágenes mentales, ya sea escribiendo o hablando en un espacio seguro. Al reflexionar acerca de esas experiencias tempranas una vez que han quedado en el pasado, las podemos reconsiderar de un modo constructivo que nos ayude a entender las consecuencias con las que seguimos lidiando hoy. De este modo, podemos tomar conciencia de cómo desarrolló nuestra mente esas creencias para mantenernos a salvo en el pasado y de que, ahora, sigue en ese ciclo con la misma intención. El aprendizaje nuevo consiste en descubrir que ese ciclo ya no es necesario.

Sacar la historia de la mente y mirarla desde la distancia es transformador en sí mismo. Ver adónde conducen los caminos es mucho más fácil cuando sobrevolamos el bosque en lugar de caminar por él. Así, obtenemos un mapa de dónde hemos estado, de los caminos que hemos tomado por error y de cómo corregir el rumbo.

Domar la mente[5]

¿Cómo podemos domar la mente si no podemos controlar los pensamientos a los que da lugar? No te ataques por atacarte: no lleva a ningún sitio. Por el contrario, acostúmbrate a darte cuenta de lo que piensas. Si practicas *mindfulness* a diario, entrenarás los músculos mentales que necesitas para ello. Cuando te des cuenta de que estás pensando algo que no le dirías a un amigo, impide que vaya más lejos. No es lo mismo que intentar hacer que desaparezca. Es encontrar una respuesta que surja de la parte de ti que quiere un futuro mejor y que no quiere perder el tiempo haciendo leña del árbol caído. Por tanto, puedes responder en voz alta o mentalmente: «No, esto no me ayuda. Ya no me hablo así. Solo consigue que me sienta peor». También puedes contrastar la realidad y cuestionar la validez del pensamiento, pero solo si es algo rápido y fácil de hacer. Lo último que necesitas es embarcarte en una discusión con tus pensamientos autocríticos. El objetivo es cortarlos de raíz lo antes posible reconociendo que no son más que reflejos del pasado que te impedirán avanzar si les prestas demasiada atención.

A continuación, préstale atención a esa voz nueva que ahora sabes que necesitas, la que te ayuda a levantarte y a seguir adelante. Quizá sea la voz de un entrenador firme y afectuoso, la de una madre cariñosa o la de tu yo más compasivo. La puedes desarrollar con el tiempo, pero ha de ser una voz segura de sí misma que te ofrezca un apoyo inquebrantable y esté comprometida con ayudarte a crear el mejor futuro posible. Es posible que te resulte incómoda, que te dé vergüenza o que te parezca autocomplaciente o tonta. Además, todas esas opiniones que tenías acerca de que tratarte con amabilidad es una ridiculez reverberarán como un eco del pasado fuerte y claro, por lo que mantener el compromiso no será tarea fácil, pero que no te resulte cómodo o fácil al principio no significa que no sea lo que necesitas a largo plazo. Así pues, reconoce esos ecos como los últimos coletazos de discursos pasados y mantente firme hasta que se desvanezcan.

Resumen del capítulo

- No aprendiste a detestarte de un día para otro, por lo que también necesitarás tiempo para desaprenderlo. Sin embargo, es un trabajo imprescindible si te quieres librar del desprecio que te profesas y de la desdicha que este provoca.
- Si el respeto que te tienes es condicional, el perfeccionismo solo servirá para ocultar el desprecio que sientes por ti. Apuntar alto y esforzarte por aportar algo a los demás es positivo, pero te has de tratar como a alguien a quien aprecias tanto si lo consigues como si no.
- El razonamiento emocional (si lo siento, ha de ser verdad) es un sesgo cognitivo habitual y tu enemigo mientras haces este trabajo. No lo dejes pasar sin cuestionar las conclusiones a las que llega.
- No pasa nada si te enojas porque tu vida no es la que querrías, siempre que te asegures de poner esa ira a tu servicio. Canalízala en la dirección elegida con cuidado y úsala para impulsar acciones positivas. Si diriges la ira hacia ti, solo conseguirás sentirte peor.

«Toma las riendas de la persona en la que te estás convirtiendo. Si no te gusta quién eres hoy, céntrate en quién quieres ser mañana».

Abrir en caso de…

Dra. Julie Smith

CAPÍTULO 17

Temes equivocarte

Tomar decisiones no es difícil cuando conocemos nuestros valores.

ROY E. DISNEY

Una carta de mí para ti

Las bifurcaciones en el camino no siempre nos parecen las oportunidades que son en realidad. El miedo a equivocarnos puede hacer que nos quedemos bloqueados, incapaces de decidir. Así pues, empezamos a buscar todos los motivos que explican ese miedo, y, como siempre, cuando buscamos, encontramos. Una vez que sabemos lo que nos da miedo, demorar la decisión es un alivio, al menos por el momento. Sin embargo, todas las decisiones tienen un coste y siempre hay algo que debemos tolerar o algo a lo que renunciar, aunque centrarnos solo en eso es un error, porque no reconocemos el profundo vacío y, más adelante, la desesperanza que surge de no haber pasado a la acción.

Hay decisiones que son difíciles y punto. Y no hay decisiones perfectas, solo hay muchas decisiones imperfectas. Pagamos un peaje sea cual sea el camino que emprendamos: siempre hemos de renunciar a lo que hubiera podido ser. Hay renuncias que no podemos anticipar, mientras que hay otras que sí. Por tanto, cuando debas tomar decisiones acerca de cómo vivir tu vida y a qué aspirar, reconoce aquello a lo que has de renunciar en cada uno de los caminos que se abren ante ti. Lo único que está en nuestra mano es optar por las renuncias con las que podemos vivir ahora o por aquellas que creemos que podremos asimilar más adelante, en lugar de por las que nos dejarán lamentándonos por una vida que hubiera podido ser más significativa.[1]

Por supuesto, la vida nunca es tan sencilla como sopesar dos futuros posibles y ver cuál nos parece mejor. Hay fuerzas que tiran en distintas direcciones de nuestra idea de lo que es mejor. Lo que queremos no siempre coincide con lo que necesitamos. Y las personas de las que somos responsables tienen sus propias necesidades, las cuales pueden ser contradictorias. Así pues, la idea de la mejor decisión se complica y entraña resultados positivos y negativos imprevisibles.

La única manera de que reunamos el valor necesario para tomar decisiones importantes es comprometernos a perdonarnos si, más adelante, nos damos cuenta de que nos hemos equivocado.

Nadie puede tomar esa decisión por nosotros, pero eso es una buena noticia, porque significa que no podemos ser víctimas del resultado. Podemos controlar este aspecto de nuestra vida e influir en la dirección que toma. Comprometernos plenamente con nuestra decisión, tanto si resulta ser la adecuada como si no, siempre es beneficioso si estamos dispuestos a aprender y a cambiar de dirección cuando sea necesario. Así, ese camino sinuoso se convierte en la aventura de nuestra vida.

Herramientas para usar sobre la marcha

Podemos hacer cosas que simplifican la gestión de decisiones complejas. Algunas son ejercicios que puedes hacer en el mismo momento. Otras son habilidades que has de practicar y desarrollar con el tiempo.

Cómo saber qué nos importa

Tomar decisiones es mucho más difícil cuando sentimos que tiran de nosotros en direcciones distintas y, en ocasiones, contradictorias. Por lo tanto, determinar cuánto peso otorgar a cada una de esas influencias nos resulta muy útil. Los valores y las prioridades cambian a lo largo de la vida, por lo que conviene considerarlos brevemente antes de tomar ninguna decisión importante. Hay varias maneras de hacerlo, y hablo de ello con más detalle en mi libro anterior (capítulo 33 de *¿Por qué nadie me lo dijo antes?*), pero, si estás pensando en una decisión concreta, esta es una forma fácil de garantizar que sea congruente con lo más importante para ti en este momento de tu vida.

Prueba esto

Haz una lista con todos los aspectos de tu vida que crees que se verán afectados por la decisión a la que te enfrentas. Por ejemplo: familia, crianza de los hijos, amistades, relaciones íntimas, carrera profesional, salud, educación, crecimiento personal, comunidad, aportación al mundo...

A continuación, responde a las siguientes preguntas para cada una de las áreas que hayas identificado:

- ¿Qué es lo más importante para ti en esta faceta de tu vida?
- ¿Cómo quieres estar presente y cómo quieres contribuir a esta faceta de tu vida?
- ¿Cómo afectará la decisión que has de tomar a tu capacidad para vivir de un modo congruente con esos valores?, ¿te acercará o te alejará de ellos?
- ¿Cómo te sentirás si eso sucede?, ¿mejorará tu vida o la empeorará?

Dedica más o menos tiempo a este ejercicio en función de la gravedad de la situación a la que te enfrentes y de los valores con los que entre en conflicto. Eso sí, has de responder con sinceridad. No es tan fácil como parece. Con frecuencia, las respuestas que encontramos en el ejercicio no son las que querríamos oír; sobre todo, si nos damos cuenta de que la decisión que hemos de tomar es también la más difícil.

Pros y contras

Cuando alguien acude a mi consultorio porque le está dando vueltas a cambiar algo en su vida pero no puede pasar a la acción, trabajamos para analizar la situación de un modo al que no siempre dedicamos tiempo en la vida cotidiana.

Nos sentamos a reflexionar, con la seguridad que da saber que por el momento no hay que hacer nada, y sopesamos las ventajas y las desventajas del cambio en cuestión. Así, podemos ver con claridad si los beneficios superan a los costes. Sin embargo, seguimos sin entender por qué nos cuesta tanto dar el primer paso, y no lo entendemos porque este análisis simplista ha pasado por alto algo fundamental.

Casi nadie tiene en cuenta los beneficios de no hacer nada, el hecho de que no actuar también ofrece ventajas, una de las cuales es que nos permite evitar hacer algo. Una vez que hemos identificado esas ventajas, podemos ser sinceros con nosotros mismos acerca del coste, ahora y durante el resto de nuestra vida, que tiene el no hacer nada.

PRUEBA ESTO

Se trata de un ejercicio revelador cuando ya sabemos qué decisión hemos de tomar, pero llevamos tiempo evitando dar el paso. Puedes responder a las preguntas siguientes como punto de partida.

- ¿Cuáles son los beneficios de demorar la decisión?
- ¿Qué evitas al demorar dar el paso?
- ¿Cuál es el coste de demorar la decisión, ahora y en el futuro?
- ¿Serás capaz de vivir con las consecuencias?

Tolerar la duda

A pesar de poner tanto énfasis en la necesidad de comprometernos con una decisión, también he de señalar que tomar la decisión y ejecutarla no necesariamente pone fin a la angustia. Quizá no creas de inmediato que sea la mejor decisión que podrías haber tomado, y es posible que la duda persista. Si necesitas reevaluarla, hazlo constructivamente, pero no caigas en la rumiación acerca de los caminos no elegidos, sobre todo si no los elegiste por un buen motivo. Que ahora dudes no significa que te equivocaras. Puede significar, sencillamente, que te apenan las pérdidas a que han dado lugar los sacrificios que has tenido que hacer para ir por este camino. Mantén la mirada en tu destino, no en a donde podrías haber ido.

Fracaso

Si sueles paralizarte ante la toma de decisiones, conviene que dediques algo de tiempo a reflexionar acerca de cómo vives el fracaso.

A lo largo de tu vida, habrás conocido a personas que te han hecho sentir miedo a caer, mientras que otras te habrán hecho sentir que podías volar, y solo por cómo han respondido las unas y las otras ante tus éxitos y tus fracasos. No hay fracaso que duela más que el que viene seguido de un torrente de maltrato que nos lleva a cuestionar lo que valemos.

Si hemos aprendido a esperar ataques verbales de este tipo cuando algo nos sale mal, tomar decisiones nos parece imposible, y lo mismo sucede cuando los ataques son propios. La mejor forma de encontrar el valor necesario para tomar decisiones importantes es saber, sin lugar a duda, que podemos contar con nosotros mismos cuando fracasemos. Fíjate en que he escrito «cuando», no «si», porque, si de algo podemos estar seguros, es de que fracasaremos antes o después.

Sin embargo, cuando nos comprometemos de verdad a cuidar de nosotros mismos cuando fracasemos, tal y como cuidaríamos de alguien en quien creemos y a quien queremos mucho; y cuando nos decimos las palabras que necesitamos oír en lugar de repetir los ecos de acosadores del pasado, levantarnos

nos resulta más fácil. En lugar de sentir que nos hunden, sentimos que nos dan la mano.

Confiar en que responderemos al fracaso de un modo que nos resulte útil, ya sea en el papel del amigo protector que necesitamos o del entrenador que quiere que encontremos nuestro límite, exige que nos lo tomemos muy en serio. Por lo tanto, busca las palabras, planifícalas, descubre qué te levanta el ánimo y qué te hunde en la miseria. No estás perdiendo. Estás viviendo, estás aprendiendo, estás siendo testigo de tu capacidad para levantarte cada vez. De esta manera, el miedo al fracaso se irá volviendo cada vez más pequeño.

Resumen del capítulo

- Dudar no siempre es un motivo para detenerse. Si has reflexionado acerca de una decisión y sabes que es congruente con tus valores fundamentales, asumir la incertidumbre de no saber cómo saldrá forma parte del proceso. La duda te puede acompañar, pero no permitas que tus decisiones dependan de ella.
- Si sabes que has tomado la decisión correcta, pero te sientes incapaz de ejecutarla, dedica algo de tiempo a analizar los beneficios de dejar las cosas tal y como están. ¿Qué evitas gracias a la inacción? ¿Qué te costará no hacer nada? ¿Eres capaz de pagar ese precio?
- ¿Qué te han enseñado acerca del fracaso?, ¿es eso lo que te impide tomar determinadas decisiones? En las ocasiones en las que te has atrevido a tomar decisiones importantes, ¿cómo se entiende el fracaso en esos contextos?

- El fracaso es inevitable, y recuperarse de él es mucho más fácil si contamos con alguien en quien confiar en ese momento. ¿Cómo cambaría tu vida si decidieras ser esa persona para ti?

«Mantén la mirada en tu destino,
no en a donde podrías haber ido».

CAPÍTULO

18

Te falta fuerza de voluntad

Recuerda que los aviones siempre despegan con el viento en contra, no a su favor.

HENRY FORD

Una carta de mí para ti

A veces, es como si fuéramos dos personas, cada una con anhelos distintos. Una sabe exactamente qué sería lo mejor para nosotros a corto plazo, mientras que la otra se siente incapaz siquiera de pensar en dar un primer paso hoy. Así pues, no lo damos y nos prometemos que lo daremos mañana. Cuando llega el mañana, nos enfrentamos al mismo conflicto interno y volvemos a demorar la acción que sabemos que nos beneficiará en favor de hábitos conocidos que nos resultan más fáciles.

La falta de fuerza de voluntad no es un obstáculo solo cuando la tarea es bastante exigente o dolorosa. Hablemos, por ejemplo, del ejercicio físico. La mayoría de las personas saben que, una vez que comiencen, disfrutarán y se encontrarán mejor. Sin embargo, lo difícil no es la tarea en sí, sino la tensión entre el estado de no hacer y el de hacer. Una vez que cobramos impulso, la fuerza de voluntad ya no nos parece un elemento tan esencial. Por el contrario, el impulso exige un tremendo esfuerzo físico y psicológico, pues nos enfrentamos a nuestra propia resistencia.

Si el problema te resulta familiar, es probable que ya te hayas dado cuenta de la tendencia a maquillar la decisión de no comenzar como un mero retraso mientras esperamos a que las condiciones sean más propicias, mientras esperamos a disponer de más tiempo, estar menos cansados, tener menos cosas en la cabeza... Sin embargo, el tiempo pasa y nos damos cuenta de que siempre tenemos motivos de sobra para seguir esperando. Siempre tenemos responsabilidades que compiten por ser prioritarias y nunca nos sentimos lo bastante preparados como para comenzar. Demorar la acción fomenta tanto la constante batalla mental como el inevitable arrepentimiento más adelante.

Tener la certeza de que nos arrepentiremos en el futuro no reduce la tensión en el presente. Siempre estamos más en consonancia con cómo nos sentimos ahora que con la idea de cómo nos podríamos sentir luego. La verdadera energía para dar el paso llega cuando nos damos cuenta de que siempre habrá una fuerza que se oponga a que lo demos. Cuando apuntamos hacia arriba, la tensión es inherente a cualquier cosa que hagamos.

Por tanto, no esperes a que algo te apetezca, no esperes al momento ideal. Si el objetivo te importa de verdad, empieza a avanzar en esa dirección. Por pequeños que sean esos primeros pasos, serán imprescindibles para ir ganando impulso.

Tal y como dijo el escritor Steven Pressfield, la batalla real, el verdadero juego, la libramos contra la resistencia.[1] Cuando nos comprometemos a enfrentarnos a ella y a avanzar pasito a pasito, sentimos el orgullo de saber que hemos tomado las riendas y elegido la dirección en la que queremos ir, en lugar de dejar que nos empujen cuesta abajo. Nada te hará sentir más energía que apuntar hacia arriba, hacer el esfuerzo necesario para ascender y darte cuenta de que te empiezas a mover.

Herramientas para usar sobre la marcha

Si te quieres poner manos a la obra para que el camino hacia tus objetivos te resulte algo más fácil, este apartado rebosa de herramientas cuyo objetivo es generar un entorno que fomente la fuerza de voluntad. Todas las herramientas se basan en la ciencia, pero es posible que algunas te encajen más que otras.

Hacerse preguntas difíciles

Uno de los errores que cometen la mayoría de las personas que están tratando de reunir la fuerza de voluntad que necesitan para pasar a la acción es el de prestar atención a tendencias de internet que llaman a visualizar lo fantástico y maravilloso que será todo una que vez logres tu objetivo, a imaginar que ya estás allí y a recordarte todos los motivos por los que quieres llegar. Aunque esto puede ayudar algo, una estrategia menos suave pero más potente para activarnos consiste en tener dos cosas claras:

1. Los beneficios que obtenemos por no comenzar hoy, los cuales solo sirven para frenarnos. Esto significa re-

conocer que nos aferramos a una situación que ya no queremos no solo porque cambiar sea difícil, sino porque hay una parte de nosotros que hace mucha fuerza para que las cosas sigan igual. Quizá elegir algo nuevo signifique que hemos de renunciar a algo que tenemos ahora.

2. Las verdaderas consecuencias de mantener las cosas como están. Esta reflexión hace consciente la realidad de que no hacer nada ya es, en sí misma, una decisión. Esto nos permite valorar plenamente las consecuencias de las acciones de hoy en lugar de percibirlas como una decisión demorada.

Prueba esto

Dedicar unos minutos a responder por escrito a estas preguntas te ayudará a esclarecer el estira y afloja tan habitual entre la posibilidad de cambio y el mantener las cosas tal y como están.

- ¿De qué te proteges al no hacer nada? ¿Cuáles son los inconvenientes del cambio que estás evitando?
- ¿A qué beneficios o comodidades que disfrutas hoy tendrás que renunciar cuando pases a la acción?
- ¿A qué beneficios estás renunciando al no pasar a la acción?
- ¿Cuál es el coste personal cada vez que decides mantener las cosas tal y como están?
- ¿Qué significará para ti no llegar al final o ni siquiera empezar?
- ¿Cómo influirá eso en la imagen que tienes de ti?
- ¿Cómo afectará eso a lo que más te importa en la vida?

Anticipar el fracaso

Cuando intentamos hacer un cambio positivo y nos enfrentamos tanto a la tentación de decantarnos por opciones que deberíamos evitar como a la reticencia a dar los pasos que sabemos que nos beneficiarán en el futuro, podemos aprender mucho de los casos más extremos de este tipo de situaciones: la adicción. Gran parte del trabajo de las personas en tratamiento para curar la adicción se centra en evitar las recaídas. Esto significa prepararse para los peores días, anticipar todos los obstáculos posibles y desarrollar un plan concreto y detallado de cómo se abordará cada uno de ellos. Sin este trabajo previo, el futuro queda a merced de los impulsos.

Puedes tener claro que, si algo es tan difícil que exige fuerza de voluntad, invertir tiempo en prepararte de este modo te será muy provechoso. Haz una lista con todo lo que podría impedir que tengas éxito. Es el momento de poner la inseguridad a tu servicio. Durante unos momentos, da rienda suelta a los peores resultados posibles, sabiendo que esto forma parte de un proceso más constructivo que limitarte a rumiar sobre ellos. Estamos a punto de meterlos en una jaula y de cerrarla con la llave de un plan sólido y bien pensado para impedir que ninguno de ellos sabotee tus objetivos.

Es posible que trazar un plan para minimizar las probabilidades de fracaso te exija tomar algunas decisiones difíciles. Por ejemplo, quizá implique que tengas que decir que no a cosas que antes disfrutabas o valorabas y decir que sí a cambios que te llenan de temor e incertidumbre. En lugar de permitir que esto te desvíe del camino que tienes por delante, mantén siempre presentes los motivos por los que este objetivo es importante. No pierdas de vista por qué quieres eso y por qué no quieres la alternativa.

PRUEBA ESTO

- ¿Qué barreras y obstáculos suponen una amenaza para tu éxito?
- ¿Qué momentos, lugares o situaciones obstaculizarían tu progreso si te dejas llevar por los impulsos?
- ¿Qué excusas podrías usar para que los deslices te resultaran más aceptables en esos momentos?

Una vez que tengas la lista de todas las barreras con las que te puedes encontrar, elabora un plan de acción que deje claro cómo vas a afrontar cada una de ellas.

Es un proceso incómodo, pero no saber lo que nos aguarda provoca aún más ansiedad. Toparnos con los obstáculos y rompernos la cabeza solo porque no los habíamos visto venir reduce las probabilidades de que alcancemos nuestro objetivo. Tener la valentía de mirar de frente todo lo que nos puede complicar las cosas, así como las estrategias de afrontamiento que conducirían al fracaso, significa que, llegado el momento, solo tendremos que seguir el plan que ya hemos diseñado y, de este modo, no perderemos impulso.

Prepararse para tener éxito

La receta de la acción hacia los objetivos cuenta con varios ingredientes básicos, aunque las exigencias del día a día hacen que, con frecuencia, los perdamos por el camino. Del mismo modo que no se nos ocurriría hornear pan sin harina, tampoco podemos esperar dar lo mejor de nosotros si no descansamos lo suficiente. Así pues, cuando inicies tu misión, para mantener la fuerza de voluntad tendrás que dedicar el tiempo necesario a dormir y a recuperarte después del esfuerzo. Pregunta a cualquier atleta profesional: su compromiso con el descanso te sorprenderá. Sin descanso, los músculos no se reparan ni se fortalecen. Lo mismo sucede con la mente. Lo que quizá te sorprenda es la rapidez con la que notarás la diferencia si te tomas varios ratos al día para recargar las pilas.

Aunque habrá quien diga que las palabras son muy poderosas, hay muy poca cosa que pueda escribir yo para que quien me lea con poco sueño y mucho estrés salte a la acción espontáneamente y con energías renovadas. Decir lo debido en ausencia del combustible adecuado no hará rugir el motor. Algunas de las herramientas de este apartado te ayudarán a cambiar de mentalidad y a superar el día de hoy. Pero ¿y si lo que necesitas es la fuerza de voluntad precisa para volver a intentarlo mañana y pasado y el día después? En ese caso, la única manera de conseguirla es asegurarte de que satisfaces las necesidades del cuerpo y del cerebro.

Hacer ejercicio, comer bien y dormir aumentará tu fuerza de voluntad. Sin estos elementos esenciales, todo lo demás será mucho más difícil. No hace falta que lo hagas a la perfección, pero desoír estas necesidades básicas es un gran riesgo. Si hoy puedes hacer algo para mejorar aunque solo sea uno de estos factores, habrás dado un paso en la dirección adecuada y te habrás puesto las cosas más fáciles.

Hacer las paces con el estrés

Entender la función que desempeña el estrés en todo este proceso es una de las claves para fomentar la fuerza de voluntad. Por ejemplo, si tu objetivo es dejar de hacer algo, quizá te interese saber que, cuanto mayor sea el nivel de estrés, mayor será la probabilidad de que caigas en la tentación de hacerlo. Renunciar a algo que lleva siendo un mal hábito mucho tiempo exige un esfuerzo cognitivo enorme. Sin embargo, por lo general, un nivel elevado de estrés indica que las exigencias de la situación superan los recursos que creemos tener en este momento. Y es entonces cuando el cerebro activa las respuestas automáticas como atajos para aliviarlo o hallar consuelo.

Es posible que gran parte del estrés tenga su origen en el mundo exterior, pero hemos de ser conscientes de que ciertos pensamientos a los que prestamos atención nos pueden someter a un estrés adicional. Si cada vez que nos topamos con un problema o cometemos un desliz nos dirigimos una retahíla de crítica y desprecio, aumentamos sin darnos cuenta el estrés, así como el impulso posterior de buscar la gratificación inmediata, al tiempo que bajamos las defensas que necesitamos para resistir la tentación.

Por el contrario, si estamos apáticos e intentamos hacer algo orientado a aquello que queremos conseguir, el estrés también desempeña un papel importante, si bien ligeramente distinto. Cuando empezamos a pensar en lo mucho que deseamos alcanzar el objetivo en cuestión, anticipamos el placer del logro y empezamos a sentirnos con la energía requerida para ponernos en marcha. Esa sensación es la respuesta de estrés. Es lo que queríamos y lo que necesitamos para lograr nuestro objetivo, pero, para algunas personas, pasar de la relajación y el descanso a la inquietud y agitación, por leves que sean, resulta muy incómodo. Si sumamos a eso la incertidumbre y la ansiedad de no saber si lo lograremos o no, hay quienes responden intentando mitigar la incomodidad con otra cosa. Así pues, si queremos sentir la energía necesaria para avanzar hacia nuestros objetivos, hemos de reconocer la utilidad de esa inquietud y aprovecharla canalizándola en la dirección adecuada.

Por lo tanto, siempre que sientas la tensión que aparece al pasar del descanso al movimiento, de la calma a la activación, de la seguridad a la incertidumbre, recuerda que forma parte del proceso de transformar el aburrimiento en aventura. Es normal que sientas el impulso de quedarte donde estás, pero podrás superarlo si eres capaz de tolerar la excitación y abrirte al cambio. Fíjate en que, en los segundos previos a lanzarte a una piscina de agua fría, la mente siempre se echa para atrás e intenta convencerte de que no lo hagas. Sin embargo, las personas que se han lanzado solo unos minutos antes que tú dicen: «Cuando te acostumbras, está muy buena». El primer cambio de estado siempre sacude el sistema, pero, una vez que estás en movimiento, nunca lo pasas tan mal como temías.

Conectar con nuestro yo futuro

Las exigencias de la vida cotidiana nos arrastran y la mayoría de nosotros casi nunca nos detenemos a pensar en el largo plazo. Todo parece muy lejano y menos relevante que lo que tenemos entre manos en este momento. Incluso cuando imaginamos nuestro yo futuro es como si viéramos a otra persona en una película. Es una imagen vaga y difícil de concebir, aunque damos por supuesto que será una versión mejorada de nosotros mismos que ya ha superado los retos del presente y vive en un futuro en el que todo es más fácil.

Los estudios han demostrado que, cuando nos sentimos desligados de nuestro yo futuro, tendemos a ignorar las consecuencias que conllevarán las decisiones que tomemos hoy.[2] Por el contrario, fortalecer el sentido de continuidad entre lo que somos ahora y lo que seremos más adelante nos ayuda a estar más dispuestos a esforzarnos en el presente.

Cuando estamos desligados de nuestro yo futuro, solemos actuar de un modo más impulsivo y tomamos decisiones sobre la base de cómo nos queremos sentir ahora, en lugar de pensar en lo que deseamos para nuestro futuro. Por eso, si no queremos perjudicar a nuestro yo del futuro y hacerlo cargar con el peso de nuestras decisiones impulsivas de hoy, conviene que tomemos conciencia de que esa imagen que nos estamos haciendo no debería ser una versión idealizada y sin problemas. Lo cierto es que el esfuerzo que tendrá que hacer será, en el sentido más profundo de la palabra, parecido al que nosotros tenemos que hacer hoy.

Prueba esto

Cierra los ojos e imagínate dentro de una semana o un mes. Imagina que echas la mirada atrás y observas las decisiones que estás tomando hoy. ¿Qué siente tu yo futuro en relación con esas acciones?, ¿cómo han afectado a tu vida futura? Ahora, escríbele una carta en la que le expliques lo que vas a hacer a partir de este momento para que su vida sea más fácil. ¿Qué has de hacer hoy para asegurarte de que tu yo futuro pueda echar la mirada atrás con orgullo y gratitud y sienta un impulso renovado para lograr cosas mejores?

Resumen del capítulo

- Abandona la ilusión de que la vida será más fácil para tu yo futuro y conecta con él de modo que tomes conciencia de que su vida entonces será muy parecida a la tuya ahora. Si vives plenamente, siempre habrá una lista de prioridades que competirán por tu tiempo y atención. La resistencia que sientes ahora seguirá ahí en el futuro, así que más te vale empezar hoy.
- Comprométete a esforzarte por encima de todo, pues es lo único que puedes controlar.
- Familiarízate con el papel que desempeña el estrés en todo esto, de modo que lo puedas usar en tu beneficio.
- Toma conciencia de los beneficios y los costes de no pasar a la acción respecto a algo importante para ti. Así entenderás mejor qué te bloquea.
- Es ingenuo pensar que, una vez que empieces, todo irá como la seda. Las personas que tienen éxito a largo plazo anticipan los obstáculos con los que se pueden encontrar y planifican cómo afrontarlos cuando se topen con ellos. No dejes nada en manos de tus impulsos.
- La fuerza de voluntad no aparece de la nada. Es un cohete que necesita mucho combustible. Así pues, todo el esfuerzo que inviertas en dormir más, practicar ejercicio y comer mejor te ayudará a mantener el esfuerzo a largo plazo.

«Comprométete a esforzarte
por encima de todo, pues es
lo único que puedes controlar».

Abrir en caso de...

Dra. Julie Smith

CAPÍTULO 19

Has de rendir bajo presión

Cuando anhele una vida sin dificultades, recuérdame que los robles crecen más fuertes con el viento en contra y que los diamantes se forman bajo presión.

PETER MARSHALL

Una carta de mí para ti

Aquí la tienes, justo delante de ti, la oportunidad de llevar a la práctica todo eso en lo que tanto has trabajado. Sientes la presión por todos los flancos y, cuando le prestas atención, te das cuenta de que esto hace que pierdas la concentración. Empieza a mermar tu confianza en ti y en tu capacidad para tomar las decisiones adecuadas sobre la marcha. Dudas de tu habilidad para recordarlo todo y mantener la compostura..., es decir, de todo lo que haces de forma natural cuando la presión no forma parte de la ecuación.

Si preguntamos a cualquiera que haya conseguido algo en la vida, nos dirá que esta sensación le resulta muy familiar. Su talento para darlo todo en todo momento no es innato, es algo que aprendió. Y tú lo aprenderás también.

Sea cual sea el reto al que te enfrentas, has de prestar tanta atención a la actitud con que lo abordas como a los restantes elementos del proceso de preparación. Si das rienda suelta a tus pensamientos, es muy posible que se conviertan en los obstáculos que te impiden dar lo mejor de ti. Si te enfrentas al reto como si fuera una amenaza, como un conejo paralizado ante los faros de un coche, te sentirás la presa, no el depredador. Y, si te sientes como la presa, te comportarás como tal: te centrarás exclusivamente en sobrevivir a una experiencia aterradora y no podrás pensar en otra cosa que en el momento en que termine, anhelando recuperarte del estrés y curar las heridas del fracaso o la humillación. Y, si te centras en eso, es imposible que te comprometas plenamente con el trabajo que tienes entre manos, ya que tu mente saltará de un punto a otro, como el indefenso conejo en la carretera, desesperada por evitar la catástrofe y escapar del estrés. Esta no es la fórmula para lograr el mejor desempeño posible, sino para confirmar todas tus creencias limitantes y aumentar tus ganas de renunciar a todas tus ambiciones.

Por lo tanto, si tu objetivo es dar lo mejor de ti, tu mente ha de estar en consonancia con esa intención. La presa solo piensa en protegerse, mientras que el depredador tiene la mirada puesta en algo emocionante y disfrutará dando lo mejor de sí para conseguirlo. Es la anticipación de la caza lo que detona la persecución. El depredador que se detiene demasiado tiempo para preguntarse qué pasará o no pasará y cómo se sentirá si no logra su objetivo ya ha sellado su destino. La emoción de la persecución es lo que impulsa todo el proceso. Aunque este sea difícil y agotador, el depredador sabe que, de otro modo, esta no sería más que una comida fácil e insulsa, así que se pone manos a la obra y disfruta de la sensación de poder que implica.

Si enfocas la atención en todo lo que podría salir mal y en lo que pasará si, efectivamente, sale mal, no te quedará el menor tiempo que dedicar a la tarea que tienes por delante. Por el contrario, si enfocas hasta el último ápice de tu atención en el proceso de la tarea, no tendrás tiempo para rumiar sobre el resultado. El único momento en el que es útil prestar atención al resultado es una vez que se ha obtenido. Antes, es el proceso lo que necesita tu compromiso y tu atención plenos. Piensa menos en cómo te sentirás si tienes éxito o fracasas y más en cómo te sentirás cuando estés siguiendo el proceso de manera eficaz. Familiarízate con esa sensación y elígela, como si fuera un abrigo que te cobija de camino al trabajo. Siempre es mejor esa vitalidad mientras avanzas hacia tu objetivo que el miedo que te haría vacilar en vez de alcanzar tu mejor versión. Ese abrigo eres tú sintiéndote bien con quien eres, con el esfuerzo que has hecho y con los motivos que te han llevado a ello. Es tu conciencia de que, sea cual sea el resultado, te seguirás esforzando del mismo modo ante el próximo reto y el siguiente y el siguiente, pues este no es más que una pieza de un rompecabezas, no es más que una oportunidad entre muchas de hacerlo lo mejor que puedas y de aprender. Este es el único camino a una vida mejor.

Los beneficios de redirigir la atención del resultado al proceso van más allá de aquellos que se dan en el desempeño. Y es que la confianza inquebrantable en ti y la satisfacción vital no son algo que te espere pacientemente en la línea de meta. Cuando la cruces una vez que hayas superado este reto, y el siguiente y el otro, te darás cuenta de que te sientes más o menos igual que ahora. La confianza aparece mientras te dedicas a perseguir tu objetivo, cuando estiras las piernas y descubres que los límites que creías firmemente delimitados en el suelo no eran más que un espejismo.

Cuando eso sucede es porque te has entregado por completo. Es posible transformar una situación caracterizada por la presión que nos causa algo aterrador en otra de la que podemos disfrutar. Para ello, hay que prepararse, trabajar y conocer la tarea del derecho y del revés. Así, cuando llegue el día en el que salgas a escena de verdad, no será la primera vez que pruebes algo nuevo y no habrá sorpresas. Solo tendrás que repetir lo que ya has hecho miles de veces, de modo que podrás disfrutar de la oportunidad de demostrar todo el trabajo que has llevado a cabo a puerta cerrada.

El corazón acelerado y las manos sudorosas serán la señal de que tu cerebro ha preparado a tu cuerpo para que des lo mejor de ti. Ahora eres muy consciente de tu entorno y cuentas con el combustible adecuado para conseguir lo que quieres. Aprovéchalo, no intentes evitarlo. Quizá te perturbe un poco y te resulte incómodo, pero es lo que te llevará adonde quieres ir.

Así pues, sea cual sea tu escenario, comprométete a salir con la cabeza bien alta y la seguridad de que, en lo más profundo, solo tienes un oponente: tu yo del pasado.

Herramientas para usar sobre la marcha

Tal y como comenté al principio del capítulo, la capacidad de trabajar bajo presión es una habilidad que se puede aprender. A continuación, te presentaré algunas de las técnicas clave que te ayudarán a ello. Aunque puedes usarlas de inmediato si tu gran día está a punto de llegar, les sacarás mucho más jugo si les dedicas tiempo y esfuerzo. Cuanto más practiques el hacer las cosas de esta manera, más natural te resultará.

Qué hacer con la ansiedad

Quizá te decepcione saber que en este apartado no te ofrezco herramientas que acaben con la ansiedad. Y es que, lo creas o no, necesitarás que se active tu estado de alerta y aumenten tu velocidad de reacción y la energía que fluye por tus músculos si quieres hacer la tarea y, además, hacerla lo mejor posible.

Entonces, lo que necesitas es aprender a tomarte la ansiedad de otra manera cuando aparezca para sacarle provecho. Si te centras en el corazón acelerado y te esfuerzas en intentar que la ansiedad desaparezca, estarás desviando la atención de lo que sea que te la ha causado. Lo curioso de la ansiedad es que, si permites que se quede o incluso agradeces su presencia, por lo general no te complica las cosas. Saber que la ansiedad te ayuda a dar lo mejor de ti te ayudará a tolerar la incomodidad y las sensaciones que la acompañan. La clave está en reconocer que la ansiedad conlleva el impulso de retroceder y huir en busca de seguridad y calma. Centrarte en todo lo que podría salir mal y pensar en las peores posibilidades solo conseguirá fomentar la necesidad de evitar la situación.

Sin embargo, la respuesta de lucha o huida te ofrece otra opción: luchar. Esto no significa que tengas que atacar a nadie, sino que puedes canalizar el miedo para que te impulse, además de centrarte en lo que haces cuando sale bien y qué piensas hacer para que suceda.

Atención al lenguaje

Sea cual sea el reto al que te enfrentas, será una emoción la que guíe tu buen desempeño, pero, para que eso suceda, debes elegirla con cuidado. No hay factor más potente que el lenguaje para suscitar una emoción, no puedes avanzar sin él. En la herramienta anterior, te presenté la ansiedad de un modo que, probablemente, sea muy distinto al que acostumbras a leer. En eso consiste el reencuadre.[1] Reencuadrar no consiste en engañarnos a nosotros mismos ni en intentar convencernos de algo que no creemos. Consiste en decidir mirar una situación desde el punto de vista que nos resulte más útil. Es elegir el depredador en lugar de la presa, la emoción en lugar de la ansiedad, el reto en lugar de la amenaza, la gratitud en lugar del resentimiento, la mejora continua en lugar de la autocrítica limitante. Son cambios de perspectiva aparentemente pequeños que te permitirán abordar los desafíos desde un punto de partida distinto, enfocándote totalmente en tu objetivo y disfrutando del proceso.

En mi libro anterior, hablo del consejo que con tanta frecuencia encontramos en las redes sociales consistente en decirnos afirmaciones positivas que aún no creemos. Además de que estas no resultan útiles, es muy probable que den lugar a un debate interno acerca de si son ciertas o no. Cuando repetimos una afirmación que nos intenta convencer de algo, la mente encontrará mil y un motivos para refutarla y nos distraerá aún más, cuando lo que necesitamos es centrarnos en dar lo mejor de nosotros. Dicho esto, contar con algunas palabras significativas para no desviar tu atención y mantener el estado emocional que quieres te ayudará cuando la presión amenace con distraerte.

Si decides recurrir a las afirmaciones, conviene que dediques tiempo a asegurarte de que sea lo que necesitarás oír llegado el momento. A continuación, encontrarás consejos para redactar afirmaciones efectivas que te ayuden a dar lo mejor de ti en momentos difíciles.[2]

- Si no lo crees, no funcionará. Basa todo lo que te digas en hechos, no en emociones ni en opiniones. Elígelos con cuidado para que ejerzan el efecto deseado sobre tu estado emocional.
- Las palabras son poderosas cuando cuentan con el respaldo del esfuerzo. Pedir a unas palabras de aliento que compensen la falta de preparación es pedirles mucho. Así pues, si te vas a lanzar a algo sabiendo que no te has preparado lo suficiente, modifica las palabras para que reflejen lo que puedes esperar de ti a esas alturas de tu aprendizaje. Recuerda que abordar el reto sabiendo que no cuentas con la preparación necesaria ya es un aprendizaje en sí mismo. Esta ocasión no marca el punto final de tus avances, es un peldaño de la escalera que te llevará a lo siguiente. Si, por el contrario, te has entregado del todo para llegar adonde estás ahora, una afirmación que reconozca tu compromiso y esfuerzo te ayudará a enderezar los hombros y alzar la barbilla para acometer el desafío con confianza.
- Aunque las mejores afirmaciones son informativas y guían la atención y la conducta, recuerda que no estás escribiendo un libro de recetas. Elige palabras que te ayuden a sentir de verdad lo que quieres sentir. Al fin y al cabo, ese es el propósito de las afirmaciones. Estas deberían inducir la actitud y el estado emocional que necesitas para dar lo mejor de ti, además de ayudarte a mantener la concentración durante el proceso.
- Recurre a tus experiencias exitosas para recordarte qué haces y cómo lo haces cuando pones todas las cartas sobre la mesa. ¿Qué actitud adoptas, en qué te enfocas y qué detalles definen cómo haces las cosas cuando das lo

mejor de ti? Después de todo el esfuerzo que has hecho hasta ahora, seguro que ya te has dado cuenta de que, cuando actúas de determinada manera y empleas ciertas fortalezas personales, obtienes los mejores resultados. Eso es lo que has de incluir en las afirmaciones que redactes: palabras que te inviten a entrar en el estado de flujo.

Qué hacer con todos esos pensamientos

Seguramente, a estas alturas ya te habrás dado cuenta de que es imposible detener los pensamientos ansiógenos. Sin que se lo pidamos, la mente nos ofrece una breve predicción de cómo podrían ir las cosas, y resulta que parece el guion de una película de terror. Decirnos que no debemos pensar en todas las maneras en que las cosas pueden salir mal significa que ya estamos haciéndolo.

Además del problema que supone no poder impedir que aparezcan estos pensamientos, una vez que hacen su aparición no los podemos borrar de la mente y dejarla en blanco. Hemos de ocupar el espacio con alguna otra cosa, algo que reoriente la atención, el estado emocional y la conducta en la dirección en la que queremos que vayan. Ahí es donde entran en juego las afirmaciones que acabo de describir.

Sin embargo, hay veces en las que estas herramientas parecen demasiado buenas para ser verdad o demasiado simplistas. En realidad, en la mayoría de las ocasiones no nos damos cuenta de que nuestros pensamientos no nos ayudan en absoluto hasta que la ansiedad se ha apoderado de nosotros y estamos a punto de rendirnos. La única manera de poner en práctica las herramientas es que nos demos cuenta de que nuestra mente acaba de emprender un camino peligroso y seamos capaces de redirigir la atención hacia la perspectiva que hayamos elegido. Y es ahí donde prepararnos con antelación y ensayar los procesos cognitivos tanto como la tarea física en sí nos ayuda a evitar la presión adicional que supone que los pensamientos nos asalten por sorpresa e interfieran en nuestro desempeño habitual cuando llega el día en cuestión.

Antes, en este mismo capítulo, he hablado de la idea más útil con la que me he encontrado para usar cuando me siento bajo presión: entender la atención como un foco de luz. No puedo controlar todos los pensamientos y emociones que surgen en un momento dado, pero sí hacia dónde dirijo el foco de mi atención. Como sucede con los actores en un escenario, el transcurso de la historia cambiará en función de a quién le dé el protagonismo iluminándolo. La buena noticia es que la práctica refuerza nuestra capacidad para hacer precisamente eso: tomar la decisión consciente de dónde queremos centrar la atención es, en esencia, *mindfulness*. Así pues, cada vez que practicas *mindfulness*, refuerzas tu capacidad de usar esta potente herramienta sobre la marcha para entrar en tu zona de flujo y dar lo mejor de ti cuando más lo necesitas.

Calmar el cuerpo para serenar la mente[3]

Cuando estamos a punto de lanzarnos de cabeza a una situación decisiva y sentimos que no contamos ni con el estado emocional ni con la actitud que necesitamos en esos momentos, controlar la respuesta fisiológica es una manera muy potente de devolver la mente adonde queremos que esté. Esto no significa calmar el cuerpo por completo, porque seguimos necesitando la adrenalina y el estado de alerta que nos proporciona la respuesta de estrés. Sin embargo, sí podemos ralentizar la respiración para evitar que las sensaciones se descontrolen y mantener así la frecuencia cardiaca en un nivel manejable.

Además, es útil que dediquemos algo de tiempo a reflexionar acerca de cómo queremos usar el cuerpo para reforzar la mentalidad y los procesos cognitivos que deseamos. La relación de influencia entre el cuerpo y la mente es bidireccional. Esto significa que cómo nos presentamos y movemos el cuerpo o bien confirma lo que queremos sentir, o bien lo niega. ¿Te muestras físicamente de un modo que te convenza de que estás aquí para dar lo mejor de ti? ¿Tu cuerpo alimenta tu seguridad o la merma? El deporte es un ejemplo perfecto de ello. Piensa en cualquiera de tus deportistas de élite preferidos y obsérvalo bien mientras se prepara para competir. No verás ojos temerosos yendo de un lado a otro mientras se encoge y se muerde las uñas. Verás aplomo y concentración en su rostro, hombros bajos y hacia atrás, una postura física fuerte y relajada a la vez, listo para la acción, así como esa manera decidida de moverse que acompaña a una visión clara y a un plan de acción bien preparado.

Los detalles de cómo usar el cuerpo de este modo dependerán mucho del reto concreto al que nos enfrentemos. Quizá intentemos mostrar entusiasmo y energía, concentración y serenidad o la proactividad de un depredador. Sea lo que sea lo que busquemos, cada movimiento y cada postura pueden avivar el fuego… o apagarlo.

La respuesta natural de estrés en cualquier momento en el que nos vemos sometidos a mucha presión incluye tensión en todo el cuerpo. Es posible que no seamos plenamente conscientes de los cambios, pero, aun así, estarán enviando al cerebro información sobre cómo nos hemos de sentir, además de afectar a nuestro modo de movernos. Por lo tanto, tomar una decisión consciente acerca de la mentalidad que necesitamos requiere que tomemos una decisión igualmente consciente y cuidadosa acerca de la postura, el movimiento y la respiración.

Resumen del capítulo

- Reencuadrar no es mentirte ni intentar convencerte de algo en lo que no crees. Es elegir mirar la situación desde la perspectiva que te resulte más útil.
- No te limites a pensar en cómo reencuadrar el reto que tienes por delante. También has de tener en cuenta cómo te percibes al afrontarlo y cómo influye esa percepción en tu desempeño. ¿Te lanzas al reto activamente y con entusiasmo o evitas pasar a la acción y te centras en todo lo que puede salir mal y has de evitar? Son dos opciones que llevan a resultados muy distintos.
- Dónde enfoques tu atención influye en el desempeño y en tu experiencia de este mucho más de lo que imaginas. Métete de lleno en la tarea que tengas entre manos. Pensar en todos los resultados posibles merma la concentración que necesitas para dar lo mejor de ti.
- Usa las palabras con precisión e intención y respeta la fuerza que ejercen sobre tu estado emocional y tu capacidad de concentración. Elígelas con cuidado.
- Cambia tu relación con la respuesta de estrés y con las sensaciones a las que llamamos «ansiedad». Considéralas

una señal de que tu cuerpo se está preparando para pasar a la acción cuando lo necesites. Usa la respiración para ralentizar la frecuencia cardiaca si lo necesitas y aférrate al estado emocional y a la actitud que hayas elegido como objetivo.

«Si tu objetivo es dar lo mejor de ti, tu mente ha de estar en consonancia con esa intención».

Abrir en caso de…

Dra. Julie Smith

PARTE III

Te cuesta estar con tus emociones

CAPÍTULO 20

Le das demasiadas vueltas a todo

Soportar las adversidades con la mente serena despoja a la desdicha de su fuerza y peso.

Lucio Anneo Séneca, *Hercules Oetaeus*, vv. 231-232

Una carta de mí para ti

Estoy segura de que, si acostumbras darles demasiadas vueltas a las cosas, conoces mejor de lo que te gustaría el proceso de ir de cabeza al peor resultado posible. Así pues, vayamos de cabeza al peor resultado posible de dar demasiadas vueltas a las cosas. Muchas de las personas que pasan gran parte de su vida preocupadas por cosas que quizá no sucedan nunca creen que es un hábito del que no se pueden desprender y con el que tienen que aprender a vivir. No es así, no tienes por qué seguir a merced de tu tendencia a preocuparte y del sufrimiento que esto causa.

La llegada de pensamientos que predicen lo peor es un proceso tan automático como el de respirar. Sin embargo, cada uno responde de manera distinta, pues es un proceso que se puede aprender. Por lo tanto, preocuparte por todo y por todos no es algo con lo que tengas que cargar para siempre. La cuestión es lograr que esos pensamientos trabajen para ti en lugar de contra ti.

Una de las cosas que marcan la diferencia entre las situaciones que te aterran y los momentos en que avanzas con decisión es si crees que sabes qué hacer respecto a lo que sucede y si piensas que podrás influir en ello mediante tus acciones. Y esto es lo que sucede cuando te das cuenta de que te estás preocupando por algo. Una vez que cuentes con un plan sobre cómo responder, podrás aprovechar lo valioso de los pensamientos que tengan algo que ofrecer y administrarte tu propio antídoto para evitar el sufrimiento derivado de perder el tiempo con los que no.

Entonces, no es solo que no haya necesidad de que sigas viviendo en el torbellino de pensamientos que no te ayudan, es que tampoco la hay de que aumentes tu sufrimiento anticipando lo mucho que sabes que te preocuparás por todo lo que pasa.

Es cierto que afrontarás el día de mañana con toda la fuerza con la que hayas afrontado el día de hoy. Sin embargo, y gracias a las herramientas que estoy a punto de presentarte, mi intención es que afrontes el día de mañana aún con más fuerza de la que tenías hoy. De hecho, eso es lo que sucede cada vez que decides avanzar a pesar del miedo y la preocupación. Cómo respondas a las preocupaciones de hoy define un patrón mental que determina cómo responderás a las de mañana. Las respuestas que surgirán con más naturalidad serán las que hayas practicado una y otra vez.

Así pues, cambiemos el paso atrás defensivo en el que te abruma la preocupación por el paso adelante ofensivo con el que puedes dar la vuelta a la historia y pasar a la acción para cambiar los patrones que hacen que la vida sea más difícil de lo necesario.

Herramientas para usar sobre la marcha

Aunque las herramientas de este apartado funcionan en el momento en el que las necesitas, serán mucho más efectivas a medida que las vayas practicando. Al principio, te resultará un trabajo laborioso y te exigirá esfuerzo, pero con el tiempo te saldrá de forma natural. Como con cualquier principio, comienza con objetivos fáciles y elige preocupaciones pequeñas con las que te puedas ir acostumbrando al proceso.

Entender el valor de lo que hace el cerebro[1]

Se podría decir que el cerebro es el jefe de seguridad en lo que a la seguridad física y psicológica se refiere. Procesa la información que obtiene del funcionamiento del cuerpo y de cómo los sentidos perciben el mundo exterior para presentarte ideas y predicciones acerca de lo que podría estar a punto de suceder. Esas predicciones llegan en forma de emociones y pensamientos, que unas veces son útiles y otras distraen de lo que podría ser más útil. Nos corresponde a nosotros decidir qué hacer con ellos, así como qué ideas merecen nuestro tiempo y atención.

A veces, nos viene a la cabeza lo peor que podría ocurrir en una situación dada y pasamos inmediatamente a la acción para impedirlo. Esa es la mejor expresión de colaboración con nuestro instinto de supervivencia. Sin embargo, cuando la amenaza no es tan inmediata o no tenemos claro cuál es la mejor manera de resolverla, tendemos a aferrarnos a las predicciones y empezar a darles vueltas, sin llegar nunca a una conclusión o un plan, pero aumentando el miedo que nos suscitan. Nos aferramos a los pensamientos que exigen nuestra atención, como si imaginar resultados negativos una y otra vez nos fuera a llevar a una solución. Lo que pasa es que, si bien es valioso que el cerebro sea capaz de producir esos pensamientos, aferrarnos a ellos sin cuestionar su validez es, en el mejor de los casos, inútil y, en el peor, hace que nos sintamos muy mal. Nos roban la fuerza que nos daría experimentar el amplio abanico de emociones más agradables y significativas que están a nuestro alcance en cualquier momento dado.

Con todo esto, quiero decir que no hace falta que nos esforcemos por impedir que surjan pensamientos acerca de lo peor que podría pasar. Lo que necesitamos es un proceso claro y muy practicado para tratar con ellos una vez que aparecen.

La clave está en recordar que el cerebro hace lo que ha de hacer, mantenernos a nosotros y a nuestros seres queridos a salvo, y que nunca dispondrá de toda la información necesaria para acertar siempre.

No caigas en la tentación de etiquetarte como alguien incapaz de dejar de preocuparse. Los pensamientos automáticos son una experiencia humana normal, no definen quién eres, y no quedarás a su merced una vez que empieces a practicar una respuesta nueva.

Pasar revista al estrés en general

La mayoría de las personas se centran en el hecho de que la rumiación fomenta su nivel de estrés. Sin embargo, la preocupación no es el desencadenante de la respuesta de estrés, sino que forma parte de un ciclo más amplio que, en la mayoría de los casos, se activa antes de que la preocupación haya hecho acto de presencia. Es cierto que pensar más de la cuenta aumenta el nivel de estrés y perpetúa el ciclo, pero también lo es que, cuando el nivel de estrés es elevado, la tendencia a rumiar se dispara.

Si el cuerpo muestra signos de estrés, el cerebro empezará a analizar el entorno en busca de estresores, lo que nos pone en estado de alerta y nos conduce a la hipersensibilidad. Por ejemplo, digamos que te levantas por la mañana después de haber dormido fatal y te tomas más cafés de la cuenta para afrontar el trabajo. Entonces, tu pareja no responde al teléfono y el estrés al que tu cuerpo ya estaba sometido lleva a que tu cerebro se muestre hipervigilante y empiece a pensar en todas las malas razones por las que no ha contestado. El nivel de estrés elevado te ha hecho más vulnerable a dar más vueltas de la cuenta a algo que, cualquier otro día, no te hubiera preocupado lo más mínimo.

Por si eso no fuera suficiente, y dado el elevado nivel de estrés, tu cerebro empieza a tomar atajos y activa la distorsión cognitiva de la adivinación. «Lo he pensado, así que o es cierto o está a punto de serlo». A su vez, esto eleva la ansiedad aún más y lleva a que te enfoques todavía más en esas predicciones catastróficas y las reproduzcas en tu mente una y otra vez.

Este ejemplo deja claro que abordar el contexto más amplio del nivel de estrés general tiene mucho más sentido que esforzarse en atajar la preocupación. Siempre hay que empezar por el principio. Si no duermes bien, no comes bien o no practicas ejercicio, serás más vulnerable a los pensamientos catastróficos y a la tentación de preocuparte. Si consumes demasiada cafeína o alcohol o cualquier otra cosa que estrese el cuerpo, eso también acrecentará la hipervigilancia.

A partir de ahí, pasa revista a tu nivel de estrés en el contexto amplio de tu vida. Ya se trate de las relaciones o de la presión económica, es habitual asumir que eso no tiene nada que ver con la preocupación que surge en otras áreas, sobre todo cuando el nivel de ansiedad resulta desproporcionado o fuera de lo normal. Todos tenemos una vida con múltiples facetas, pero contamos con una sola respuesta de estrés. Por lo tanto, si te das cuenta de que has empezado a darles demasiadas vueltas a cosas que antes no te preocupaban, te resultará muy útil tener en cuenta la imagen general y tu nivel de estrés antes de haber caído en la rumiación.

Reconocer los pensamientos y verlos como lo que son[2]

A veces, no nos damos cuenta de que le estamos dando vueltas a algo hasta que ya llevamos varias horas haciéndolo. La parte que parece fácil, pero que en realidad exige cierta práctica, es la de reconocer los pensamientos como lo que son, de modo que podamos decidir qué hacer con ellos. Si no los vemos como son en realidad, tendemos a aceptarlos como ciertos y les prestamos toda nuestra atención.

Estos son tres de los sesgos cognitivos más frecuentes que aparecen cuando nos preocupamos.[3]

1. **Pensamiento catastrófico.** Lo primero que nos viene a la cabeza es lo peor que podría pasar, por improbable que sea. Entonces, lo reproducimos mentalmente una y otra vez, como nuestra película de terror personal.
2. **Pensamiento dicotómico.** También conocido como «pensamiento todo o nada». Consiste en pensar en los extremos, pasando por alto el término medio y toda la escala de grises entre un lado y otro.
3. **Adivinación.** Es la suposición subyacente de que, si lo pensamos, ha de ser cierto y, por lo tanto, es muy probable que suceda. Por ejemplo, nos convencemos de que la entrevista nos irá mal incluso antes de que haya empezado, porque tratamos como cierto lo que solo son preocupaciones.

Cuando identifiques cualquiera de estos sesgos cognitivos, basta con que lo nombres mentalmente para distanciarte de él y reducir su poder de atracción. A veces, eso es suficiente para que tomes conciencia de que no es una predicción veraz del futuro. Si, por el contrario, necesitas trabajarlo un poco más, abórdalo con curiosidad y responde a las preguntas siguientes:

- ¿Es válido?
- ¿Es probable?
- ¿Es importante?
- ¿Se puede cambiar?
- ¿Dónde está el sesgo en esta idea o predicción?
- Y, lo más importante, ¿te ayuda en algo?

Muchas personas practican este proceso de un modo formal y estructurado, poniendo por escrito preocupaciones concretas y respondiendo a estas preguntas en relación con ellas. Es una manera fantástica de familiarizarse con el proceso para que, cuando lo necesites de verdad, puedas recurrir a él de forma rápida y natural, sin tener que pasar por todo el proceso.

Tomar las riendas de la atención y pasar a la acción

Una vez que empieces a cuestionar estos pensamientos, enseguida verás que la solución no es tanto dejar de preocuparte como enfocar tu valiosa atención en las cosas debidas. Para que el tiempo que pasas preocupándote por algo te sea mínimamente útil, ha de ser algo que hayas confirmado que es cierto e importante y que se puede cambiar.

Cuando hayas identificado las preocupaciones a las que vale la pena dedicar tu tiempo, puedes aplicar el antídoto que acabará de un plumazo con todo el pensamiento destructivo: pasar a la acción. Si no puedes empezar ahora, lo segundo mejor que puedes hacer es elaborar un plan, un mapa claro de cuáles serán tus pasos para afrontar lo que te preocupa. El impacto emocional de prepararte y dar los primeros pasos, por pequeños que sean, para afrontar algo es drásticamente distinto al de sentarte con miedo y esperar.

Tomar el control, incluso en las cuestiones más nimias y en situaciones abrumadoras de las que no podemos escapar, puede influir en nuestra salud mental. La persona que concentra sus esfuerzos en mejorar el momento, por poquito que sea, siente los efectos que las pequeñas acciones ejercen sobre ella misma y sobre las personas que la rodean, cuando, de otro modo, quizá se hubiera quedado paralizada por la preocupación.

Resumen del capítulo

- No caigas en la tentación de etiquetarte para siempre como alguien que se preocupa. Se puede aprender a ejercer mucho más control del que crees sobre la dirección de nuestra atención.
- El problema no son los pensamientos automáticos que nos hacen imaginar lo peor; de hecho, muchos de ellos nos ayudan a mantenernos a salvo. La principal causa del sufrimiento es que reproducimos una y otra vez en nuestra mente esas historias de terror sin transformarlas nunca en un impulso para pasar a una acción constructiva que mejore las cosas.
- Rumiar y dar demasiadas vueltas a las cosas aumenta el estrés. Sin embargo, un nivel de estrés elevado también aumenta la vulnerabilidad ante los pensamientos ansiógenos y la tentación de quedarnos enganchados a ellos. Por lo tanto, si te das cuenta de que estás preocupándote por cosas a las que normalmente no dedicas ni un segundo, revisa el nivel de estrés en el contexto más amplio de tu vida en general.
- Si el cerebro percibe alguna amenaza, empieza a tomar atajos para trabajar más rápido y mantenerte a salvo lo antes posible. Y, cuando los pensamientos ansiógenos son producto de la respuesta de estrés, es muy probable que reflejen algún sesgo cognitivo. La capacidad de identificar el sesgo basta para restarle fuerza.
- Responder a preguntas como «¿Es importante?», «¿Es probable?», «¿Se puede cambiar?» o «¿Me ayuda en algo?» sirve como orientación sobre adónde dirigimos la atención.

«Cómo respondas a las preocupaciones de hoy define un patrón mental que determina cómo responderás a las de mañana. Las respuestas que surgirán con más naturalidad serán las que hayas practicado una y otra vez».

Abrir en caso de...

Dra. Julie Smith

CAPÍTULO 21

El miedo hace su aparición

Aprendí que el coraje no era la ausencia de miedo, sino el triunfo sobre él.

NELSON MANDELA

Una carta de mí para ti

No eres responsable de la aparición del miedo. Eres responsable de cultivar el valor necesario para avanzar a pesar de él. No estamos a merced del miedo, sino que somos capaces de transformar nuestras emociones, y lo somos desde el principio de los tiempos. Desde la enorme concentración de los samuráis hasta la desafiante danza de los maoríes, todo ello manifiesta la elección de un foco, de una mentalidad, de una respuesta incluso ante el mayor de los miedos. No es que estas comunidades no conocieran el miedo, sino que lo canalizaban de la manera más valiente que podían. El poder de canalizar una atención con la precisión de un láser para actuar con compostura es una decisión, una decisión que todos y cada uno de nosotros podemos tomar.

La alerta que sientes es necesaria, es una señal de que te has activado y estás en disposición de actuar. Al decidir enfrentarte al miedo, cultivas una fuerza que va más allá de lo que jamás habías imaginado. Tienes una capacidad de lucha que apenas conoces. Así pues, respira. Avanzas no como presa, sino como depredador. No permitas que tu atención se desvíe y se escabulla entre las sombras que has de evitar. Pon la vista al frente, con la mirada fija en la dirección hacia la que te diriges.

Ensaya mentalmente, pero no todas las historias de terror posibles, sino exactamente lo que piensas hacer llegado el momento. Los pasos que has decidido dar y cómo lo vas a hacer, con la valentía como motor.

Enfrentarte a tus miedos te hará crecer como persona y dará lugar a una fortaleza de carácter que solo puede surgir de la lucha contra la adversidad. Esa determinación inquebrantable te descubrirá que puedes cultivar el aplomo y la compostura necesarios para canalizar la respuesta física de la forma que decidas hacerlo, de una que te enorgullezca.

Así pues, alza el mentón, echa los hombros hacia atrás y empieza a tomar esas decisiones firmes acerca de cómo afrontarás el futuro. Agarra con fuerza las riendas de la historia que te cuentas acerca de lo que significa el miedo. Si está ahí es porque estás haciendo algo difícil. De la misma manera que, cuando los motores de un cohete se encienden, las ondas expansivas de su rugido se extienden a todo lo que hay alrededor, ese pico de miedo que recorre tu cuerpo es una buena señal: es el combustible que te ayudará a llegar al otro lado.

Estás a punto de darlo todo. Y, cuando termines, materializarás el poder de decidir cómo mostrarte y usar la emoción en tu beneficio, tal y como debería haber sido siempre.

Herramientas para usar sobre la marcha

Permíteme que te recuerde brevemente que puedes usar las herramientas que te propongo a continuación para superar situaciones difíciles mientras suceden. Si lo que quieres es afrontar una fobia más duradera o la ansiedad generalizada, encontrarás una guía sobre cómo hacerlo en el plan de acción contra la ansiedad que he incluido en la edición actualizada de mi primer libro (capítulo 38 de *¿Por qué nadie me lo dijo antes?*).

Sin embargo, si estás pasando por un momento complicado y necesitas adoptar la actitud y el enfoque adecuados, estas herramientas te ayudarán a dar los primeros pasos.

Una compasión feroz

La única manera de afrontar el miedo con la determinación, la actitud de desafío y la compostura sólida que necesitas para afrontar un reto es comprometerte plenamente con estar siempre de tu lado. No caigas en la tentación de subestimar lo que esto significa, no puede ser algo que se diga para salir del paso. No te puedes hablar de ninguna manera que te frene, ni con demasiada dureza ni con demasiada indulgencia, y tampoco te puedes tratar con desprecio cuando tropieces. Tienes que saber que, pase lo que pase, incluso si sucediera lo peor, seguirás de tu parte y harás lo que sea mejor para ti. No te atacarás en cuanto te des cuenta de que eres un ser humano falible. Si eres capaz de comprometerte a cuidar de ti como si fueras a la vez rey y guerrero, alimentarás la respuesta que buscas en lugar de la retirada.

Tratarse con una compasión feroz significa inclinarse hacia la lucha en la respuesta de lucha o huida, significa seguir adelante a pesar del miedo para hacer lo que sabemos que es lo mejor para nosotros o nuestros seres queridos, hacer lo que es difícil para forjar un futuro mejor.

La atención es poder

Fíjate en qué pensamientos, imágenes y emociones te ayudan y en cuáles no lo hacen en absoluto. Has de mantener los que no te ayuden a una distancia suficiente para que puedas verlos como lo que son y centrarte en los pensamientos y emociones que te ayudarán a superar los momentos difíciles.

A veces, el proceso de distanciarnos de los pensamientos y las emociones recibe el nombre de «defusión cognitiva». Una manera de hacerlo sobre la marcha es escribirlos, porque verlos por escrito nos ofrece una imagen más amplia de lo que nos sucede. Cambiar el lenguaje también resulta útil; por ejemplo, comenzar las frases con «Me doy cuenta de que estoy pensando que...» o «Me doy cuenta de que estoy sintiendo...» abre una distancia entre nosotros y la experiencia, lo que ayuda a reconocer que no somos nuestros pensamientos ni nuestras emociones, sino que estos son la síntesis que el cerebro ha elaborado a partir del significado que ha dado a la reacción del cuerpo ante una situación concreta. Dar un paso atrás de este modo nos facilita decidir qué ideas hemos de dejar a un lado y cuáles merecen que nos centremos en ellas.

Esto no es lo mismo que reprimir el miedo y negar su presencia. Muchas veces, esto solo consigue que se transforme y salga a la superficie más adelante, una vez que hemos bajado la guardia y cuando menos lo esperamos. No erradicamos los pensamientos o las emociones asociadas al miedo, y tampoco los pasamos por alto, pero no dejamos que se sienten al volante.

Evitar tratar al miedo como el problema

El miedo no es un problema, es una señal que te indica que puede haber problemas que quizá requieran tu atención. Cuando vemos el miedo como algo que no funciona bien en nosotros, lo juzgamos, lo combatimos y hacemos lo que sea con tal de que desaparezca. Invertimos todo nuestro esfuerzo en disparar al mensajero en lugar de en intentar entender qué dice el mensaje y por qué.

Muchos de nosotros también nos juzgamos por tener miedo, como si la presencia de este significara que somos cobardes o incapaces de afrontar lo que sea que esté sucediendo. En realidad, es posible que solo signifique que nos enfrentamos a algo formidable. El psiquiatra Carl Jung dijo: «Donde está el miedo, está tu tarea».[1] Si eso es cierto, por supuesto que sentimos miedo, miedo a lo desconocido o a saber exactamente qué sucede, miedo a la complejidad del problema y al peso de la responsabilidad que supone tener que encararlo o ayudar a que nuestros seres queridos lo hagan. Si el miedo es justificado, dejémoslo estar. Si cesamos de luchar contra él, ya no tendrá que decidir por nosotros. Podemos permitir que nos acompañe y, al mismo tiempo, basar cada paso que damos en cómo queremos actuar en una situación dada.

Esto no hará que la situación a la que nos enfrentamos sea más fácil, pero sí nos volverá más fuertes, más valientes, más atrevidos. Aceptar los retos de la vida es inherente a este proceso. Si no creemos que la vida ha de ser un camino de rosas, no nos preocuparemos por la posibilidad de encontrarnos con alguna que otra espina, sino que nos esmeraremos en avanzar sin espinarnos o a pesar de ello. Cuando damos sin esperar nada a cambio, descubrimos lo mejor que la humanidad tiene que ofrecer.

Reencuadrar[2]

El significado que asignemos a las sensaciones físicas que experimentamos determinará nuestra respuesta al miedo y cómo decidimos afrontarlo. ¿Será este la señal que nos indica que hemos de dar un paso al frente y sentirnos orgullosos de nosotros mismos o el temor al miedo hará que nos acobardemos y nos acurruquemos en un rincón? Reencuadrar no es disfrazar una emoción dolorosa para que parezca algo distinto ni intentar convencernos de que es algo que no es; por el contrario, es volver a la realidad.

Cuanto más revela la ciencia acerca del origen de las emociones, más nos damos cuenta de que todos tenemos más capacidad para construir nuestra experiencia y controlar la manera en que la abordamos de lo que nos habían hecho creer.

El cerebro se cuenta constantemente una historia acerca de lo que sucede en el cuerpo en relación con lo que pasa en el mundo exterior, y usa el recuerdo de lo que ha sucedido en el pasado para que lo ayude a predecir qué va a pasar y cómo deberíamos reaccionar.[3] Las emociones forman parte del resumen que nos ofrece. Así pues, cuando revisamos distintas posibilidades y pasamos de una emoción a otra, estas no son más que suposiciones, y podemos decidir qué hacer con ellas. Pueden ser o bien una señal de que estamos en una situación complicada y haciendo cosas difíciles, o bien una señal de muchas otras cosas, como falta de sueño, una situación nueva e impredecible, ausencia de habilidades para satisfacer una demanda, agotamiento, creencias limitantes..., la lista sigue y sigue. Sin embargo, nuestro papel es crucial, porque podemos entrenar al cerebro para que se centre en elementos concretos y decida llevar a cabo acciones que fomenten la respuesta emocional necesaria para salir adelante.

Así pues, si antes te sentías como un conejo deslumbrado por los faros de un coche, espero que la carta con la que abrí el capítulo haya cambiado un poco esa imagen solo modificando el lenguaje. Si la descripción no encaja contigo o con tu situación, tampoco tienes por qué aferrarte a ella. La clave está en que uses las palabras con precisión y con la intención de hacer lo mejor para ti, sea lo que sea a lo que te estés enfrentando.

Como mínimo, recuerda que el miedo es el factor principal del valor y una señal que nos prepara para la batalla. Además, es transitorio, así que aprovéchalo. Nos es más fácil soportar situaciones difíciles y somos más eficientes usando las herramientas cuando sabemos que lo malo no durará para siempre.

Resumen del capítulo

- No eres responsable de la aparición del miedo. Eres responsable de cultivar el valor necesario para avanzar a pesar de él.
- La alerta que sientes es necesaria, es una señal de que te has activado y estás en disposición de actuar. Al decidir enfrentarte al miedo, desarrollas una fuerza que va más allá de lo que jamás habías imaginado.
- Ensaya mentalmente, pero no todas las historias de terror posibles, sino exactamente lo que piensas hacer llegado el momento, los pasos que has decidido dar y cómo lo vas a hacer, con la valentía como motor.
- La única manera de afrontar el miedo con la determinación, la actitud de desafío y la compostura sólida que necesitas para superar un reto es comprometerte plenamente con estar siempre de tu lado.
- Fíjate en qué pensamientos, imágenes y emociones te ayudan y en cuáles no lo hacen en absoluto. Has de mantener los que no te ayuden a una distancia suficiente para que los veas como lo que son y centrarte en los que te ayudarán a superar los momentos difíciles.
- Recuerda siempre que el miedo solo es un mensajero. Cuando lo vemos como una señal de debilidad, buscamos maneras de hacerlo desaparecer. No lo juzgues y no lo combatas. Tener miedo no significa que haya en ti algo que no funciona, ni tampoco que no seas valiente o no seas capaz de afrontar lo que sucede. Quizá solo signifique que te enfrentas a algo difícil.

«El miedo es el factor principal del valor».

Abrir en caso de...

Dra. Julie Smith

CAPÍTULO 22

El dolor te abruma

El dolor de la pérdida, como la alegría del amor, forma parte de la vida; quizá sea el precio que pagamos por amar, el precio del compromiso.[1]

DR. COLIN MURRAY PARKES

Una carta de mí para ti

Escribo estas líneas sin saber lo que sientes ni la profundidad de tu dolor. Sin embargo, imagino que es más profundo de lo que ni tú ni yo podemos describir con palabras. Mi intención no es decirte qué has de sentir o pensar. Siente lo que sea que estés sintiendo en estos momentos.

El duelo, o el dolor de la pérdida, es más que una emoción aislada, es un hilo que las atraviesa todas. Cada recuerdo nos produce un dolor que no sabemos cómo gestionar y, al mismo tiempo, también nos trae el amor, la risa, el consuelo y la calma que sentíamos cuando la persona a la que lloramos estaba con nosotros. ¿Cómo es posible sentir la calidez de su presencia en esos recuerdos a la vez que nos embarga la agonía por su ausencia? ¿Cómo es posible experimentar la ligereza del ser en un brevísimo instante de distracción, un lapso de tiempo en el que la vida vuelve a ser casi como era antes? Sin embargo, entonces la realidad nos cae como un balde de agua fría y nos devuelve a la oscuridad de un dolor profundo y agónico.

Por lo general, tras estos intervalos naturales aparece la culpa por haber vivido ese instante sin dolor. ¿Cómo lo he podido olvidar durante tres segundos? Y, si la persona ha fallecido tras una enfermedad o un deterioro prolongados, el alivio que sentimos por que haya dejado de sufrir se mezcla con el anhelo de que vuelva a estar con nosotros.

Todas estas emociones chocan entre ellas y parece que se contradicen y se repelen, de modo que una hace que la otra sea aún más difícil de asumir. Entender lo que sucede es casi imposible.

Si el duelo es el precio que pagamos por el amor, bienvenido sea, porque no hay dolor en el mundo que nos haga desear que esa persona nunca hubiera existido, que nunca hubiéramos tenido la oportunidad de quererla.

Así pues, haz acopio de toda tu fuerza para soportar el dolor. Permite que surja, con toda la desdicha que trae consigo, y deja que siga su curso natural. Podemos llorar a alguien y, al mismo tiempo, estar agradecidos por la conexión que tuvimos y mantenerla, aunque sea de una manera nueva que no hemos elegido.

La impronta que esa persona ha dejado en tu mente y cuerpo sigue ahí. Por lo tanto, la persona sigue contigo, conectada de una manera distinta. Y no solo en los recuerdos, sino también en todos los rituales que compartieron: las miradas llenas de significado, las bromas que solo entendían ustedes, la comprensión mutua y en quien te has convertido gracias a su relación.

Tu cuerpo recuerda lo que sentía al estar junto a esa persona, al hablar con ella, al escucharla. El reto del duelo no consiste en rechazar esas emociones ni reprimirlas, sino en conseguir que salgan a la superficie cuando lo deseamos. Esto no significa vivir negando que la persona ya no está aquí, sino apreciar su impronta y cuidarla, así como honrar la huella que ha dejado en el mundo.

Herramientas para usar sobre la marcha

Cuando se habla de duelo, no hay espacio para consejos generales, así que los que encontrarás a continuación se basan en lo que sabemos a partir de la literatura, las personas que han hallado maneras para superar este proceso y los profesionales que las ayudaron en él.

Renunciar a las expectativas

El duelo no tiene fecha de caducidad, ¿por qué debería tenerla? Cómo lo experimentamos y las características que presenta cambian a lo largo del tiempo, y así es como ha de ser. Es posible que te sientas cada vez con más libertad para elegir cuándo dejarte llevar por el dolor y cuándo evitarlo, cuándo dedicarte a los recuerdos y cuándo a la vida tal y como es hoy.

El duelo no ha de ser motivo de culpa; es un proceso imprescindible. Date el tiempo que necesites para adaptarte a esta pérdida que ha cambiado tu vida para siempre.

Con frecuencia, el proceso de duelo es caótico e impredecible, pero esto no es en absoluto un reflejo de lo bien o mal que se está llevando. El duelo es así por naturaleza. Ponte la mano sobre el corazón, siente la calidez que irradia y recuérdate que es un proceso natural y tremendamente doloroso. Lo último que necesitas ahora es añadir otra capa de dolor imponiéndote estándares rígidos sobre cómo se supone que has de llorar a tu ser querido.

La aparición de sintomatología depresiva después de una pérdida no es inusual y tampoco patológica, pero asegúrate de hacer cosas que te ayuden a sobrellevar este periodo. Permite que las personas en tu vida te consuelen y apoyen, pasa tiempo al aire libre, mueve el cuerpo a diario y reserva tiempo para descansar profundamente.

Dejar que llueva, pero salir con paraguas

Julia Samuel, una psicoterapeuta especialista en procesos de duelo, dice que «el dolor es el agente del cambio».[2] Permitirte pasar tiempo sintiendo lo que sea que salga a la superficie te ayudará a adaptarte a la nueva realidad. Al mismo tiempo, no tienes por qué dejarte embargar por el dolor cada minuto del día. Te puedes proteger durante un rato con las distracciones de la vida. Encontrarás pequeñas cosas que te ofrecerán un consuelo o una desconexión temporales, además de descanso del agotamiento físico y emocional que el dolor conlleva.

Sin embargo, no todas las distracciones son iguales y es importante que, en los momentos de mayor vulnerabilidad, mantengas a distancia aquellas cosas que anestesian el dolor a costa de tu salud o de tu capacidad para rendir más adelante. El alcohol y las drogas son dos obviedades, pero hay otras maneras más sutiles de anestesiarse emocionalmente que se suelen pasar por alto, como trabajar en exceso y acometer una tarea tras otra para evitar los recuerdos y el dolor que implican. Retomar el trabajo relevante es positivo, pero, si se usa como una estrategia de evitación, se puede volver compulsivo. Como la quietud da lugar a más dolor, descansar resulta imposible, hasta que te quemas y tu cuerpo te obliga a ello, quieras o no. Así pues, conviene que recurras a las distracciones con sentido, reconociendo que el camino a una adaptación sana pasa por que te permitas sentir esas emociones dolorosas durante cierto tiempo.

No volver el dolor contra las personas que siguen aquí

Tanto si es una expresión del dolor como una estrategia para evitarlo, los ataques solo consiguen empeorar para todo el mundo una situación que ya es trágica de por sí. Permite que los demás te sostengan cuando sientas que te partes por la mitad y sostenlos tú a ellos cuando lo necesiten. El amor y la conexión con las personas en nuestra vida son lo que nos permite salir adelante tras una pérdida. Las familias y los amigos se unen y se apoyan para prevenir el aislamiento que con tanta frecuencia caracteriza al duelo. Nadie puede hacer el duelo por ti, pero sí te pueden acompañar en el camino y asegurarse de que no lo recorres sin apoyo.

Provocar resentimiento en los demás solo dañará las relaciones con las personas que te quedan. No permitas que la experiencia te llene de rencor y amargura.

No volver el dolor contra nosotros

Cuando el dolor nos abruma, nos sentimos culpables; cuando no, también. Nos sentimos culpables por lo que hicimos y por lo que no hicimos. La culpa surge por todas partes, y uno de los motivos suele ser que nos atribuimos más control sobre los hechos del que hemos tenido nunca.

Nos lanzamos a inventar historias con distintas variaciones de «¿Y si...?» y fantaseamos acerca de todo lo que hubiéramos podido o debido hacer, ponemos a prueba mentalmente las versiones que se nos ocurren y llegamos a distintos finales o nos torturamos con la ilusión de que todo es culpa nuestra.

Todo esto forma parte de la nostalgia por la persona que ya no está aquí y de nuestro intento de negociar con esta nueva realidad que no queríamos. Es una parte natural del proceso. Sin embargo, y en la medida de lo posible, libérate de esa carga y regresa al presente. Volver ese dolor contra ti no mejorará el pasado, pero sí empeorará el futuro.

Reconocer y expresar

La relación con nuestro ser querido no termina, se transforma. Por eso, hablar con él o ella cuando nos viene a la mente y reconocer que sentimos su ausencia forma parte del proceso de adaptación natural. Puede ser bastante difícil cuando el dolor aún es descarnado y queremos evitar que los demás se sientan mal en ocasiones especiales, aunque también puede ser una fuente de conexión continuada: encender una vela en la comida de Navidad, preparar su plato preferido el día de su cumpleaños o brindar por esa persona a la que todos echamos tanto de menos. Son pequeños reconocimientos que no solo nos ayudan a expresar el dolor por su ausencia, sino también a estar unidos a los demás durante el duelo. Si hablar no parece una opción, el dolor se puede expresar también de formas más íntimas. Escribir un diario o canalizar el dolor en cualquier actividad artística favorita nos ayuda a soltar aquello sobre lo que aún no podemos hablar.

Si intentas reprimir el dolor o negarlo, ya sea tuyo o de tus seres queridos, limitas la capacidad para conectar entre ustedes. Todo el mundo sufre, pero todo el mundo teme mostrar su sufrimiento. De este modo, tu máscara se encuentra con la mía y solo hablamos de trivialidades, sintiéndonos así más solos que antes, pero incapaces de hablar de lo inmencionable. Además, no podemos anestesiar las emociones de forma selectiva: cuando anestesiamos las negativas, anestesiamos también las positivas. No nos vemos capaces de disfrutar de lo que antes disfrutábamos por miedo a que el dolor aparezca. Por eso, si sientes el dolor y lo expresas, podrás tanto llorar a tu ser querido como retomar la vida tal y como es hoy, con momentos en los que estés plenamente presente.

Conectar

Es posible que lo más importante que se pueda decir acerca del duelo es que la conexión continuada tanto con el ser querido al que hemos perdido como con los seres queridos que siguen junto a nosotros es el faro que siempre hemos de tener a la vista.

Podemos encontrar maneras de conectar y sentirnos próximos a esa persona incluso en su ausencia. Cuando anhelamos su presencia, podemos conectar con ella gracias a rituales, altares o lugares especiales que nos permitan sentir esa intimidad. También podemos llevar en el bolsillo o el bolso un objeto que nos resultara significativo y recurrir a él cuando lo necesitemos.

Además, hemos de centrar la energía en mantener y cuidar las relaciones con las personas que haya en nuestra vida. Si solo vas a recordar una cosa de todo el capítulo, que sea esta. Acércate a las personas de tu vida y hagan lo que sea que haga que esta terrible situación lo sea un poquito menos para todos, cooperen. Habrá momentos en que la necesidad de estar en soledad será muy fuerte, pero no dejes que se alargue demasiado.

El movimiento cambia la química cerebral

Cuando el mundo tal y como lo conocíamos se abre bajo nuestros pies y todo cambia, el cuerpo pasará en modo de lucha o huida gran parte del tiempo cuando recordemos lo que ha sucedido y nos enfrentemos a un futuro distinto al que habíamos imaginado. Además, la profunda tristeza y el enorme vacío que sentimos son lastres que nos hacen muy difícil participar en la vida cotidiana.

Muchas de las personas con las que he trabajado a lo largo de los años y que han pasado por procesos de duelo me han contado que practicar ejercicio fue un factor esencial para cuidar de su salud mental. La investigación lo confirma y ahora sabemos que cualquier forma de movimiento que aumente la frecuencia cardiaca y exija que respiremos más profundamente y usemos los músculos influye en gran medida en la química cerebral y es un trampolín para la salud mental.[3] Al cabo de unos pocos minutos de ejercicio, los niveles de adrenalina y dopamina aumentan, dándonos energía, lo que contrarresta la fatiga que suele acompañar al duelo. Se ha demostrado que, al cabo de unos veinte minutos, la combinación de endorfinas y endocannabinoides mejora nuestra capacidad para sentir optimismo, placer y conexión con los demás. Y, durante el duelo, necesitamos tanta ayuda como sea posible con estas tres cosas.

Sea cual sea el tipo de movimiento por el que te decidas, si lo haces en compañía de otras personas, tu cerebro percibirá esa conexión, por lo que también notarás mayor sensación de pertenencia y confianza, así como menos soledad en general. Esto no significa que tengas que hacer nada drástico ni abrumador cuando hace semanas que casi no sales de casa. Los pasos pequeños, asumibles y potencialmente agradables tienen mucha más probabilidad de mantenerse en el tiempo y aportarte beneficios a largo plazo. Así pues, aumenta tu nivel de actividad de la manera que mejor consideres.

Resumen del capítulo

- Siente lo que sea que estés sintiendo. Abandona cualquier expectativa acerca de lo que debes sentir y durante cuánto tiempo.
- Está bien que uses distracciones que interrumpan el dolor y creen espacio entre las emociones abrumadoras, aunque solo sea durante unos momentos.
- No caigas en la tentación de volver el dolor en tu contra o en contra de las personas que te quieren. Esto puede ser tanto la expresión del dolor como la evitación de este, pero lo que es seguro es que hará que una situación que ya es terrible se vuelva insoportable.
- El duelo es más que una experiencia emocional, también es una experiencia corporal. La actividad física, adopte la forma que adopte, resulta crucial a la hora de recuperar la salud mental y reforzarla durante un proceso de duelo. Esto no significa que tengas que seguir rutinas de ejercicio. Pueden ser cosas tan sencillas como pasear por la naturaleza o salir a nadar tranquilamente con un amigo.
- La conexión es fundamental en el proceso de duelo. Es normal que haya momentos en los que no desees compañía, pero no permitas que se alarguen demasiado. Ayuda a las personas que hay en tu vida y déjate ayudar por ellas.
- También está bien buscar pequeñas maneras de mantener la conexión con la persona que has perdido, quizá mediante objetos especiales que evoquen recuerdos o yendo a lugares en los que te sientes más cerca de él o ella.

«Volver ese dolor contra ti no mejorará el pasado, pero sí empeorará el futuro».

Abrir en caso de…

Dra. Julie Smith

CAPÍTULO 23

Nada tiene sentido

Incluso la noche más oscura llega a su fin y el sol sale de nuevo.

VICTOR HUGO, *Los miserables*

Una carta de mí para ti

Si recibimos demasiados golpes uno detrás de otro y sentimos que nuestro esfuerzo es inútil, es posible que nos empecemos a preguntar si hay algo que valga la pena. De repente, es como si nada tuviera sentido. Hasta las tareas más básicas parecen exigir demasiado de nosotros. Olvidamos la alegría que se puede encontrar en el esfuerzo y cuestionamos el sentido de todo antes de comprometernos a nada.

Si bien esta es una de las experiencias más humanas, también resulta muy peligrosa, pues la depresión avanza con rapidez en una mente sin propósito.[1] Sin embargo, no estamos atrapados para siempre, podemos cambiar las cosas. Que nos parezca que nada tiene sentido no es un reflejo de una vida sin valor, es una señal de que debemos reevaluarla y ponernos manos a la obra. No esperes a que el sentido de la vida se manifieste ante ti sin más. Se revelará, sí, pero en tus acciones y esfuerzo, así como en tu modo de responder a las dificultades a que te enfrentas. Este momento tan oscuro por el que estás pasando en el que te planteas el sentido de todo también tiene su razón de ser. Has vislumbrado lo sombrías que pueden volverse las cosas y el vacío tan profundo que se siente al perder unos instantes el propósito en la vida. Así pues, tu nueva misión, tu nuevo propósito, es encontrar el camino de vuelta, el que te saque de las tinieblas y te permita ver de nuevo la imagen global. En el trayecto, descubrirás una fuerza que no habías experimentado hasta ahora y, cuando lleguen momentos mejores, te sentirás imparable en comparación con cómo te sentías cuando atravesabas adversidades.

La cuestión es cómo hacer que el sufrimiento no sea en vano. La vida es dura y exige un esfuerzo tras otro. Sin embargo, cuando enfocamos ese esfuerzo en aportar algo que no tenga que ver con nosotros mismos, vivimos en línea con la naturaleza humana. Observa a los demás y cómo parecen cobrar vida cuando tienen la oportunidad de dejar huella y ofrecer algo de valor a las personas que hay en su vida. Cuando tú lo hagas también, verás el valor de todo lo que haces. Pero antes has de moverte; si no, la depresión se apoderará de ti. Cuando todo parece inútil, has de ser tú quien cree para ti un papel por el que valga la pena vivir. Si eres capaz de asumir la responsabilidad de la dirección que toma tu vida, este capítulo será transformador.

Antes de empezar, has de confiar en que este trabajo te llevará a un lugar mejor que aquel en el que estás ahora. A veces, cuando sentimos que nos hundimos, perdemos de vista todas las maravillas que nos aguardan en la superficie. Sentimos una presión inmensa y el esfuerzo se hace muy cuesta arriba. Cuando la mente cae en aguas profundas y reina la confusión, lo único que podemos hacer es aguantar y nadar a todo lo que nos den las piernas, empezar a movernos para escapar de lo que tira de nosotros. Que ahora no seamos capaces de ver ese futuro mejor solo nos habla de los límites de la imaginación.

Quiero que sepas que estar aquí no es una carga sin sentido. Es una oportunidad, una puerta abierta a un mundo que necesita lo que tú tienes que ofrecer. Así pues, acepta la responsabilidad de convertirte en lo que puedes llegar a ser y dejar las cosas un poco mejor de lo que las has encontrado.

Herramientas para usar sobre la marcha

Si llevas un tiempo con la sensación de que nada tiene sentido, no pases de largo estas herramientas y transforma todas y cada una de ellas en un plan de acción concreto. Tienes una batalla entre manos y, para ganarla, necesitas hacer algo más que leer estas hojas.

Pasar a la acción es ese algo más. He trabajado con muchísimas personas que se han encontrado en este infierno en vida que es la impotencia y la desesperanza, y sé que has de dejar de rumiar en este mismo instante. No es necesario que reprimas esos pensamientos, pero sí has de dar media vuelta y mirar hacia delante. Con esto, quiero decir que puedes aceptar lo que sientes ahora mismo, pero nunca pienses que el hecho de que no encuentres sentido a este momento signifique que no lo haya.

Una cosa pequeña

Es inevitable que esos cuentos que te cuentas en los que nada cambiará por mucho que hagas acaben por deprimirte. Esta creencia no ha ayudado a nadie a prosperar; muy al contrario, ha llevado a muchos a decaer. Hay tanto en juego que conviene que te detengas a valorar si ese pensamiento es cierto o no, y la única manera de responder a esa pregunta es poner el pensamiento a prueba. Haz algo útil, algo que valga la pena, e intenta demostrar que te equivocas al pensar así. Trata de hacer una cosa pequeña para mejorar el momento. ¿Qué haces aquí y ahora que empeore tu situación? Probablemente, una de las cosas sea cuestionarte si hay algo en la vida que tenga sentido. Así pues, empieza a buscar algo que parezca que tenga más sentido que darle vueltas a esta idea. No te pido que te convenzas de algo que no crees todavía. Lo que te pido es que investigues, que busques la verdad.

No pasa nada si no sabes muy bien por dónde empezar, pues nadie lo sabe; limítate a empezar. Encuentra lo más inmediato que puedas hacer en este momento, algo tan pequeño que casi te parezca ridículo. Una vez que lo hayas hecho, ya no te podrás convencer de que no es posible. No hay necesidad de mirar demasiado hacia delante, permanece en el momento. Una vez que hayas hecho esa cosa pequeña, habrás logrado tu primer éxito, la primera demostración de que puedes hacer algo más que rumiar sobre el sentido de la vida. Luego, esa primera cosa pequeña llevará a una segunda, a una tercera..., e irás recogiendo los beneficios a medida que avances.

Contribuir

Nada abre más los ojos al sentido de la vida que nuestro instinto más humano de conectar con las personas que nos rodean y ayudarnos mutuamente. Estoy casi segura de que, si te estás planteando el sentido de la vida, es porque o bien no sientes a tus seres queridos muy unidos a ti, o bien no contribuyes a su vida de un modo congruente con tus valores.

Cuando nos sentimos distanciados de los demás y nos da la impresión de que no dejamos la menor huella en su vida, nos empezamos a sentir invisibles. Sin embargo, siempre estamos más cerca de lo que pensamos. Afectamos a todas y cada una de las personas con las que nos cruzamos, y, o bien se nutren de nuestros esfuerzos para mejorar el momento, o bien se lo pierden cuando decidimos no hacer ese esfuerzo. No se dan cuenta, pero sufren las consecuencias de nuestra decisión de no cuidar de nosotros mismos lo suficiente como para brindarle al mundo nuestras fortalezas.

El contrapeso perfecto a toda esta rumiación sobre lo insignificante que eres es mirar hacia fuera y ver qué puedes hacer para mejorar la vida de otra persona. No será por falta de gente que lo necesite. Asume aunque sea la más pequeña de todas las responsabilidades para ayudar a alguien de la manera que puedas. Cuando descubras que puedes aliviar el sufrimiento de otros y aportarles algo, por pequeño que sea, cuando descubras que puedes dejar a personas y lugares en un estado ligeramente mejor que antes de que llegaras, eso provoca un cambio que la rumiación no conseguirá nunca. Aquello que aportes será la mecha que prenda tu motivación. Lo importante es que sea una aportación positiva, no que sea grande o atrevida.

Cuando parece que todo carece de sentido, la mente busca razones para no probar: «No funcionará, nada cambiará cómo me siento, nada de lo que haga importa...». Dar voz a esos pensamientos solo lleva a un camino, a uno oscuro y solitario que conduce a una vida de tristeza y desesperación. Así pues, cuando la mente te diga que esa pequeña contribución que estás a punto de hacer es inútil y una pérdida de tiempo, no le hagas demasiado caso y descubre tú si es cierto o no.

Moverse para mejorar el estado de ánimo

Si has perdido la esperanza o crees que la vida no tiene sentido, este no es el momento de plantearse preguntas sin respuesta. Has de centrar toda tu atención en las cosas que pueden mejorar tu vida y, por lo tanto, sacarte de este estado. Sin duda alguna, mover el cuerpo es una de las maneras más potentes de cambiar de estado.[2] Da igual si sales a pasear, vas a la piscina, trepas a un árbol o limpias la casa de arriba abajo, todo cuenta. Haz algo físico cada día; además, si lo puedes combinar pasando tiempo al aire libre o con otras personas, los beneficios se multiplicarán. Intenta moverte de un modo que te resulte lúdico, haz algo dinámico solo porque crees que te gustará. También puedes reservar tiempo para moverte trabajando o haciendo un proyecto que pienses que te ofrecerá resultados visibles. Ya se trate de limpiar el baño, cortar el césped u ordenar la casa, terminar cada una de estas tareas es una demostración de progreso y te da más impulso; asimismo, el esfuerzo físico necesario para completarlas mejorará tu estado de ánimo y te sacará de la rumiación.

Si tus pensamientos acerca de la falta de sentido de la vida se enmarcan en una depresión y, sobre todo, si te has aislado, te recomiendo encarecidamente que, si puedes, busques apoyo profesional.

Relacionarse para tomar perspectiva

No sufras en soledad. Mantener los lazos con las personas que hay en nuestra vida nos ayuda a dar sentido a las cosas. Pasar tiempo con gente te ayudará a cambiar de forma natural puntos de vista que el aislamiento distorsiona. Hablar de lo que te sucede con alguien de confianza empezará a normalizar tus emociones y, al mismo tiempo, te ayudará a ver más allá y vislumbrar un futuro mejor. Si te relacionas con las personas a las que quieres, no tardarás en ver lo que necesitan y cómo ayudarlas. Todos tenemos problemas, y tus amigos y seres queridos agradecerán tu compañía mientras se enfrentan a dificultades.

Si sientes que te has aislado de todo el mundo y la idea de hablar con alguien te aterra, hay otras opciones. Dependiendo de dónde te encuentres y de los recursos de que dispongas, quizá puedas acudir a organizaciones sin ánimo de lucro, a servicios de apoyo o a tu médico, que te orientará en la dirección adecuada. También puedes relacionarte con personas de la comunidad a pequeña escala y a tu ritmo; por ejemplo, hablando con esa persona a la que ves cada día en la parada del autobús o en la cola del supermercado, o saludando a un vecino por la calle. Este tipo de interacción breve pero regular resulta una manera fantástica de practicar y adquirir confianza si te has aislado.

Reevaluar

Una vez que hayas modificado tu estado de ánimo y tu emoción predominante con las herramientas anteriores, y una vez que te hayas comprometido a seguir una rutina más positiva, dedica unos momentos a reevaluar la situación. Es probable que ahora estés en mejor posición para reflexionar con claridad acerca de lo que te hizo vulnerable a esas emociones. Piensa en todo lo que haya contribuido a empeorar tu estado de ánimo a lo largo del tiempo, tanto en lo que al contexto general de tu vida se refiere como a lo que tenga que ver con las decisiones que has tomado. Reflexionar así te orientará respecto a los cambios que necesitas en tu vida; algunos serán pequeños, pero es posible que otros sean más grandes. Establece objetivos a corto plazo y algunos más grandes a más largo plazo que te ayuden a fijar la dirección. También puedes hacer el ejercicio sobre los valores que encontrarás en el apéndice (pág. 333) para asegurarte de que eliges objetivos basados en lo que más te importa en este momento.

Solo tú puedes tomar esas decisiones, así que asegúrate de que acometes la tarea en un momento en el que puedes pensar con claridad y sientes que quieres empezar a hacer lo mejor para ti y para tu vida.

Resumen del capítulo

- Sentir que la vida no tiene sentido es una de las experiencias más humanas, pero también una muy peligrosa. La depresión avanza con rapidez en una mente que no halla su razón de ser. Sin embargo, no estamos atrapados para siempre. Podemos cambiar las cosas.
- Que nos parezca que nada tiene sentido no es un reflejo de una vida sin valor. Es una señal de que debemos reevaluarla y ponernos manos a la obra. No esperes a que el sentido

de la vida se te manifieste sin más. Se revelará, sí, pero en tus acciones y esfuerzo, así como en el modo en que respondas a las dificultades a las que te enfrentas.

- La cuestión es cómo hacer que el sufrimiento no sea en vano. La vida es dura y exige hacer un esfuerzo tras otro. Sin embargo, cuando lo enfocamos en aportar algo que no tenga que ver con nosotros mismos, vivimos en línea con la naturaleza humana. Observa a los demás y cómo parecen cobrar vida cuando tienen la oportunidad de dejar huella y ofrecer algo de valor a las personas que hay en su vida.
- Acepta lo que sientes ahora mismo, pero nunca pienses que el hecho de que no encuentres sentido a este momento signifique que no lo haya.
- No sufras en soledad. Relacionarnos con las personas que hay en nuestra vida nos ayuda a dar sentido a las cosas. Pasar tiempo con otra gente facilita que cambiemos de forma natural puntos de vista que el aislamiento distorsiona.
- Nada abre más los ojos al sentido de la vida que nuestro instinto más humano de relacionarnos con las personas que nos rodean y ayudarnos mutuamente.

«Lo importante es que sea
una aportación positiva,
no que sea grande o atrevida».

CAPÍTULO

24

Sufres el síndrome del impostor o la impostora

No soy escritor. Me he estado engañando a mí mismo, y también a los demás.

JOHN STEINBECK, *Working Days*

Una carta de mí para ti

Si te encuentras en una situación que te exige mucho y no tienes claro si vas a estar a la altura de lo que se requiere de ti, has de saber que eso es mejor de lo que piensas. Todos nos sentimos impostores en algún momento de la vida, cuando damos un paso al frente y nos ponemos a prueba para avanzar y mejorar. En ocasiones como estas, nos rodeamos de personas de las que podemos aprender y, por lo tanto, primero sentimos admiración, pero acto seguido nos vemos intimidados por lo inteligentes y competentes que nos parecen. Debido a esto, determinar que no merecemos estar donde estamos es un acto casi reflejo. Olvidamos el potencial que han visto en nosotros quienes han decidido ponernos ahí y, además, cargamos con nuestros fallos y carencias, que conocemos con todo detalle, mientras que no tenemos ni la menor idea de los de los demás.

Cuanto más comparamos nuestro estado de principiante con el de las personas con experiencia, más creemos que jamás llegaremos a tener su talento ni a lograr su éxito, que lo nuestro es fruto del azar. ¿Cómo nos ha podido pasar siquiera por la cabeza que estaremos a la altura? Tenemos claro que el primer error que cometamos será, para nuestra mente, la prueba irrefutable no solo de que ahora no somos lo bastante buenos, sino de que no lo seremos nunca.

Gran parte del dolor que provocan estas situaciones procede de la ilusión de que somos los únicos que se sienten así, que nadie es tan absurdo. Cuando entramos en lo que parece un campo de batalla, sometiéndonos a un escrutinio inflexible y anticipando la humillación, creemos que nos sentimos así porque estamos yendo más allá de lo que nos permiten nuestras capacidades, que hemos apuntado demasiado alto. Ni se nos ocurre pensar que todos los seres humanos que han pasado por una situación semejante se han sentido justo igual que nosotros ahora, y tampoco que ellos también empezaron desde abajo y fueron ascendiendo poco a poco, teniendo los puntos débiles humanos habituales.

En estos momentos, es facilísimo que olvidemos por completo cómo nos queremos mostrar al mundo. Nos aferramos a la dignidad para evitar la humillación y, con frecuencia, sufrimos como efecto secundario el arrepentimiento. Será muy fuerte el deseo de poner alguna excusa, dar la espalda al reto o creernos las promesas del perfeccionismo. Sin embargo, no somos meros pasajeros sin voz, somos el piloto. Por lo tanto, podríamos haber decidido echarnos atrás, evitarlo, pero no lo hicimos, y eso es algo que debería llenarnos de orgullo.

Claro que hay miedo. Hay miedo siempre que nos damos cuenta de que podemos ser más de lo que somos hoy, cada vez que vemos la oportunidad de superar los que creíamos que eran nuestros límites. Y, cuando el miedo nos ciega temporalmente, como cuando tenemos los ojos anegados de lágrimas, perdemos de vista que seguimos al volante y que lo que sucede es que se trata de una misión complicada.

Dicho todo esto, no es que los pensamientos que te repiten que no se te da algo demasiado bien sean patológicos o ni siquiera erróneos. Es más que probable que esto ocurra al principio de cualquier cosa que te propongas. Sin embargo, esos pensamientos no tienen por qué suponer una amenaza si sabes que puedes mejorar con el esfuerzo. Los pensamientos pueden ser la señal que te indique hacia dónde canalizar el aprendizaje. Esta mentalidad te ayudará a avanzar. No pasa nada si algo no se te da bien ahora, porque te vas a asegurar de que esto no sea así para siempre.

El miedo y la inseguridad se convierten en la resistencia que vencer, no en un motivo para desistir; de hecho, sin ellos no estarías aquí. Cuando nada nos ofrece resistencia, nos quedamos quietos, manteniéndonos a flote. Luchar contra algo significa que te estás esforzando y que, en cualquier momento, verás el fruto de tanto trabajo.

Pero ¿y si fracasas?, ¿y si haces el ridículo? Bueno, si eso sucede, aprenderás la dolorosa lección de que puedes sobrevivir al fracaso, levantarte y volver a intentarlo. También aprenderás que la mayoría de las historias de terror que ahora ocupan tu mente no se hacen realidad.

Herramientas para usar sobre la marcha

Es importante que recuerdes que sentirse impostores forma parte de la experiencia humana normal, nadie escapa a ella. De hecho, es muy probable que muchas de las personas eminentes a las que seguramente percibas como imparables y perfectas se hayan sentido grandes impostoras; de otro modo, no hubieran llegado adonde están hoy.

Sentirse así solo se convierte en un problema cuando nos negamos a aceptarlo, cuando nos negamos a actuar. Por eso, el objetivo de las herramientas que encontrarás a continuación no es que te dejes de sentir de este modo. Eso pasará solo cuando avances y progreses. El objetivo es que te armes de todo lo que necesitas para convivir con esa sensación mientras haces lo que sea necesario para superar los que ahora crees que son tus límites.

Identificar el sesgo

Las emociones son un reflejo del intento del cerebro de dar sentido a la información que recibe. Por eso, cuando nos sentimos vulnerables o estresados, los pensamientos nos cuentan una historia congruente con esa sensación. No hemos de pasar por alto aquellos que nos acusan de ser unos impostores sin cuestionarlos antes. Me refiero a esos que nos dicen que somos un fraude, que no merecemos el lugar que ocupamos, que antes o después alguien descubrirá todas nuestras carencias y nos humillará. Estos son los pensamientos que fomentan el síndrome del impostor o la impostora y magnifican el miedo. A medida que vayas practicando, cada vez te será más fácil darte cuenta de lo sesgadas y absurdas que son estas ideas.

Cuando te sientas así, fíjate en que los pensamientos tienden a centrarse en tu supuesta incompetencia y, más concretamente, en cómo juzgan dicha incompetencia otras personas. Este es el momento ideal para acordarse del efecto foco:[1] todos los seres humanos exageramos la medida en que otros nos juzgan negativamente. De hecho, la investigación sobre este tema ha revelado que la única ocasión en que las personas tienden a acertar en sus estimaciones es cuando están actuando sobre un escenario. Por lo tanto, entender que este fenómeno existe te resultará útil en la vida real si lo recuerdas cuando lo necesites. Ten en cuenta que es algo que hacemos todos los seres humanos y que puede provocar que nos sintamos más observados e incómodos de lo necesario. Así pues, a no ser que estés actuando sobre un escenario o te estés examinando, la mayoría de las personas no te juzgan tanto como te dices que lo hacen. No has de hacer nada especial para superar este fenómeno, basta con que lo reconozcas; así no darás tanto crédito a los pensamientos resultado del efecto foco.

El sesgo de personalización también es muy habitual. Consiste en atribuir todos nuestros errores del proceso de aprendizaje a carencias permanentes. Por el contrario, juzgamos los errores de los demás de un modo más objetivo, teniendo en cuenta el contexto y los obstáculos a los que se han debido enfrentar. Lo primero conduce al bochorno y al deseo de renunciar, mientras que lo segundo invita al aprendizaje y al progreso. Por lo tanto, cuando te des cuenta de que el sesgo de personalización asoma la cabeza, nómbralo y contrarréstalo con una afirmación más realista.

Sinceridad

Lo más importante que puedes hacer cuando te sientas un fraude es no confirmar ese miedo con tu conducta. El miedo te dirá que ocultes tus imperfecciones y que mientas acerca de tu competencia, porque su objetivo es que finjas que puedes seguir el ritmo. No caigas en la tentación. Si no ocultas que eres principiante y dejas claro que tienes la voluntad de aprender, aportando tanto como te sea posible mientras lo haces, habrá muy pocas personas que te juzguen negativamente por ello; por el contrario, lo más probable es que la confianza y el respeto que sienten por ti aumenten. Las personas con experiencia tienden a juzgar solo a quien niega sus carencias y afirma saber más de lo que sabe en realidad, pero la mayoría de ellas no juzgan a quienes se muestran abiertos y sinceros respecto a su estatus de aprendiz y están dispuestos a hacer las preguntas que sean necesarias.

Por lo tanto, ponte al servicio de los demás y declárate en constante evolución. Si eres un eterno aprendiz, es normal que esta sensación de inseguridad te acompañe con frecuencia. Recuerda que es un reflejo de cómo vives, no de tu capacidad intrínseca.

Anteponer el respeto propio a la autoestima

Gran parte de los consejos acerca del síndrome del impostor o la impostora que encontrarás en internet parten de la premisa de que la solución pasa por aumentar la autoestima. Sin embargo, esa no es una estrategia útil, pues se basa en que la visión de principiante humilde y quizá vulnerable que tienes de ti es errónea y que, si consigues sentirte mejor acerca de ello, el mundo creerá lo mismo.

Lo que sucede es que la autoestima no es necesariamente el camino a la felicidad que se lleva dando a entender desde hace años.[2] La autoestima puede correlacionarse con el narcisismo, la ira, la agresividad y el acoso, además de con valores como el materialismo, la vanidad y la anteposición de la fama y el dinero a la familia y la comunidad.

Una visión hinchada de ti no te ayudará ni será muy agradable para tus seres queridos. Lo que sí te ayudará, y mucho, es desarrollar una estimación precisa y justa de quién eres, una estimación a la que tratarás con el mismo respeto con el que tratarías a cualquier persona a quien quisieras bien. Esto significa que has de prestar atención y tratarte como a una persona de pleno derecho, como cualquier otra, y aceptarte como alguien en constante evolución, además de dirigir la mirada al exterior y al valor del esfuerzo puesto al servicio de los demás. Acepta que eres un ser humano y que, como tal, tienes mucho que aprender. Al mismo tiempo, comprométete a aprender más y a hacer mejor las cosas, de manera que puedas aportar algo valioso al mundo.

Comparaciones injustas

No compares tus comienzos con los intermedios de los demás. Cuando observes a personas que vayan algo por delante en el camino, pasa de los juicios comparativos a la curiosidad inspiradora. ¿Cómo han llegado allí? ¿Qué puedes aprender de ellas?

Si te das cuenta de que un sitio está lleno de gente más inteligente o competente que tú, enhorabuena: no podrías tener más suerte, porque eso significa que cuentas con una oportunidad magnífica para avanzar al máximo. No trates solo de competir; ten en cuenta la imagen global de tu vida. Entra en ese lugar con la intención de aprender tanto como te sea posible al tiempo que aportas todo lo que esté en tu mano a medida que vas mejorando.

Resumen del capítulo

- Sentirte como un impostor o una impostora cuando te enfrentas a un reto nuevo forma parte del proceso natural, porque señala lo que aún has de aprender y lograr.
- Presta atención al razonamiento emocional. Que te sientas como un fraude no significa que lo seas. No mientas acerca de tu estatus de principiante y comprométete abiertamente a aprender y a aportar el valor que puedas mientras lo haces.
- No te compares con las personas que van por delante de ti en el viaje. Conviértelas en tu fuente de inspiración y de aprendizaje. Si crees que eres la persona más inexperta en la sala, también eres la que tiene la máxima posibilidad de crecer. Es una situación fantástica, no negativa.
- No es necesario que siempre tengas la mejor imagen de ti. Te será mucho más útil verte con sinceridad y respeto y querer lo mejor para ti. Por otro lado, orienta la atención al exterior y esfuérzate en aportar algo valioso. Mirar siempre hacia dentro y evaluarte constantemente no es lo mejor para tu salud mental.

«Declárate abiertamente
en constante evolución».

Abrir en caso de…
Dra. Julie Smith

CAPÍTULO 25

Te arrepientes de algo que has hecho

> En ningún caso debes entregarte a una morosa meditación sobre tus faltas. Revolcarse en el fango no es la mejor manera de limpiarse.[1]
>
> ALDOUS HUXLEY, *Un mundo feliz*

Una carta de mí para ti

Si, al mirar atrás, sientes una punzada de arrepentimiento por conductas que no reflejan cómo quieres vivir tu vida…, te doy la bienvenida a la humanidad. La dura verdad es que descubrimos el tipo de persona que queremos ser a partir tanto de lo que hacemos bien como de lo que hacemos mal. La sensación de culpa, arrepentimiento y pesar te comunica que hay algo por aprender.

Sin embargo, no aprenderemos nada si nos aferramos a la expectativa de que tendríamos que haber sabido entonces lo que sabemos ahora, haber sabido la lección antes de aprenderla. O si nos dejamos llevar por la fantasía de que, para ser dignos de aceptación y amor, tendríamos que haber sido perfectos desde el primer día, de que los errores demuestran que no lo merecemos. De hecho, es posible que acabemos poniendo el mundo en un pedestal, sobre todo si crecimos con la idea de que la vida puede ser perfecta si se hace todo bien.

Darnos cuenta de que en el mundo, y en la vida, pagamos un precio muy elevado por todo lo que conseguimos es muy doloroso. Creíamos que todo iría bien siempre que hiciéramos las cosas como era debido y que esa era la manera de no tener que arrepentirnos de nada, pero no es así. Pagamos un precio por todas las decisiones que tomamos, incluso las acertadas. Podemos vivir con algunos de esos costes, pero otros nos atormentan durante años.

La intención de esta carta no es convencerte de que dejes de sentir arrepentimiento, eso no es un problema. En todo caso, el problema es cómo reaccionas ante él. Las emociones son un intento de entender lo que sucede, por lo que lo primero que debes hacer es preguntarte si la emoción está justificada. Si tiendes a dudar siempre de ti y a rumiar sobre todas tus equivocaciones, es posible que el arrepentimiento sea un síntoma de ese patrón autodestructivo. De ser así, quizá te vaya bien repasar el capítulo que aborda el sentirse culpable por todo (pág. 67). Si, por el contrario, de verdad has metido la pata y lo lamentas, puedes transformar la emoción en algo bueno siempre que tengas el valor de afrontarla.

Hay cosas que solo la adversidad nos enseña,[2] así que permite que lo haga. Atrévete a mirar lo que menos te apetece ver. No para autoflagelarte, sino para aprender de ello.

En la vida, el proceso de elegir el camino adecuado avanza a base de descubrir tanto los callejones sin salida como las avenidas nuevas. Aunque ninguno de nosotros nos ponemos a soñar con todo lo que haremos mal, tomar el mal camino nos puede ayudar a encontrar el bueno. Es decir, si ves cada uno de esos callejones sin salida como una lección de la que aprender, irás trazando en tu mente un mapa que te mostrará hacia dónde ir. Por lo tanto, el arrepentimiento dejará de ser como una cuesta abajo hacia la desesperanza y se convertirá en lo que te da alas para seguir avanzando.

Puedes transformar el arrepentimiento en la mecha del progreso, pero, para ello, has de ser capaz de resistirte a la tentación de ver los errores como una indicación de lo que vales como persona. De no haber escuchado a la culpa, te podrías haber convertido en una persona muy distinta a la que quieres ser, así que reconoce el valor de la emoción, agradece lo que te ha dado. La sensación de culpa tiene una capacidad increíble para ayudarte a pulsar el botón de pausa cuando las cosas empiezan a ir cuesta abajo.[3] Al contrario de la tan generalizada idea de que atender a la culpa es señal de debilidad, lo cierto es que hace falta valor para reconocer que quizá hayamos emprendido una dirección equivocada y que nos estamos alejando de la persona que queremos ser. Vista así, la culpa no es más que otra emoción que te informa de que parece que algo no acaba de ir bien, sobre todo en lo que a vivir de un modo congruente con tus valores se refiere.

Herramientas para usar sobre la marcha

Hay personas que reprimen toda sensación de culpa y se niegan a dar espacio al menor arrepentimiento, mientras que otras se pasan la vida consumidas por ello. En algún punto entre ambos extremos, nos podemos acercar a estas emociones con curiosidad, aprovechar lo que nos sirve y desechar lo que no. Por supuesto, no siempre es fácil: mirar dónde nos hemos equivocado sin lanzarnos a una autocrítica destructiva exige valentía y disciplina. Aunque se podrían escribir libros enteros sobre este tema, a continuación encontrarás algunas herramientas clave para empezar.

Detener la rumiación

Todos hacemos cosas que más adelante nos hacen avergonzarnos o sentir culpables o nos despiertan sentimientos de humillación. Las personas que se quedan enganchadas a la rumiación (dando vueltas y más vueltas a todo aquello de lo que más se avergüenzan en la vida) minan su autoestima y tienen muchas dificultades para avanzar. Cuando nos embarga la vergüenza, no podemos pensar con claridad, y no digamos ya aprender nada. Entramos en un proceso de autoflagelación que nos impide hacer nada de lo que podría reparar el daño, enmendar la situación o aprovechar lo que hemos aprendido para crear un futuro más positivo.

Rumiar y dar una vuelta y otra y otra a los pensamientos más dolorosos y destructivos acerca de lo que ha pasado es justo lo contrario de hacerte un favor. Todo el tiempo que dedicas a pensar en lo que has hecho mal es, en realidad, una forma de evitar prestar atención a lo que la emoción te intenta decir y resolver la situación en consecuencia. Si cometes un error y reparas el problema que hayas causado en la relación, podrás aprovechar las lecciones aprendidas y dejar la culpa a un lado. La rumiación nos atrapa en un bucle en el que solo deseamos poder cambiar el pasado. Por el contrario, si atendemos al presente, podemos mejorar el futuro. Todo lo que hicimos tan espectacularmente mal se convierte en el catalizador de un cambio valioso.

Si te das cuenta de que has empezado a rumiar, detente en seco. O bien intenta pasar a una línea de pensamiento más productiva acerca de cómo podrías mejorar la situación, o bien (si aún no eres capaz de hacer lo anterior) haz algo dinámico que te exija prestar atención y te devuelva al presente.

Esto es *mindfulness* en acción cuando más la necesitas. Así pues, empieza a practicar algún ejercicio de atención plena para que, en el futuro, te sea más fácil identificar la rumiación y detenerla. De todos modos, si lo que necesitas es detener la rumiación en este mismo momento, haz alguna actividad en la que te puedas meter de lleno fácilmente y romper así el ciclo de rumiación.

Reparar la relación

Si tienes claro que tu sensación de culpa está justificada y es proporcional a la situación, no intentes convencerte de que te puedes dejar de sentir culpable, no ignores la emoción y tampoco intentes reprimirla. Para deshacerte de la culpa tendrás que pasar a la acción y avanzar en la dirección en la que necesitas avanzar. Pueden ser acciones que demuestren que ser falible no significa que no merezcas aceptación o acciones que reparen profundamente una relación fracturada o construyan relaciones de confianza nuevas.

Cuando intentamos superar la culpa, al menos cuando el daño causado no es tan grande que una disculpa no baste para tender puentes a la otra persona, uno de los obstáculos más habituales es la dificultad para pedir perdón sumada a la falta de habilidad para hacerlo de un modo efectivo. Disculparse es necesario, aunque no siempre suficiente, para reparar un problema en una relación. Si intentas reconstruir una relación sin haberte disculpado antes, estarás construyendo sobre terreno inestable. Por otro lado, una disculpa que solo señala el regreso a las cosas como eran antes deja los cimientos al desnudo. Por lo tanto, si unas disculpas que realmente reparen la relación han de comenzar con un «Lo siento», han de continuar con un cambio de conducta evidente que demuestre a la otra persona que estamos decididos a hacer las cosas de otra manera de ahora en adelante.

Por el contrario, si las disculpas iniciales no son eficaces o no parecen sinceras, es probable que la otra persona desconfíe y no quede convencida de que se vaya a producir cambio alguno, lo que puede provocar aún más problemas. Teniendo todo esto en cuenta, veamos cuáles son las características de una buena disculpa.

Los investigadores han identificado seis elementos que contribuyen a pedir disculpas con la mayor efectividad.[4]

1. **Comunicar tu pesar por lo sucedido.** Hablar explícitamente de lo que ha sucedido y dejar claro que te arrepientes con sinceridad de ello lleva un simple «Lo siento» a otro nivel. Muchas veces, hay discrepancias en cuanto a cómo ha llegado a suceder algo o a quién tiene la culpa. Asumir una responsabilidad radical por la propia conducta (incluso en aguas turbias en las que, en el momento, sentiste que tu conducta estaba justificada) es el sello de calidad de una disculpa digna de ese nombre. Muchas veces, tendemos a defender nuestro error o mala conducta acusando al otro o atribuyéndoselo a las circunstancias. Asumir la responsabilidad sobre nuestra conducta independientemente de las circunstancias que

nos llevaron a ella es un acto de valentía. Y no es una demostración de debilidad, sino que, muy al contrario, demuestra integridad y valor y ayuda a reforzar la confianza en que no somos veletas. Es imperativo que la otra persona sepa que no volveremos a actuar así ni siquiera si se vuelven a dar las mismas circunstancias. Es difícil de hacer, pero potentísimo.

2. **Decir «Lo siento».** No te saltes este paso. Decir estas palabras si le has hecho daño a la otra persona no solo no dice nada malo de ti, sino que te ayudará a reparar la relación con quienes quieres y a estrechar lazos si has cometido un error o les has hecho daño de algún modo. Incluso si incluyes los demás elementos de la lista, para mucha gente es muy importante oír estas palabras.
3. **Pedir disculpas con sinceridad.** Solo podemos disculparnos si asumimos toda la responsabilidad por el error y sus consecuencias. De lo contrario, parece que, más que pedir disculpas, lo que pedimos es que nos dejen libres de culpas. Es muy incómodo y, sin lugar a duda, este es uno de los motivos por los que a tantos de nosotros nos cuesta pedir perdón. Si el daño que le hemos causado al otro va más allá de lo cotidiano, quizá sea más adecuado decir que entendemos que el perdón es un proceso que sabemos que requiere tiempo y que nos disculpamos de corazón, independientemente de que nos perdone.
4. **Validar las emociones de la otra persona.** Es natural que seamos reticentes a nombrar el dolor que le hemos causado a la otra persona, pues tememos que, al hacerlo, salga a la superficie y desencadene otra discusión. Sin embargo, demostrar que entendemos cómo se siente y

que nos preocupa ser los causantes de ese dolor tiende a ejercer el efecto contrario. La ira aparece, sobre todo, cuando no nos sentimos escuchados. Reconocer en voz alta las posibles consecuencias emocionales del error que hemos cometido es una manera muy eficaz de reducir la intensidad de la ira. Sentir que el otro nos ve hace maravillas para estrechar lazos y reconstruir la confianza, y tiene muchas probabilidades de conducir a un cambio genuino. Que alguien se disculpe porque no soporta la idea de habernos hecho daño es muy distinto a que lo haga para zanjar la discusión u obtener algo de nosotros.

Tanto si estamos de acuerdo con su interpretación de lo sucedido como si no, es fundamental comunicar a la otra persona que entendemos cómo se siente en su postura. A continuación, podemos manifestar nuestro arrepentimiento por ese dolor y lo mucho que nos importa su malestar.

5. **Ofrecerse a reparar el daño.** Si lo que sucedió es claramente injusto, quizá sea fácil proponer alguna manera de repararlo. Por ejemplo, si pediste algo prestado y lo rompiste, ofrecerte a reemplazarlo reforzaría unas disculpas sinceras. Aunque no siempre está claro cómo hacerlo, e incluso hay veces en que es imposible, inténtalo siempre que puedas.
6. **Reconocer que no se han alcanzado las expectativas.** La única manera de volver a confiar en alguien es tener motivos para creer que no volverá a hacer lo que sea que haya hecho. Es importante dejar claro que, por lo general, respetamos la norma que hemos infringido y también hemos de explicar con claridad qué acciones concretas vamos a emprender para impedir que suceda de nuevo.

Acerca de perdonarse

¿Te perdonas una vez que la otra persona te ha perdonado y pasa página? Muchas personas tienden a sufrir innecesariamente durante años después de que todos los demás hayan olvidado lo ocurrido. Sabemos que nos duele y que nos impide avanzar hacia una vida más satisfactoria, pero nos es imposible olvidarlo. Entonces, ¿cómo nos podemos perdonar a nosotros mismos?

La idea generalizada, y errónea, de que perdonarse significa que lo sucedido está justificado o que no es para tanto es uno de los mayores impedimentos a la hora de pasar página tras una transgresión. Nos seguimos fustigando porque creemos que perdonarnos equivale a olvidar lo sucedido o a dejar de preocuparnos por ello. Por el contrario, perdonarse es el proceso de tomar plena responsabilidad por las acciones propias y de rendir cuentas. No es un proceso fácil en el que nos limitamos a hacer como si lo que pasó no hubiera sucedido. Suele ser doloroso, sobre todo si lo que hicimos causó un daño duradero al otro. Nos cuesta creer que merecemos el perdón, por lo que nos seguimos castigando implacablemente y saboteamos todo lo que podríamos hacer para mejorar nuestra vida en el futuro.

Nadie se perdona en cuanto decide hacerlo. Es un proceso que requiere que reparemos el daño causado y nos esforcemos de verdad en cambiar lo que sea necesario para estar seguros de que no lo volveremos a hacer, teniendo así un motivo justificado para aflojar la asfixiante presión que la culpa ejerce en nuestra vida. De este modo, aceptaremos que somos falibles porque somos humanos y confiaremos en que, cuando nos equivoquemos, nos afanaremos en reparar el daño causado y en seguir viviendo una vida lo más satisfactoria y con el máximo sentido que nos sea posible.

Estos son algunos de los pasos del proceso:

1. Cuando escribimos acerca de los problemas que nos hemos guardado, lo que parecía abrumador resulta más simple y claro, de modo que pensar en cómo resolver la situación y aprender de ella es más fácil. Escribir mientras se reflexiona acerca de un error siempre es útil.[5]
2. Tómate tiempo tanto para experimentar lo que sientes como para expresarlo con palabras. Intenta nombrar las distintas emociones que vayan surgiendo. Luego, piensa en qué elementos de cómo te cuentas lo sucedido refuerzan esas emociones. Por ejemplo, quizá tuvieras expectativas poco realistas respecto a ti o a lo que hubieras debido saber, o quizá creas que hacer algo concreto dice algo fundamental acerca de ti como persona o de tu valor como tal.
3. Explicar por escrito lo que ha sucedido y releerlo para eliminar todos los juicios, tanto si van en tu favor como en tu contra, te será muy útil. Por ejemplo, quizá te des cuenta de que, en algunos momentos, has añadido cosas que parecen matizaciones o excusas. O, lo que es más probable si sientes el peso de la culpa, quizá hayas exagerado el impacto negativo de tus acciones. Borra tanto lo uno como lo otro hasta que la descripción solo contenga los hechos desnudos.
4. A continuación, dedica tiempo a reflexionar acerca de las circunstancias que te hicieron vulnerable a ese error. No me refiero en absoluto a que elabores una lista de excusas, sino a que entiendas cómo llegaste a ese punto.

Es una etapa fundamental si realmente quieres asumir la responsabilidad sobre el pasado y el futuro, ya que, si entiendes qué te llevó a ese punto, te será mucho más fácil tomar medidas para impedir que esas circunstancias se vuelvan a dar. También es un modo de mostrarte la compasión que necesitas para dejar de flagelarte. Asumir que cometiste ese error porque eres mala persona no ayuda a nadie y tampoco te motiva a hacer las cosas mejor en el futuro. Reconoce que errar es de humanos, pero que también lo es aprender a lo largo de toda la vida. Esta postura da lugar a resultados mucho mejores tanto para ti como para las personas con las que te quieres portar mejor, así que no caigas en la tentación de saltarte este paso. Si nunca tuviste la intención de hacer daño a nadie, dilo. Si te ayuda, imagina que alguien a quien quieres incondicionalmente estuviera en tu lugar y piensa en cómo lo ayudarías a hacerse responsable de sus acciones sin cuestionar su valía.

5. Explicita lo que has aprendido de la experiencia. ¿Qué sabes ahora acerca de cómo deseas vivir tu vida? ¿Cómo te ayuda eso a evitar cometer de nuevo ese error en el futuro?
6. Remedia lo sucedido. En función de la situación concreta, esto requerirá pedir disculpas sinceras, compensar la pérdida de algo o reconstruir la confianza. Algunas de estas acciones irán dirigidas a la otra persona, pero algunas de las que te comprometerán con un cambio positivo irán orientadas a que tú te perdones también. Si elaboras un plan y te ciñes a él, empezarás a confiar en ti de nuevo. Actuar es un modo muy potente de ir cultivando la confianza gradualmente y, por lo tanto, de aliviar la

culpa y la vergüenza por el pasado. La única manera de recuperarse de un pasado que no queríamos es construir el futuro que deseamos.

7. Completar este proceso no eliminará por arte de magia la sensación de culpa. Sin embargo, contarás con un recurso que puedes aprovechar cada vez que la culpa haga su aparición, uno que te recordará toda la historia más allá de la mera autoflagelación.
8. Dependiendo de lo que haya sucedido, de la intensidad del malestar que te produzca y del daño que siga infligiendo en tu vida, quizá te sea útil buscar ayuda profesional durante el proceso o, al menos, al principio de este.

Resumen del capítulo

- La dura verdad es que descubrimos el tipo de persona que queremos ser tanto a partir de lo que hacemos bien como de lo que hacemos mal. La sensación de culpa, arrepentimiento y pesar te comunica que hay algo que debes aprender.
- El arrepentimiento no es un problema. En todo caso, el problema es cómo reaccionas ante él. Las emociones son un intento de entender lo que sucede, por lo que lo primero que debes hacer es preguntarte si la emoción está justificada. Si tiendes a dudar siempre de ti y a rumiar sobre todas las equivocaciones que has cometido, es posible que el arrepentimiento sea un síntoma de ese patrón autodestructivo.
- Si de verdad has metido la pata y lo lamentas, puedes aprovechar la emoción para algo bueno siempre que tengas el valor de afrontarla.
- Hay cosas que solo la adversidad nos puede enseñar, así que permite que te las enseñe. Atrévete a mirar lo que menos deseas ver. No para autoflagelarte, sino para aprender de ello.
- La rumiación (dar vueltas a todo aquello de lo que más te avergüenzas en la vida) minará tu autoestima y tendrás muchas dificultades para avanzar. Cuando nos dejamos embargar por la vergüenza, no podemos pensar con claridad, y no digamos ya aprender nada.

«Hay cosas que solo
la adversidad nos enseña».

Abrir en caso de...

Dra. Julie Smith

CAPÍTULO
26
Te enojas con demasiada frecuencia

De no controlarla, la ira nos hace más daño que la injuria que la ha provocado.

LUCIO ANNEO SÉNECA

Una carta de mí para ti

Dejarse embargar por la culpa y la vergüenza es fácil si llevamos una temporada perdiendo los estribos con más frecuencia de la que nos gustaría, pero con eso solo conseguimos que nos resulte mucho más difícil volver a ser nosotros mismos. Nada provoca una autocrítica más generalizada acerca de lo malas personas que somos que perder los papeles de forma reiterada. La ira nos lleva en direcciones en las que, en realidad, no queremos ir y que tampoco encajan con la persona que queremos ser, y el dolor resultante es angustioso.

Ya sabes cómo prefieres tratar a tus seres queridos. Sin embargo, en pleno arrebato la ira nos embriaga con una sensación de poder y una promesa de victoria de la que es difícil desprenderse.[1] La ira estrecha nuestro foco y lo limita a una postura estrictamente defensiva y autoprotectora que, a veces, acaba con la imagen que queremos dar en la relación. Nos dejamos llevar por ella y decimos o hacemos cosas con las que sabemos que haremos mucho daño al otro.

Esto no tiene por qué ser así. Aprender a reenfocarnos en momentos como estos nos ayuda a dar lo mejor de nosotros en las relaciones que más nos importan, incluso cuando nos enojamos. Dicho esto, si la ira surge con más frecuencia ahora que antes, conviene que nos detengamos a reflexionar.

La única manera de hacer esto es empezar por dejar de juzgarnos por encontrarnos en esta situación. Volver la ira en nuestra contra no es lo mismo que gestionarla, y reprocharnos el haberla expresado no nos ayudará a mantener la compostura en el futuro. Si sientes que la ira surge en situaciones que hasta ahora tolerabas mejor, aprovecha la oportunidad para aprender cómo dar lo mejor de ti incluso en las circunstancias más difíciles.

La tarea resulta más fácil cuando nos damos cuenta de que la ira no es inherentemente mala, sino una emoción humana normal, como el resto. Su propósito es hacernos pasar a la acción para defendernos y hacernos valer cuando sea necesario. A no ser que expresar la ira te ponga en peligro (por ejemplo, en una relación que no es segura), no tienes por qué reprimirla. Lo que sí has de hacer es escucharla, pero sin dejar que se ponga al volante. El motivo por el que no podemos cederle las riendas es que casi siempre ofrece un punto de vista que no tiene en cuenta en absoluto el punto de vista del otro. Muchas veces, cuando logramos ver las cosas de esa otra manera, lo que sentimos respecto a la situación cambia y podemos pensar en alternativas para resolverla.

Se podría decir que la ira es una emoción de último recurso, pues aparece cuando sentimos que no podemos afrontar la situación de ninguna otra manera. A veces, es porque nos faltan habilidades de comunicación asertiva o porque estamos lidiando con tantas cosas que la respuesta de estrés ya está activa y el cuerpo está preparado para actuar rápida e impulsivamente, en lugar de para detenerse a reflexionar acerca de los detalles. La ira es lo único que nos queda al final de una jornada estresante, es la lucha en la respuesta de lucha o huida. Es posible que, si el día hubiera ido mejor, hubiésemos sido capaces de responder de un modo más comedido y aprovechar nuestros conocimientos para afrontar la situación de la mejor manera.

La buena noticia es que no tienes por qué etiquetarte como mala persona y cargar con esa etiqueta para siempre. Puedes hacer muchas cosas para entender tu reacción y volver a dar lo mejor de ti en tus relaciones.

Herramientas para usar sobre la marcha

Recuerda que, si bien es cierto que la ira nos da información y nos dice cuándo debemos hacer que nuestra voz se oiga, no podremos resolver el problema hasta que la emoción haya remitido y volvamos a tener la claridad mental necesaria para tomar decisiones prudentes. Por lo tanto, en lo que a la ira se refiere, la tarea consiste en saber cuándo amenaza con tomar las riendas de nuestra conducta y en determinar qué hemos de hacer para salir de la situación, si es necesario, y recuperar la calma para reducir los daños al mínimo.

Este apartado comienza con herramientas que podrás aplicar sobre la marcha, de modo que, en momentos de ira, acude directamente aquí y recuerda cómo recuperar la calma y centrarte en lo que necesitas hacer para afrontar las cosas tal y como quieres.

Algunas de las herramientas que encontrarás más hacia el final son para que las apliques a largo plazo. Reflexionar acerca de lo que sucede ahora en tu vida para que seas más vulnerable a los ataques de ira sentará los cimientos de tiempos, relaciones e interacciones mejores.

Examinar las ocasiones en las que no hemos sido nuestra mejor versión no es nada fácil. De hecho, ver los impulsos destructivos que nacen de nosotros y pensar en el daño que somos capaces de infligir en momentos de ira y furia resulta aterrador. Entonces, es posible que sientas la tentación o bien de culparte, o bien de aliviar la sensación de culpa pasándosela a otros, pero ninguna de las dos opciones te será muy útil si lo que intentas es cambiar las cosas, porque ambas complican el cambio más de lo necesario. Así pues, cuando trates de determinar lo que te ha hecho vulnerable a la ira, recuerda que el objetivo no es atribuir la culpa a nadie, el objetivo es reflexionar acerca de tu vida. Cuanto más entiendas qué agrava tu ira y qué la aplaca, antes podrás volver a ser tú en un día bueno.

Devolver el cuerpo a la calma

Volver a estar en un estado óptimo para afrontar la situación implica recuperar las riendas tanto de tu estado físico como del foco de tu atención. Comenzando por el cuerpo, la manera más eficaz de aliviar las sensaciones físicas que acompañan a la ira y de calmar el cuerpo es practicar una respiración que lo ralentice todo.

Hay varias posibilidades. Hay a quien le gusta centrarse en contar mientras respira (inspira en 1, 2, 3, 4…, exhala en 1, 2, 3, 4…) y hay quien prefiere otras cosas. Por ejemplo, hay multitud de aplicaciones que te ayudan a respirar siguiendo una imagen en movimiento. La norma general es ralentizar la respiración y lograr algo semejante a un ritmo natural, esa respiración lenta y fácil que surge con naturalidad cuando estamos tranquilos. Es algo que podemos hacer en cualquier momento y en cualquier lugar, incluso mientras seguimos inmersos en la situación que ha desencadenado la ira. A continuación, encontrarás algunas indicaciones.

Prueba esto

- Quédate de pie o siéntate. Echa los hombros hacia atrás y abre la postura para facilitar una inspiración lenta y profunda que llene los pulmones.
- Si tienes la mandíbula tensa y los hombros hacia arriba, relájalos y déjalos caer para aliviar la tensión.
- Si puedes, inspira por la nariz y exhala por la boca. No lo controles excesivamente, solo prueba a ver si puedes hacer que la respiración adopte por sí sola este ritmo natural y relajante. Fíjate en cómo el cuerpo lo hace por ti.
- Si quieres ir aún más despacio, intenta contar hasta 3 o 4 entre respiración y respiración.
- Es posible que, una vez que hayas pasado unos minutos respirando así, con naturalidad, te des cuenta de que la ira empieza a remitir ligeramente, de que ya vas percibiendo con más claridad tanto la emoción como lo que sea que la ha suscitado.
- Cabe la posibilidad de que los pensamientos reiterados sobre lo que ha pasado vuelvan a provocarte ira a pesar de que el cuerpo se haya calmado, así que asegúrate de dedicar el tiempo necesario a la siguiente herramienta.

Devolver la mente a la calma

Detenerse para reconocer, aunque solo sea internamente, que se trata de un momento muy difícil es un acto muy potente. Permitir que tu airada voz interior siga profiriendo gritos de rabia por la injusticia a la que te estés enfrentando mientras aprovechas la respiración para devolver la calma al cuerpo es como verter gasolina en el mismo fuego que quieres apagar.

Toma las riendas de ese diálogo interior con algo que valide la emoción sin dejar que se siente al volante. Aquí tienes algunos ejemplos para empezar.

- «Esto es muy duro. Es lógico que esté enojado/a por la situación. Sé que dejarme llevar por la ira no me va a ayudar nada».
- «La ira rara vez conduce a una solución, pero sí conduce a mucho de lo que arrepentirse luego».
- «La ira solo me habla desde mi perspectiva, así que no permitiré que debilite mi postura dejando que asuma el control de mi próxima decisión».
- «Cuando me calme, encontraré una respuesta de la que sentirme orgulloso/a».
- «Mis mejores decisiones casi nunca nacen en estos momentos, así que será mejor que pare, deje de discutir y espere a que la bruma se disipe para ver cuál es la mejor estrategia posible».
- «Esta es la señal que me dice que he de parar y calmarme».

Estas afirmaciones te serán mucho más útiles que algo que suene como una diatriba contra ti o contra la otra persona. No te dicen qué has de hacer, pero sí te orientan en la dirección adecuada. Hay a quien le resulta especialmente útil descansar una mano sobre el pecho mientras dice esas palabras; es un gesto compasivo que ayuda a canalizar la atención y a reorientar la mente de la ira a la calma.

No es necesario que uses estas mismas frases, redacta las que más encajen contigo y dítelas cuando necesites volver a tu centro. Lo más importante es eso, que digas las palabras que más te calen y puedan modificar tu estado emocional.

Quizá te ayude pensar en la ira como en un detector de humo interno que te dice que has de hacer algo rápidamente. Sin embargo, como sucede con cualquier detector de humo, lo único que hace es responder a las señales que recibe. Por lo tanto, sonará cuando haya un incendio. No obstante, es posible que también salte cuando se te queme un pan tostado. Tu trabajo consiste en determinar qué hace falta en este momento: una respuesta serena y mesurada o algo más drástico.

Desconectar del momento mientras esperas a que la niebla se disipe no significa que debas dejar que la otra persona se salga con la suya o que tengas que asumir que su postura es aceptable, ni por asomo. Es posible que, cuando te detengas a valorar la situación desde perspectivas distintas a la tuya, llegues a la conclusión de que la postura o la conducta del otro es inaceptable. Sin embargo, al adoptar esa perspectiva más amplia te habrás dado la oportunidad de esperar a que se desvanezca la intensa ira que sentías, que no te hubiera ayudado en nada. Como resultado, estarás en mejor posición para aprovechar cualquier rastro de ira en tu beneficio y ofrecer una respuesta meditada en consonancia con tus valores fundamentales sobre cómo te quieres mostrar en estas situaciones.

¿Golpear almohadas? No[2]

A pesar de la creencia generalizada de que la ira es una especie de vapor que hay que dejar salir, golpear una almohada cuando estamos enojados no nos ayuda en absoluto si lo que queremos es que la ira se disipe. Múltiples estudios de investigación han estudiado en profundidad la antigua idea de que expresar la ira física y violentamente puede ser catártico porque da salida a una emoción que, de otro modo, quedaría atrapada en nuestro interior. Y la conclusión ha sido, invariablemente, que la idea no solo es errónea, sino que, además, puede ser perjudicial.

Golpear un saco de boxeo mientras pensamos en la persona con la que estamos enojados nos dejará aún más enojados y sedientos de venganza, en lugar de calmarnos. Además, los impulsos agresivos aumentarán en lugar de disminuir. Si el objetivo es no enojarnos tanto en situaciones cotidianas, la clave está en ampliar la perspectiva que la ira restringe. Si calmamos el cuerpo y la mente, obtendremos una imagen más amplia de la situación.

Entender la ira o el estrés

Si te das cuenta de que te enojas por cosas que normalmente te resulta más fácil tolerar, es momento de que te detengas y reflexiones acerca de lo que pasa. Mira más allá de los desencadenantes y presta atención al contexto más amplio de tu vida.

Es importante que recuerdes que no se trata de justificarte, sino de entender lo que sucede. Es información que te ayudará a ver lo que pasa de un modo más constructivo. Cuanto más te acostumbres a hacerlo, más fácil te será ver tus patrones conductuales. Eso ya bastará para que los veas venir con la antelación suficiente para hacer algo distinto.

A medida que vayas escribiendo las respuestas a las preguntas que encontrarás a continuación, empezarás a entender por qué esta emoción de último recurso aparece con más frecuencia que antes. Comenzarás a ver que pasar por alto una y otra vez tus necesidades básicas o reprimir el estrés es como intentar mantener una burbuja de aire bajo el agua: antes o después, encontrará la manera de ascender a la superficie, y suele hacerlo en los momentos en los que menos te lo esperas.

Una vez que te hayas hecho una idea de la miríada de cosas que contribuyen al problema, te podrás poner manos a la obra y empezar a decidir qué cambios son posibles y potencialmente más útiles. Reflexionar acerca de tu vida te ayudará a hacer el trabajo preventivo de decidir qué ha de cambiar. Hay ciertos factores que no podemos controlar y otros sobre los que sí tenemos cierto control, por incómodo que nos resulte tomar decisiones basadas en nuestro bienestar. A veces, las decisiones más difíciles son también las más potentes que podemos tomar.

PRUEBA ESTO

Responde a las preguntas siguientes con datos objetivos, sin lanzarte a hacer suposiciones al respecto.

Haz una lista con todo lo que podría estar contribuyendo al descenso de tu umbral de estrés.

¿Cuándo fue la última vez que descansaste de verdad?

¿Cuándo fue la última vez que dormiste lo suficiente?

¿Cuándo fue la última vez que tuviste la oportunidad de jugar a algo que te encanta?

¿Cuándo fue la última vez que quedaste con tus amigos?

¿Vas siempre a la carrera para cumplir con unos compromisos que no te dan tregua?

¿Comes bien?

¿Llevas una carga mental muy pesada en tu vida profesional o familiar?

¿Cuándo tienes oportunidad de recargar las pilas y volver a tu centro?

¿Qué tienes en la cabeza?

¿Qué te preocupa últimamente?

- Ahora, escribe la postura que mantenías cuando apareció la ira y las suposiciones que llevaron a que la ira pareciera la mejor reacción. Por ejemplo, ¿asumiste que la otra persona tenía mala intención o tenías expectativas respecto a lo que esta debería haber sabido o tenido en cuenta acerca de ti u otros?
- Ahora, reflexiona acerca de los posibles puntos de vista de las demás personas implicadas. ¿Cómo podrían diferir sus intenciones de tu teoría inicial? Intenta analizar distintos pensamientos y motivaciones, aunque no es necesario que des por cierto ninguno de ellos. Recuerda que solo estás tomando conciencia de que tu primera idea acerca de la situación es solo una entre muchas posibles. ¿Qué intenciones alternativas te hubieran resultado menos irritantes o podrían haber suscitado incluso cierta compasión en ti?
- Ahora, aléjate de la situación e intenta centrarte un poco más en la persona. Si la conoces, piensa durante unos momentos en algunas de sus cualidades positivas, en cosas que te gustan de ella o que incluso admiras. ¿Hay al-

guna posibilidad de que la situación sea un reflejo de las dificultades que experimenta esa persona en este momento?, ¿puedes sentir compasión por ello? A veces, resulta útil recordar momentos en que nos enfrentamos a nuestras propias dificultades y nos comportamos de maneras que quizá frustraran a los demás, sin que esa fuera nuestra intención.

Mientras reflexionas acerca de la situación y adquieres esta visión panorámica, anota las ideas que te sirvan. Analizarla de un modo constructivo te ayudará a no sentirte tan víctima de las circunstancias y con más control de tus decisiones.

Entender de dónde viene

El mejor punto de partida es evaluar tus necesidades y las circunstancias, pero, si la ira es un problema que viene de lejos, quizá sea necesario que te remontes a experiencias más lejanas. El cerebro siempre recurre a las experiencias pasadas para dar sentido al presente. Por ejemplo, si en la infancia te castigaban duramente cada vez que expresabas la ira de cualquier forma, es posible que hayas aprendido a reprimirla muy bien. Esto podría significar que te has pasado la vida adulta evitando estas emociones… y acumulando resentimiento y amargura por el camino. Aunque quizá parezca que todo va bien, en cuanto bajas la guardia, algo en apariencia insignificante desencadena una explosión incontrolable de rabia y una respuesta desproporcionada en relación con lo que acaba de suceder.

Esto refuerza casi al instante en tu mente que la ira es inaceptable, peligrosa y motivo de vergüenza. Así pues, incluso experimentar la ira resulta amenazante y te catapulta de nuevo al hábito de negarla cuando aparece, reprimirla y sonreír cuando lo que necesitas es afirmarte y proteger tus límites.

Si sospechas que este aumento de la ira oculta algo más que las circunstancias actuales, lo que necesitas no es tanto una herramienta inmediata como un trabajo a más largo plazo. Si puedes consultar con un terapeuta, te ayudará a analizar la naturaleza de tus experiencias pasadas y a determinar cómo han influido estas en los patrones que te atrapan hoy.

Hacer esto te dará la distancia necesaria para recuperar la calma con más facilidad en momentos de ira. El entrenamiento en asertividad suele ser otra parte fundamental de la terapia, pues es vital para prevenir esos arrebatos de ira que dañan las relaciones, porque, cuantos más recursos tengamos para comunicarnos de forma eficaz y con calma, menos probable será que surja la ira. La asertividad nos ofrece las herramientas que precisamos para mantener conversaciones difíciles sin necesidad de enojarnos y para desarrollar la capacidad de determinar nuestros límites antes de que se traspasen. Explicarte este proceso requeriría un libro entero, pero encontrarás más información sobre la asertividad en el capítulo 5, «Dices que sí cuando quieres decir que no», en la página 67.

Resumen del capítulo

- Si sientes que la ira se apodera de ti y afecta tus relaciones, no tiene por qué seguir siendo así. No tienes por qué estar a su merced.
- Volver la ira en contra de ti no es lo mismo que gestionarla. Reprocharte el sentirla tampoco te ayudará a mantener la calma en el futuro.
- La ira está ahí para protegerte, pero eso significa que hará que te centres en defenderte, lo que echará por tierra tus intenciones acerca de cómo abordar la situación.
- La ira es la lucha de la respuesta de lucha o huida. Es como un detector de humo cuya función es hacer saltar la alarma y dirigirte a lo que parece urgente. Sin embargo, no tiene toda la información, por eso es imperativo que te mantengas al mando. Tu tarea consiste en atender la ira y decidir lo drásticas o lo tranquilas y serenas que han de ser tus próximas acciones.
- Dótate de las habilidades necesarias para comunicarte con asertividad y reducir la necesidad de servirte de esta emoción de último recurso. Dótate también de las habilidades necesarias para devolver el cuerpo y la mente a la calma cuando la ira intente tomar las riendas.
- Si tu objetivo es recuperar la calma, no golpees almohadas, pues así no te desahogarás; por el contrario, fomentarás tanto la ira como la sed de venganza.
- La ira debilitará tus argumentos en la mayoría de las situaciones, además de dañar la relación. Por eso, controlarla es lo contrario de rendirse. Es invertir tiempo en garantizar que manejas la situación de la mejor manera posible.

«A veces, las decisiones más difíciles son también las más potentes que podemos tomar».

Abrir en caso de…

Dra. Julie Smith

APÉNDICE

A lo largo del libro, he compartido contigo herramientas y ejercicios prácticos que puedes usar sobre la marcha en momentos difíciles. Aunque aquí aparecen en relación con situaciones concretas, muchas de las técnicas son transferibles a otras situaciones e igual de efectivas ante dificultades distintas. Por eso, ahora te las presento juntas, para que te sea más fácil encontrarlas y usarlas cuando las necesites.

Técnica de autocompasión

(Capítulo 8: Te has equivocado con tus hijos, pág. 107)

Puedes usar este ejercicio para regularte en momentos de alta intensidad emocional y para evitar que tus pensamientos autocríticos se desboquen.

Prueba esto

Deja reposar la palma de la mano sobre el pecho y mantenla ahí durante unos instantes.

Espera a que la respiración se ralentice y recupere el ritmo natural.

Siente la calidez que irradia de tu mano y se extiende por tu pecho.

Deja que todo se ralentice.

Dite lo siguiente, ya sea en voz alta o mentalmente:

Esto es difícil.

Lo hago lo mejor que puedo con los recursos de que dispongo ahora.

Me duele mucho cuando me equivoco, porque es muy importante para mí.

El amor me permite seguir en la dirección en la que quiero ir después del tropiezo.

Siéntate, respira lenta y profundamente y repite las palabras que te hayan calado, o las tuyas propias, hasta que te sientas capaz de volver al reto que tienes por delante. Estos momentos para volver a centrarse pueden ser muy breves: una respiración profunda y unas palabras en situaciones difíciles que cambian el foco de atención y ayudan a aclarar cómo queremos actuar a continuación. También los puedes usar como parte de meditaciones más largas que ayudan a alcanzar la autocompasión. Si deseas una meditación guiada más larga, puedes acceder a varias (gratuitas, en inglés) en mi canal de YouTube.

Visualización para reforzar tu confianza

(Capítulo 14: Te falta confianza y quieres sentir más seguridad en ti, pág. 177)

PRUEBA ESTO

Durante unos instantes, imagina que esta noche sucede un milagro y que mañana, al despertar, la confianza en ti se ha multiplicado y es justo la que deseabas que fuera. Desde el mismo momento en que has abierto los ojos por la mañana. ¿Cómo sabrías que ha sucedido eso? Cuando respondas, intenta centrarte menos en las sensaciones y más en la conducta. ¿Qué harías distinto? ¿Cómo lo harías?

¿Cuál sería tu postura? ¿Cómo te moverías? ¿Cómo te relacionarías con los demás? ¿Cómo te enfrentarías al reto que ayer te preocupaba?

Intenta pensar en esas diferencias con el máximo detalle posible. Visualízalo y úsalo para confeccionar una lista de acciones.

La mayoría de las personas que hacen esta visualización asumen que han de esperar a que la sensación o el problema cambien para que la historia se haga realidad. Sin embargo, y al igual que sucede con la motivación, la seguridad no es una emoción que aparezca primero para que actuemos después. Por el contrario, todo lo que has puesto en la lista que acabas de confeccionar, todas las acciones que has enumerado, es precisamente lo que invitará a que la confianza haga su aparición. Algunas cosas te resultarán más fáciles que otras; ¿y si empiezas por ahí?

Practica la atención plena

(Capítulo 15: La vida te sobrepasa, pág. 189)

Para empezar, planta los pies en el suelo.

Fíjate en qué hay cerca de ti que puedas tocar, ya sea la ropa, la pared, la silla en la que descansas…, y dedica unos momentos a inspeccionar ese objeto con los dedos, como si fuera la primera vez. Observa la sensación y, luego, descríbela mentalmente: la temperatura, la textura, el peso del objeto cuando lo sostienes en la mano…

Ahora, mira a tu alrededor y busca algo en ese espacio a lo que no hayas prestado demasiada atención últimamente, quizá sea porque no es muy interesante y lo sueles pasar por alto. Dedica unos momentos a familiarizarte con el objeto, obsérvalo y vuelve a describirlo mentalmente. Fíjate en cómo la luz incide sobre él, observa los colores, las sombras, las texturas, las líneas… ¿Con qué palabras describirías ese objeto?

Ahora, amplía el foco de tu conciencia de modo que incluya los sonidos que oigas. Algunos serán bastante próximos, mientras que otros serán más distantes. No los juzgues ni intentes cambiarlos, limítate a observarlos. Luego, descríbelos mentalmente.

Si lo necesitas, repite el proceso de buscar en tu entorno inmediato cosas que puedas tocar, ver y oír. Usar los sentidos de este modo te devolverá al momento presente cuando te invadan pensamientos que te estresan y te sobrepasan.

Además, puedes combinar esta herramienta con la autorregulación emocional, una técnica fantástica que permite tolerar niveles de malestar elevados en momentos difíciles. También consiste en usar los sentidos, pero centrando la atención en cosas asociadas con la seguridad y la comodidad. Por ejemplo, en Inglaterra, el ritual de preparar el té y tomarlo con alguien está tan asociado a la intimidad y la comodidad que, cuando ralentizamos deliberadamente el proceso y prestamos atención a cada paso, a lo que vemos, oímos y olemos cuando lo infusionamos o servimos, nos ayuda a relajarnos en momentos de agobio y malestar emocional. Puedes conseguir estas sensaciones calmantes usando cualquier cosa, desde el perfume de un ser querido hasta una comida tradicional en familia, fotografías de momentos felices o música que te relaje y te calme, tú decides. La clave está en que recurras a todos tus sentidos para que te traigan al aquí y ahora y te calmen en momentos de estrés o angustia, en lugar de intentar reprimir las emociones negativas o escapar de ellas.

Identificar lo más importante

(Capítulo 17: Temes equivocarte, pág. 215)

Tomar decisiones o encontrar la mejor manera de salir adelante es mucho más difícil cuando sentimos que tiran de nosotros en direcciones distintas y, en ocasiones, contradictorias. Por lo tanto, determinar cuánto peso otorgar a cada una de esas influencias nos resulta muy útil. Los valores y las prioridades cambian a lo largo de la vida, por lo que conviene considerarlos brevemente antes de tomar ninguna decisión importante. Hay varias maneras de hacerlo, y hablo de ello con más detalle en mi libro anterior (capítulo 33 de *¿Por qué nadie me lo dijo antes?*), pero, si estás pensando en una decisión concreta, esta es una forma fácil de garantizar que sea congruente con lo más importante para ti en este momento de tu vida.

PRUEBA ESTO

Haz una lista con todos los aspectos de tu vida que crees que se verán afectados por la decisión a la que te enfrentas. Por ejemplo: familia, crianza de los hijos, amistades, relaciones íntimas, carrera profesional, salud, educación, crecimiento personal, comunidad, aportación al mundo…

A continuación, responde a las siguientes preguntas para cada una de las áreas que hayas identificado:

- ¿Qué es lo más importante para ti en esta faceta de tu vida?
- ¿Cómo quieres estar presente y cómo quieres contribuir a esta faceta de tu vida?
- ¿Cómo afectará la decisión que has de tomar a tu capacidad para vivir de un modo congruente con esos valores?, ¿te acercará o te alejará de ellos?
- ¿Cómo te sentirás si eso sucede?, ¿mejorará tu vida o la empeorará?

Dedica más o menos tiempo a este ejercicio en función de la gravedad de la situación a la que te enfrentes y de los valores con los que entre en conflicto. Eso sí, has de responder con sinceridad. No es tan fácil como parece. Con frecuencia, las respuestas que encontramos en el ejercicio no son las que querríamos oír; sobre todo, si nos damos cuenta de que la decisión que hemos de tomar es también la más difícil.

Reunir el valor para dar el paso

(Capítulo 17: Temes equivocarte, pág. 215)

Cuando queremos cambiar, pero aún no hemos sido capaces de comprometernos a ello, resulta útil que sopesemos las ventajas y las desventajas del cambio en cuestión. Así, veremos con claridad si los beneficios superan a los costes. Sin embargo, seguimos sin entender por qué nos cuesta tanto dar el primer paso, y no lo entendemos porque este análisis simplista ha pasado por alto algo fundamental.

Casi nadie tiene en cuenta los beneficios de no hacer nada, el hecho de que no actuar también ofrece ventajas, una de las cuales es que nos permite evitar hacer algo. Una vez que hemos identificado esas ventajas, podemos ser sinceros con nosotros mismos acerca del coste, ahora y durante el resto de nuestra vida, que tiene el no hacer nada.

PRUEBA ESTO

Se trata de un ejercicio revelador cuando ya sabemos qué decisión hemos de tomar, pero llevamos tiempo evitando dar el paso. Puedes responder a las preguntas siguientes como punto de partida.

- ¿Cuáles son los beneficios de demorar la decisión?
- ¿Qué evitas al demorar dar el paso?
- ¿Cuál es el coste de demorar la decisión, ahora y en el futuro?
- ¿Serás capaz de vivir con las consecuencias?

Encontrar la fuerza de voluntad para cambiar

(Capítulo 18: Te falta fuerza de voluntad, pág. 225)

Uno de los errores que cometen la mayoría de las personas que están tratando de reunir la fuerza de voluntad que necesitan para pasar a la acción es el de prestar atención a las tendencias de internet que llaman a visualizar lo fantástico y maravilloso que será todo una vez que logres tu objetivo, a imaginar que ya estás allí y a recordarte todos los motivos por los que quieres llegar. Aunque esto puede ayudar algo, una estrategia menos suave pero más potente para activarnos consiste en tener dos cosas claras:

1. Los beneficios que obtenemos por no comenzar hoy, los cuales solo sirven para frenarnos. Esto significa reconocer que nos aferramos a una situación que ya no queremos no solo porque cambiar sea difícil, sino porque hay una parte de nosotros que hace mucha fuerza para que las cosas sigan igual. Quizá elegir algo nuevo signifique que hemos de renunciar a algo que tenemos ahora.
2. Las verdaderas consecuencias de mantener las cosas como están. Esta reflexión hace consciente la realidad de que no hacer nada ya es, en sí misma, una decisión. Esto nos permite valorar plenamente las consecuencias de las acciones de hoy en lugar de percibirlas como una decisión demorada.

Dedicar unos minutos a responder por escrito a estas preguntas te ayudará a esclarecer el estira y afloja tan habitual entre la posibilidad de cambio y el mantener las cosas tal y como están.

- ¿De qué te proteges al no hacer nada? ¿Cuáles son los inconvenientes del cambio que estás evitando?
- ¿A qué beneficios o comodidades que disfrutas hoy tendrás que renunciar cuando pases a la acción?
- ¿A qué beneficios estás renunciando al no pasar a la acción?
- ¿Cuál es el coste personal cada vez que decides mantener las cosas tal y como están?
- ¿Qué significará para ti no llegar al final o ni siquiera empezar?
- ¿Cómo influirá eso en la imagen que tienes de ti?
- ¿Cómo afectará eso a lo que más te importa en la vida?

Anticipar el fracaso

(Capítulo 18: Te falta fuerza de voluntad, pág. 225)

Cuando intentamos hacer un cambio positivo y nos enfrentamos tanto a la tentación de decantarnos por opciones que deberíamos evitar como a la reticencia a dar los pasos que sabemos que nos beneficiarán en el futuro, podemos aprender mucho de los casos más extremos de este tipo de situaciones: la adicción. Gran parte del trabajo de las personas en tratamiento para curar la adicción se centra en evitar las recaídas. Esto significa prepararse para los peores días, anticipar todos los obstáculos posibles y desarrollar un plan concreto y detallado de cómo se abordará cada uno de ellos. Sin este trabajo previo, el futuro queda a merced de los impulsos.

Prueba esto

Puedes tener claro que, si algo es tan difícil que exige fuerza de voluntad, invertir tiempo en prepararte de este modo te será muy provechoso. Haz una lista con todo lo que podría impedir que tengas éxito. Es el momento de poner la inseguridad a tu servicio. Durante unos momentos, da rienda suelta a los peores resultados posibles, sabiendo que esto forma parte de un proceso más constructivo que limitarte a rumiar sobre ellos. Estamos a punto de meterlos en una jaula y de cerrarla con la llave de un plan sólido y bien pensado para impedir que ninguno de ellos sabotee tus objetivos.

Es posible que trazar un plan para minimizar las probabilidades de fracaso exija que tomes algunas decisiones difíciles. Por ejemplo, quizá implique que tengas que decir que no a cosas que antes disfrutabas o valorabas y decir que sí a cambios que te llenan de temor e incertidumbre. En lugar de permitir que esto te desvíe del camino y del esfuerzo que tienes por delante, mantén siempre presentes los motivos por los que este objetivo es importante. No pierdas de vista por qué quieres eso y por qué no quieres la alternativa.

- ¿Qué barreras y obstáculos suponen una amenaza para tu éxito?
- ¿Qué momentos, lugares o situaciones obstaculizarían tu progreso si te dejaras llevar por los impulsos?
- ¿Qué excusas podrías usar para que los deslices te resultaran más aceptables en esos momentos?

Una vez que tengas la lista de todas las barreras con las que te puedes encontrar, elabora un plan de acción que deje claro cómo vas a afrontar cada una de ellas.

Es un proceso incómodo, pero no saber lo que nos aguarda provoca aún más ansiedad. Toparnos con los obstáculos y rompernos la cabeza solo porque no los habíamos visto venir reduce las probabilidades de que alcancemos nuestro objetivo. Tener la valentía de mirar de frente todo lo que nos puede complicar las cosas, así como las estrategias de afrontamiento que conducirían al fracaso, significa que, llegado el momento, solo tendremos que seguir el plan que ya hemos diseñado y, de este modo, no perderemos impulso.

Conectar con nuestro yo futuro

(Capítulo 18: Te falta fuerza de voluntad, pág. 225)

Las exigencias de la vida cotidiana nos arrastran y la mayoría de nosotros casi nunca nos detenemos a pensar en el largo plazo. Todo parece muy lejano y menos relevante que lo que tenemos entre manos en este momento. Los estudios han demostrado que, cuando nos sentimos desligados de nuestro yo futuro, tendemos a ignorar las consecuencias que conllevarán las decisiones que tomemos hoy.

Por eso, si no queremos perjudicar a nuestro yo del futuro y hacerlo cargar con el peso de nuestras decisiones impulsivas de hoy, conviene que tomemos conciencia de que esa imagen que nos estamos haciendo no debería ser una versión idealizada y sin problemas. Lo cierto es que el esfuerzo que tendrá que hacer será, en el sentido más profundo de la palabra, muy parecido al que nosotros tenemos que hacer hoy.

PRUEBA ESTO

Cierra los ojos e imagínate dentro de una semana o un mes. Imagina que echas la mirada atrás y observas las decisiones que estás tomando hoy. ¿Qué siente tu yo futuro en relación con esas acciones?, ¿cómo han afectado a tu vida futura? Ahora, escríbele una carta en la que le expliques lo que vas a hacer a partir de este momento para que su vida sea más fácil. ¿Qué has de hacer hoy para asegurarte de que tu yo futuro pueda echar la mirada atrás con orgullo y gratitud y sienta un impulso renovado para lograr cosas mejores?

Devolver el cuerpo a la calma

(Capítulo 26: Te enojas con demasiada frecuencia, pág. 319)

Volver a estar en un estado óptimo para afrontar la situación implica recuperar las riendas tanto de tu estado físico como del foco de tu atención. Comenzando por el cuerpo, la manera más eficaz de aliviar las sensaciones físicas que acompañan a la ira y de calmar el cuerpo es practicar una respiración que lo ralentice todo.

Hay varias posibilidades. Hay a quien le gusta centrarse en contar mientras respira (inspira en 1, 2, 3, 4..., exhala en 1, 2, 3, 4...) y hay quien prefiere otras cosas. Por ejemplo, hay multitud de aplicaciones que te ayudan a respirar siguiendo una imagen en movimiento. La norma general es ralentizar la respiración y lograr algo semejante a un ritmo natural, esa respiración lenta y fácil que surge con naturalidad cuando estamos tranquilos. Es algo que podemos hacer en cualquier momento y en cualquier lugar, incluso mientras seguimos inmersos en la situación que ha desencadenado la ira. A continuación, encontrarás algunas indicaciones.

Prueba esto

- Quédate de pie o siéntate. Echa los hombros hacia atrás y abre la postura para facilitar una inspiración lenta y profunda que llene los pulmones.
- Si tienes la mandíbula tensa y los hombros hacia arriba, relájalos y déjalos caer para liberar la tensión.
- Si puedes, inspira por la nariz y exhala por la boca. No lo controles excesivamente, solo prueba a ver si puedes hacer que la respiración adopte por sí sola este ritmo natural y relajante. Fíjate en cómo el cuerpo lo hace por ti.
- Si quieres ir aún más despacio, intenta contar hasta 3 o 4 entre respiración y respiración.
- Es posible que, una vez que hayas pasado unos minutos respirando así, con naturalidad, te des cuenta de que la ira empieza a remitir ligeramente, de que ya vas perci-

biendo con más claridad tanto la emoción como lo que sea que la ha suscitado.

- Cabe la posibilidad de que los pensamientos reiterados sobre lo que ha pasado vuelvan a provocarte ira a pesar de que el cuerpo se haya calmado, así que asegúrate de dedicar el tiempo necesario a la siguiente herramienta.

Entender la ira o el estrés

(Capítulo 26: Te enojas con demasiada frecuencia, pág. 319)

Si te das cuenta de que te enojas por cosas que normalmente te resulta más fácil tolerar, es momento de que te detengas y reflexiones acerca de lo que pasa. Mira más allá de los desencadenantes y presta atención al contexto más amplio de tu vida.

Es importante que recuerdes que no se trata de justificarte, sino de entender lo que sucede. Es información que te ayudará a ver lo que pasa de un modo más constructivo. Cuanto más te acostumbres a hacerlo, más fácil te será ver tus patrones conductuales. Eso ya bastará para que los veas venir con la antelación suficiente para hacer algo distinto.

A medida que vayas escribiendo las respuestas a las preguntas que encontrarás a continuación, empezarás a entender por qué esta emoción de último recurso aparece con más frecuencia que antes. Comenzarás a ver que pasar por alto una y otra vez tus necesidades básicas o reprimir o anestesiar el estrés es como intentar mantener una burbuja de aire bajo el agua: antes o después, encontrará la manera de ascender a la superficie, y suele hacerlo en los momentos en los que menos te lo esperas.

Una vez que te hayas hecho una idea de la miríada de cosas que contribuyen al problema, te podrás poner manos a la obra y empezar a decidir qué cambios son posibles y potencialmente más útiles. Reflexionar acerca de tu vida te ayudará a hacer el trabajo preventivo de decidir qué ha de cambiar. Hay ciertos factores que no podemos controlar y otros sobre los que sí tenemos cierto control, por incómodo que nos resulte tomar decisiones basadas en nuestro propio bienestar. A veces, las decisiones más difíciles son también las más potentes que podemos tomar.

PRUEBA ESTO

Responde a las preguntas siguientes con datos objetivos, sin lanzarte a hacer suposiciones al respecto.

Haz una lista con todo lo que podría estar contribuyendo al descenso de tu umbral de estrés.

¿Cuándo fue la última vez que descansaste de verdad?

¿Cuándo fue la última vez que dormiste lo suficiente?

¿Cuándo fue la última vez que tuviste la oportunidad de jugar a algo que te encanta?

¿Cuándo fue la última vez que quedaste con tus amigos?

¿Vas siempre a la carrera para cumplir con unos compromisos que no te dan tregua?

¿Comes bien?

¿Llevas una carga mental muy pesada en tu vida profesional o familiar?

¿Cuándo tienes oportunidad de recargar las pilas y volver a tu centro?

¿Qué tienes en la cabeza?

¿Qué te preocupa últimamente?

- Ahora, escribe la postura que mantenías cuando apareció la ira y las suposiciones que llevaron a que la ira pareciera la mejor reacción. Por ejemplo, ¿asumiste que la otra persona tenía mala intención o tenías expectativas respecto a lo que esta debería haber sabido o tenido en cuenta acerca de ti u otros?
- Ahora, reflexiona sobre los posibles puntos de vista de las demás personas implicadas. ¿Cómo podrían diferir sus intenciones de tu teoría inicial? Intenta analizar distintos pensamientos y motivaciones, aunque no es necesario que des por cierto ninguno de ellos. Recuerda que solo estás tomando conciencia de que tu primera idea acerca de la situación es solo una entre muchas posibles. ¿Qué intenciones alternativas te hubieran resultado menos irritantes o podrían haber suscitado incluso cierta compasión en ti?
- Ahora, aléjate de la situación e intenta centrarte un poco más en la persona. Si la conoces, piensa durante unos momentos en algunas de sus cualidades positivas, en cosas que te gustan de ella o que incluso admiras. ¿Hay alguna posibilidad de que la situación sea un reflejo de las dificultades que experimenta esa persona en este momento?, ¿puedes sentir compasión por ello? A veces, resulta útil recordar momentos en que nos enfrentamos a nuestras propias dificultades y nos comportamos de maneras que quizá frustraran a los demás, sin que esa fuera nuestra intención.

Mientras reflexionas acerca de la situación y adquieres esta visión panorámica, anota las ideas que te sirvan. Analizarla de un modo constructivo te ayudará a no sentirte tan víctima de las circunstancias y con más control de tus decisiones.

AGRADECIMIENTOS

Gracias, Sienna, Luke y Leon, por ser mi punto de apoyo y un recordatorio constante de lo que más me importa en la vida. Gracias por aguantarme cuando he estado demasiado cansada o ausente mientras escribía el libro. Les prometo que les ayudaré a descubrir sus sueños y a hacerlos realidad, igual que ustedes me ayudaron a mí.

Matthew, no tengo espacio para expresar todo mi agradecimiento. De algún modo, nos hemos encontrado en este viaje sorprendente y hermoso. No querría a otra persona a mi lado. Gracias por haber asumido una responsabilidad enorme para que yo me pudiera centrar en el libro. No sé cómo lo haces. Gracias por tu paciencia y por haberme dado el tiempo que necesitaba incluso cuando rebosabas con nuevas ideas de contenido. Gracias por ser siempre una fuente de energía para mí, por aumentar mi motivación, por conseguir que todo lo que hacemos resulte divertido y por dar espacio a la gratitud incluso en momentos en los que tienes mucho de lo que quejarte. Y gracias por la maravillosa idea para el título del libro.

Un agradecimiento muy especial a Lucy, por haberme recibido con los brazos abiertos en YMU. Trabajar con los mejores en el sector ha sido maravilloso, y tus ideas y tus opiniones siempre son enriquecedoras. Gracias, Ellie, por haber estado siempre ahí, por saber exactamente dónde tenía que estar y qué debía hacer, y por haber sido mi apoyo evento tras evento. Les estoy especialmente agradecida a las dos por haber mantenido a raya al mundo exterior para que pudiera escribir. Gracias también a Guy, por haber tenido la valentía de unirte a nuestro equipo y tomártelo todo con tanta filosofía. Y gracias sobre todo por haber hecho desaparecer por arte de magia todo el trabajo en los momentos en que lo he pasado mal.

Gracias a mi agente, Amanda Harris, por tu ayuda y aliento inquebrantables durante todo el proceso. Por acompañarme y estar ahí para ayudarme en todo momento, desde la propuesta en un trozo de papel hasta el flamante libro en las estanterías.

Gracias a mi editora, Ione Walder, por toda la paciencia mientras esperabas a que produjera algo lo bastante bueno para que te lo pudiera mostrar, y por apoyarme y animarme en todo momento. Gracias por ayudarme a hacer de este libro algo que queremos gritar a los cuatro vientos. Estoy agradecidísima de poder trabajar contigo.

Y gracias a Daniel Bunyard por tu amable ayuda desde el primer día y por ser una fuente de inspiración constante debido a tu vasta sabiduría en todo lo que concierne al mundo del libro. ¡Aún me queda mucho que aprender de ti!

Gracias a Louise Moore por ver potencial en mi propuesta y por hacer que este libro se haya convertido en una realidad. Trabajar contigo siempre es un placer, y tu esfuerzo nos ayudó a que mi primer libro llegara a más personas de las que jamás hubiera podido imaginar. Preparémonos para la segunda ronda.

Gracias a toda la familia Penguin Michael Joseph. Trabajar con ustedes es un privilegio y me siento muy orgullosa de que mis libros lleven el símbolo MJ.

Gracias a Judith Curr de Harper One en Estados Unidos, por haber visto el potencial de este libro.

Gracias a Rachel Mills y a tu extraordinario equipo, Alexandra y Charlotte. Son un verdadero *dream team*.

Mamá y papá, les debo todo. Gracias por el apoyo constante durante todo este viaje. La ética profesional que me infundieron está dando su fruto y seguís haciéndolo posible estando ahí para los niños cuando tengo que trabajar. Y, mamá, gracias por compartir conmigo la historia de la hija de tu amiga que acabó inspirando este libro.

Gracias a Claire y a Sarah, mis hermanas. Me han enseñado más de lo que pueden imaginar. Gracias por entender mi ausencia y por animarme a apuntar alto. Y gracias por estar ahí en los malos momentos.

Gracias a Pat y a David. Son una fuente constante de inspiración y apoyo, y Matthew y yo damos las gracias a diario por tenerlos en nuestra vida. Nada de esto hubiera sido posible sin Matthew, así que espero que se sientan orgullosos de los dos.

Gracias a Jackie por entenderme siempre y por no juzgar nunca el desorden tras las semanas de locura. Sin ti, sería un manojo de nervios rodeado de caos.

Gracias a Ben Garner por todo tu esfuerzo tras bambalinas y por tu entusiasmo constante, incluso cuando me encerré a escribir y no creé contenido nuevo.

Gracias, Sean, por estar siempre ahí, ocuparte de todo y ayudar a Matthew. Te estamos muy agradecidos y nos sentimos muy afortunados de tenerte.

Gracias a todas las personas que leyeron mi primer libro y luego lo compartieron con amigos o familiares o dejaron opiniones generosas. Nunca les podré agradecer lo suficiente todo el apoyo que me demuestran. Sin él, no me hubiera atrevido a escribir un segundo libro. Espero que este también se gane un espacio en sus libreros y que les ayude mientras avanzan en la vida.

Al ejército de profesionales de la salud mental y de investigadores de los que tanto he aprendido a lo largo de los años: su trabajo ha sido crucial en la redacción de este libro. Les ruego que acepten mis disculpas por cualquier error u omisión en cómo lo he plasmado.

Gracias a mis clientes por haberme confiado algunas de sus experiencias más dolorosas y vulnerables. Pienso en ustedes con frecuencia. Aunque este libro trata de las palabras que a veces necesitamos oír, todos me enseñaron que hay momentos en los que hay que dejar de buscar las palabras adecuadas y permitir que el silencio llene el espacio entre nosotros.

REFERENCIAS DE LAS CITAS

pág. 9 Marco Aurelio, *Meditaciones*, III, 14

pág. 17 Ernest Hemingway, fuente desconocida

pág. 33 Proverbio alemán

pág. 45 Dale Carnegie, *Cómo ganar amigos e influir sobre las personas*

pág. 57 Ralph Waldo Emerson

pág. 67 Paulo Coelho, fuente desconocida

pág. 83 Eleanor Roosevelt, fuente desconocida

pág. 95 Oscar Wilde, *El retrato de Dorian Gray*

pág. 107 Jill Churchill, fuente desconocida

pág. 119 William Shakespeare, «Soneto 116»

pág. 127 Maya Angelou, fuente desconocida

pág. 139 Robert Greene

pág. 151 Proverbio africano

pág. 163 Sir Edmund Hillary, fuente desconocida

pág. 177 Ralph Waldo Emerson

pág. 189 Extraído de «A Servant to Servants», de Robert Frost, *The Poetry of Robert Frost*, compilado por Edward Connery Lathem. Copyright © 1930, 1939, 1969 Henry Holt and Company. Copyright © 1958 Robert Frost. Copyright

pág. 201 John Dewey
pág. 215 Roy E. Disney, fuente desconocida
pág. 225 Atribuido a Henry Ford
pág. 237 Atribuido a Peter Marshall
pág. 253 Lucio Anneo Séneca, *Hercules Oetaeus*, vv. 231-232
pág. 263 Nelson Mandela, fuente desconocida
pág. 273 Dr. Colin Murray Parkes
pág. 285 Victor Hugo, *Los miserables*
pág. 295 John Steinbeck, *Working Days*
pág. 305 Aldous Huxley, *Un mundo feliz*
pág. 319 Lucio Anneo Séneca

NOTAS

Parte I. Te cuesta estar con los demás

Capítulo 1. Te comparas y no estás a la altura

1. Pemberton, M. y Sedikides, C., «When do individuals help close others improve? The role of information diagnosticity», en *Journal of Personality and Social Psychology*, 81(2), 2001, págs. 234-246.

2. de Botton, A., *Status Anxiety*, Londres, Penguin Books, 2005 (trad. cast., *Ansiedad por el estatus*, Barcelona, Taurus, 2004).

3. Festinger, L., «A theory of social comparison processes», en *Human Relations*, 7(2), 1954, págs. 117-140.

4. Marsh, H. W. y Parker, J. W., «Determinants of student self-concept: Is it better to be a relatively large fish in a small pond even if you don't learn to swim as well?», en *Journal of Personality and Social Psychology*, 47, 1984, págs. 213-231.

5. Shepperd, J. A. y Taylor, K. M., «Ascribing advantages to social comparison targets», en *Basic and Applied Social Psychology*, 21(2), 1999, págs. 103-117.

6. James, O., *Affluenza: A contagious middle class virus causing depression, anxiety, addiction and ennui*, Londres, Vermilion, 2007.

Capítulo 2. Tus amigos no son tus amigos

1. Greene, R., *The Concise 48 Laws of Power*, Londres, Profile Books, 2002.

Capítulo 3. Quieres sentir menos incomodidad en compañía de los demás

1. Cita de John Gottman en Carducci, B., «Shyness: The New Solution», en *Psychology Today*, 1 de enero de 2000, <Psychologytoday.com>.
2. Cohen, G. L., *Belonging: The Science of Creating Connection and Bridging Divides*, Londres, W. W. Norton & Company, 2022 (trad. cast., *Pertenencia, la ciencia de crear vínculos y superar diferencias*, Vigo, Tendencias, 2024).
3. Zimbardo, P. G., Pilkonis, P. A. y Norwood, R. M., «Social disease called shyness», en *Psychology Today*, 8(12), 1975, pág. 69.
4. Carducci, B., «Shyness: The New Solution», en *Psychology Today*, 1 de enero de 2000, <Psychologytoday.com>.
5. Henderson, L., *Improving Social Confidence and Reducing Shyness: Using Compassion Focused Therapy*, Londres, Constable & Robinson, 2010.
6. Brooks, D., *How to Know a Person: The Art of Seeing Others Deeply and Being Deeply Seen*, Londres, Penguin Books, 2023 (trad. cast., *Cómo conocer a una persona. El arte de ver profundamente a los demás y de ser visto con profundidad*, Barcelona, Océano Librerías, 2024).

Capítulo 4. No estás a gusto y quieres encajar

1. Cohen, G. L., *Belonging: The Science of Creating Connection and Bridging Divides*, Londres, W. W. Norton & Company, 2022 (trad. cast., *Pertenencia, la ciencia de crear vínculos y superar diferencias*, Vigo, Tendencias, 2024).
2. Brooks, D., *How to Know a Person: The Art of Seeing Others Deeply and Being Deeply Seen*, Londres, Penguin Books, 2023 (trad. cast., *Cómo conocer a una persona. El arte de ver profundamente a los demás y de ser visto con profundidad*, Barcelona, Océano Librerías, 2024). Para más información, véase McGilchrist, I., *The Master and His Emissary: The Divided Brain and the Making of the Western World*, New Haven, Yale University Press, 2009, pág. 133.

Capítulo 5. Dices que sí cuando quieres decir que no

1. Feldman Barrett, L., *Seven and a Half Lessons About the Brain*, Londres, Picador, 2020 (trad. cast., *Siete lecciones y media sobre el cerebro*, Barcelona, Ediciones Paidós, 2021).

2. Linehan, M. M., *Skills Training Manual for Treating Borderline Personality Disorder*, Londres, Guilford Press, 1993 (trad. cast., *Manual de tratamiento de los trastornos de personalidad múltiple*, Barcelona, Ediciones Paidós, 2003).

Capítulo 6. Tratas con personas pasivo-agresivas

1. McIlduff, E. y Coghlan, D., «Understanding and contending with passive-aggressive behaviour in teams and organizations», en *Journal of Managerial Psychology*, vol. 15, n.º 7, 2000, págs. 716-736.

2. Durvasula, R., *It's Not You: How to Identify and Heal from Narcissistic People*, Londres, Vermilion, 2024 (trad. cast., *No eres tú. Identifica y sana tu relación con un narcisista*, Barcelona, Océano Librerías, 2025).

3. Para más información, véase Wetzler, S., *Living with the Passive-Aggressive Man: Coping with Hidden Aggression from the Bedroom to the Boardroom*, Nueva York, Simon & Schuster, 1992.

Capítulo 7. Tus padres se equivocaron contigo (pero los quieres en tu vida)

1. Cori, J. L., *The Emotionally Absent Mother: How to Recognize and Heal the Invisible Effects of Childhood Emotional Neglect*, Nueva York, The Experiment, 2017 (trad. cast., *La madre emocionalmente ausente. Cómo reconocer y sanar los efectos invisibles del abandono emocional infantil*, El Viso, Sirio, 2023).

2. Berne, E., *Games People Play: The Psychology of Human Relationships*, Londres, Penguin Life, 2016 (trad. cast., *Juegos en que participamos*, Barcelona, RBA Integral, 2007). Para más información, véase Karpman, S. B., *A Game Free Life: The definitive book on the Drama Triangle and Compassion Triangle by the originator and author*, San Francisco, Drama Triangle Publications, 2014.

3. Durvasula, R., *It's Not You: How to Identify and Heal from Narcissistic People*, Londres, Vermilion, 2024 (trad. cast., *No eres tú. Identifica y sana tu*

relación con un narcisista, Barcelona, Océano Librerías, 2025). Para más información, véase Siegel, D. J. y Hartzell, M., *Parenting from the Inside Out: How a Deeper Self-understanding Can Help You Raise Children Who Thrive*, Nueva York, TarcherPerigee, 2004 (trad. cast., *Ser padres conscientes: Un mejor conocimiento de nosotros mismos contribuye a un desarrollo integral de nuestros hijos*, Barcelona, Ediciones La Llave, 2023) y también Webb, J., *Running on Empty: Overcome Your Childhood Emotional Neglect*, Nueva York, Morgan James, 2014 (trad. cast., *La negligencia emocional en la infancia: reconocer y superar las secuelas*, El Viso, Sirio, 2025).

Capítulo 8. Te has equivocado con tus hijos

1. Kennedy, B., *Good Inside: A Guide to Becoming the Parent You Want to Be*, Londres, Thorsons, 2022 (trad. cast., *Educar sin miedo: conviértete en la madre o el padre que quieres ser*, Barcelona, Editorial Planeta, 2022).
2. Para más información acerca de lo que dice la ciencia sobre la autocompasión, véase Irons, C., Beaumont, E., *The Compassionate Mind Workbook: A step-by-step guide to compassion focused therapy*, Londres, Robinson, 2017. Para más información, véase Siegel, D. J. y Hartzell, M., *Parenting from the Inside Out: How a Deeper Self-understanding Can Help You Raise Children Who Thrive*, Nueva York, TarcherPerigee, 2004 (trad. cast., *Ser padres conscientes: Un mejor conocimiento de nosotros mismos contribuye a un desarrollo integral de nuestros hijos*, Barcelona, Ediciones La Llave, 2023).
3. Kennedy, B., *Good Inside: A Guide to Becoming the Parent You Want to Be*, Londres, Thorsons, 2022 (trad. cast., *Educar sin miedo: conviértete en la madre o el padre que quieres ser*, Barcelona, Editorial Planeta, 2022).

Capítulo 9. Tu amor no es correspondido

1. Winch, G., *Emotional First Aid: Healing Rejection, Guilt, Failure, and Other Everyday Hurts*, Nueva York, Plume Books, 2014 (trad. cast., *Primeros auxilios emocionales: consejos prácticos para tratar el fracaso, el rechazo, la culpa y otros problemas psicológicos cotidianos*, Barcelona, Ediciones Paidós, 2014).
2. Perel, E., *The State of Affairs: Rethinking Infidelity*, Londres, Yellow Kite, 2017 (trad. cast., *El dilema de la pareja: Una nueva mirada acerca del amor y las relaciones*, Barcelona, Ediciones Planeta, 2020).

Capítulo 10. Te quieren, pero no dejas que se te acerquen

1. Cori, J. L., *The Emotionally Absent Mother: How to Recognize and Heal the Invisible Effects of Childhood Emotional Neglect*, Nueva York, The Experiment, 2017 (trad. cast., *La madre emocionalmente ausente. Cómo reconocer y sanar los efectos invisibles del abandono emocional infantil*, El Viso, Sirio, 2023). Para más información, véase Webb, J., *Running on Empty: Overcome Your Childhood Emotional Neglect*, Nueva York, Morgan James, 2014 (trad. cast., *La negligencia emocional en la infancia: reconocer y superar las secuelas*, El Viso, Sirio, 2025).

2. Gillath, O., Selcuk, E. y Shaver, P. R., «Moving Toward a Secure Attachment Style: Can Repeated Security Priming Help?», en *Social and Personality Psychology Compass*, 2/4, 2008, págs. 1651-1666.

3. Ruini, C. y Mortara, C., «Writing Technique Across Psychotherapies – From Traditional Expressive Writing to New Positive Psychology Interventions: A Narrative Review», en *Journal of Contemporary Psychotherapy*, 52, 2022, págs. 23-34.

4. Pennebaker, J. y Smyth, J., *Opening Up by Writing It Down: How Expressive Writing Improves Health and Eases Emotional Pain*, Nueva York, Guilford Press, 2016.

5. Hill, L., *Avoidant Attachment Recovery: Break Free from Avoidant Habits to Build Secure and Long Term Relationships*, impreso en Reino Unido por Amazon, 2023.

6. Levine, A. y Heller, R., *Attached: How the science of adult attachment can help you find – and keep – love*, Londres, Rodale, 2011 (trad. cast., *Maneras de amar: La nueva ciencia del apego adulto y cómo puede ayudarte a encontrar el amor y conservarlo*, Barcelona, Urano, 2023).

Capítulo 11. Quieres ganar la discusión

1. Greene, R., *The Concise 48 Laws of Power*, Londres, Profile Books, 2002.

2. Schwartz Gottman, J. y Gottman, J., *Fight Right: How Successful Couples Turn Conflict into Connection*, Londres, Penguin Life, 2024.

3. Grimmer, A. G., *The nine-part model: A tool for sharing dyadic formulations*, 2013, extraído de <www.bristolcbt.co.uk/publications/the-nine-part-model-dyadic-formulation> el 15 de enero de 2020.

Capítulo 12. Te cuesta pedir ayuda

1. Webb, J., *Running on Empty: Overcome Your Childhood Emotional Neglect*, Nueva York, Morgan James, 2014 (trad. cast., *La negligencia emocional en la infancia: reconocer y superar las secuelas*, El Viso, Sirio, 2025).
2. Stutz, P., *Lessons for Living: What Only Adversity Can Teach You*, Londres, Vermilion, 2023 (trad. cast., *Lecciones para vivir: lo que solo la adversidad puede enseñarte*, Móstoles, Gaia Ediciones, 2025).
3. Bowlby, J., *A Secure Base: Parent-Child Attachment and Healthy Human Development*, Londres, Routledge, 2005 reimpresión (trad. cast., *Una base segura: Aplicaciones clínicas de una teoría del apego*, Barcelona, Ediciones Paidós, 1989).

Parte II. Te cuesta estar contigo

Capítulo 13. Tu voz interior es tu peor crítico

1. Gilbert, P., *Overcoming Depression: A self-help guide using Cognitive Behavioural Techniques*, Londres, Constable & Robinson, 2009.
2. Schwartz Gottman, J. y Gottman, J., *Fight Right: How Successful Couples Turn Conflict into Connection*, Londres, Penguin Life, 2024.
3. Henderson, L., *Improving Social Confidence and Reducing Shyness: Using Compassion Focused Therapy*, Londres, Constable & Robinson, 2010.
4. Brockmeyer, T., Zimmerman, J. *et al.*, «Me, Myself, and I: Self-referent word use as an indicator of self-focused attention in relation to depression and anxiety», en *Frontiers in Psychology*, 6, 2015, <Frontiers.org/journals/psychology>.

Capítulo 14. Te falta confianza y quieres sentir más seguridad en ti

1. Harris, R., *The Confidence Gap: From Fear to Freedom*, Londres, Robinson, 2011 (trad. cast., *Cuestión de confianza: Del miedo a la libertad*, Santander, Sal Terrae, 2012).

Capítulo 15. La vida te sobrepasa

1. Kabat-Zinn, J., *The Healing Power of Mindfulness: A New Way of Being*, Londres, Hachette, 2018 (trad. cast., *El poder sanador del mindfulness: Una nueva manera de ser*, Barcelona, Editorial Kairós, 2019).

Capítulo 16. No soportas a la persona en la que te has convertido

1. Para saber más acerca de la autocompasión feroz y de cómo poner la ira a nuestro servicio, véase Neff, K., *Fierce Self-Compassion: How Women Can Use Self-Compassion to Stand Up, Claim Their Power, and Speak the Truth*, Londres, Penguin Life, 2022 (trad. cast., *Autocompasión fiera: Cómo las mujeres pueden utilizar la amabilidad para expresarse, empoderarse y crecer*, Barcelona, Ediciones Paidós, 2022).
2. Para más información acerca de cómo trabajar el perfeccionismo a largo plazo: Shafran, R., Egan, S. *et al.*, *Overcoming Perfectionism: A self-help guide using scientifically supported cognitive behavioural techniques*, Londres, Robinson, 2010.
3. Para saber más, véase Gilbert, P., *Overcoming Depression: A self-help guide using Cognitive Behavioural Techniques*, Londres, Constable & Robinson, 2009.
4. Para saber más acerca de cómo hacerlo, véase Irons, C. y Beaumont, E., *The Compassionate Mind Workbook: A step-by-step guide to compassion focused therapy*, Londres, Robinson, 2017.
5. Para profundizar en este tema, véase Williams, M., Teasdale, J. *et al.*, *The Mindful Way Through Depression: Freeing Yourself from Chronic Unhappiness*, Londres, Guilford Press, 2007 (trad. cast., *Vencer la depresión: Descubre el poder de las técnicas del mindfulness*, Barcelona, Ediciones Paidós, 2010).

Capítulo 17. Temes equivocarte

1. Christopher Hitchens, entrevista con Andrew Anthony en *The Guardian*, 14 de noviembre de 2010.

Capítulo 18. Te falta fuerza de voluntad

1. Pressfield, S., *The War of Art: Break Through the Blocks and Win Your Inner Creative Battles*, Nueva York, Black Irish Entertainment, 2002 (trad. cast., *La guerra del arte: Rompe las barreras y vence tus batallas creativas internas*, Nueva York, Black Irish Entertainment, 2013).

2. Ersner-Hershfield, H., Goldstein, D. G., Sharpe, W. F., Fox, J., Yeykelvis, L., Carstensen, L. L. y Bailenson, J. N., «Increasing Saving Behaviour Through Age- Progressed Renderings of the Future Self», en *Journal of Marketing Research*, 48, 2011, págs. 23-37. Para más información, véase Stadler, G., Oettinger, G. y Gollwitzer, P., «Physical activity in women. Effects of self-regulation intervention», en *American Journal of Preventive Medicine*, 2007. Y véase también McGonigal, K., *The Willpower Instinct: How Self-control Works, Why It Matters, and What You Can Do to Get More of It*, Nueva York, Penguin Group, 2013 (trad. cast., *Autocontrol. Cómo funciona la voluntad, por qué es tan importante y qué podemos hacer para mejorarla*, Barcelona, Books4pocket, 2016).

Capítulo 19. Has de rendir bajo presión

1. Para saber más acerca de reencuadrar competencias, dificultades y emociones para mejorar el desempeño, véase Orson, C. N. y Larson, R., W., «Helping Teens Overcome Anxiety Episodes in Project Work: The Power of Reframing», en *Journal of Adolescent Research*, 36(2), 2020, págs. 127-153.

2. Para más información sobre los retos que plantea vivir bajo presión, véase Alred, D., *The Pressure Principle: Handle Stress, Harness Energy, and Perform When it Counts*, Londres, Penguin Life, 2016 (trad. cast., *El principio de la presión*, Argentina, Del Dragón, 2017).

3. Russo, M. A., Santarelli, D. M. y O'Rourke, R., «The physiological effects of slow breathing in the healthy human», en *Breathe* 13, 2017, págs. 298-309.

Parte III. Te cuesta estar con tus emociones

Capítulo 20. Le das demasiadas vueltas a todo

1. Para más información, véase Feldman Barrett, L., *How Emotions Are Made: The Secret Life of the Brain*, Londres, Macmillan, 2017 (trad. cast., *La vida secreta del cerebro: cómo se construyen las emociones*, Barcelona, Ediciones Paidós, 2018).
2. Para más información acerca de cómo identificar la preocupación y desengancharse de ella, Harris, R., *The Confidence Gap: From Fear to Freedom*, Londres, Robinson, 2011 (trad. cast., *Cuestión de confianza: Del miedo a la libertad*, Santander, Sal Terrae, 2012).
3. Para más información, véase Meares, K. y Freeston, M., *Overcoming Worry: A Self-help Guide using Cognitive Behavioural Techniques*, Londres, Little Brown, 2021.

Capítulo 21. El miedo hace su aparición

1. Jung, C., *Letters, Volume 2, 1951-1961*, Londres, Routledge, 1976.
2. Para más información, véase Orson, C. N. y Larson, R., W., «Helping Teens Overcome Anxiety Episodes in Project Work: The Power of Reframing», en *Journal of Adolescent Research*, 36(2), 2020, págs. 127-153, <https://doi.org/10.1177/0743558420913480>.
3. Feldman Barrett, L., *Seven and a Half Lessons About the Brain*, Londres, Picador, 2020, pág. 79 (trad. cast., *Siete lecciones y media sobre el cerebro*, Barcelona, Ediciones Paidós, 2021).

Capítulo 22. El dolor te abruma

1. Murray Parkes, C., Prigerson, H. G., *Bereavement; Studies of Grief in Adult Life*, 4.ª edición, Londres, Penguin, 2010.
2. Samuel, J., *Grief Works: Stories of Life, Death and Surviving*, Londres, Penguin Life, 2018.
3. McGonigal, K., *The Joy of Movement: How Exercise Helps Us Find Happiness, Hope, Connection and Courage*, Canada, Avery, 2019.

Capítulo 23. Nada tiene sentido

1. Boreham, I. D. y Schutte, N. S., «The Relationship between purpose in life and depression and anxiety: A meta-analysis», en *Journal of Clinical Psychology*, 79 (12), 2023, págs. 2736-2767.
2. Cooney, G. M., Dawn, K. *et al.*, «Exercise for depression», en *Cochrane Database of Systematic Reviews*, 9, 2013, Art No. CD004366.

Capítulo 24. Sufres el síndrome del impostor o la impostora

1. Gilovich, T., Medvec, V. H. y Savitsky, K., «The spotlight effect in social judgement: An egocentric bias in estimates of the salience of one's own actions and appearance», en *Journal of Personality and Social Psychology*, 78(2), 2000, págs. 211-222. Para más información acerca de la autocompasión y la autoestima, véase: Twenge, J. M., «The Evidence for Generation Me and Against Generation We», en *Emerging Adulthood*, 1(1), 2013, págs. 11-16.
2. Twenge, J. M. y Campbell, W. K., *The Narcissism Epidemic: Living in the Age of Entitlement*, Nueva York, Free Press, 2009 (trad. cast., *La epidemia del narcisismo*, Madrid, Ediciones Cristiandad, 2018).

Capítulo 25. Te arrepientes de algo que has hecho

1. Huxley, A., *A Brave New World*, 11.ª edición, Londres, Vintage, 2010 (trad. cast., *Un mundo feliz*, Barcelona Debolsillo, 2003).
2. Stutz, P., *Lessons for Living: What Only Adversity Can Teach You*, Londres, Vermilion, 2023 (trad. cast., *Lecciones para vivir: lo que solo la adversidad puede enseñarte*, Móstoles, Gaia Ediciones, 2025).
3. Winch, G., *Emotional First Aid: Healing Rejection, Guilt, Failure, and Other Everyday Hurts*, Nueva York, Plume Books, 2014 (trad. cast., *Primeros auxilios emocionales: consejos prácticos para tratar el fracaso, el rechazo, la culpa y otros problemas psicológicos cotidianos*, Barcelona, Ediciones Paidós, 2014).
4. Winch, G., *Emotional First Aid: Healing Rejection, Guilt, Failure, and Other Everyday Hurts*, Nueva York, Plume Books, 2014 (trad. cast., *Primeros auxilios emocionales: consejos prácticos para tratar el fracaso, el rechazo, la culpa y otros problemas psicológicos cotidianos*, Barcelona, Ediciones Paidós, 2014).
5. Pennebaker, J. y Smyth, J., *Opening Up by Writing It Down: How Ex-*

pressive Writing Improves Health and Eases Emotional Pain, Nueva York, Guilford Press, 2016.

Capítulo 26. Te enojas con demasiada frecuencia

1. Kolts, R., *The Compassionate Mind Approach to Managing Anger Using Compassion Focused Therapy*, Londres, Robinson, 2012.
2. Bushman, B. J., «Does Venting Anger Feed or Extinguish the Flame? Catharsis, rumination, distraction, anger and aggressive responding», en *Personality and Social Psychology Bulletin*, 28, 2002, págs. 724-731.

[illegible]

Capítulo 20. [illegible]

1. [illegible]

2. [illegible]

ÍNDICE ONOMÁSTICO Y DE MATERIAS

ACERCA DE LA AUTORA

La **Dra. Julie Smith** es psicóloga clínica y autora de *¿Por qué nadie me lo dijo antes?*, un *bestseller* internacional con más de 2 millones de copias vendidas. Fue una de las primeras profesionales en difundir consejos prácticos y confiables sobre salud mental en redes sociales, donde tiene una comunidad de más de 10 millones de personas. Sus libros han encabezado las listas de los más vendidos de *The New York Times* y de *The Sunday Times*, y es invitada frecuente a programas de radio y televisión de la BBC y CNN International. Vive en Inglaterra con su esposo y sus tres hijos.

De este libro me quedo con…

Abrir en caso de... ha sido posible gracias al trabajo de su autora, Julie Smith, así como de la traductora Montserrat Asensio, el diseñador José Ruiz-Zarco, el equipo de Realización Planeta, la directora editorial Marcela Serras, la editora ejecutiva Rocío Carmona, la editora Ana Marhuenda, y el equipo comercial, de comunicación y marketing de Diana.

En Diana hacemos libros que fomentan el autoconocimiento e inspiran a los lectores en su propósito de vida. Si esta lectura te ha gustado, te invitamos a que la recomiendes y que así, entre todos, contribuyamos a seguir expandiendo la conciencia.